KB196503

고대 동아시아의 이주와 고구려

고구려의 중국계 이주민 정책과 다문화

지은이 **안정준**

연세대학교 대학원 사학과에서 한국 고대사를 전공했으며, 「高句麗의 樂浪·帶方郡 故地 지배 연구」로 박사학위를 받았다. 현재 서울시립대학교 국사학과 교수로 재직 중이다. 동아시아라는 역사·지리 공간을 배경으로 한반도와 그 주변 지역의 고대사를 연구하는 작업을 계속하고 있으며, 대중의 역사 인식과 역사학의 사회적 역할 문제 등에 대해서도 깊은 관심을 갖고 있다. 저서로는 『소장학자들이 본 고구려사』, 『고구려 중기의 정치와 사회』, 『한국 고대사와 사이비역사학』(이상 공저), 『반전의 한국사』 등이 있으며, 논문으로는 「2000년대 한·중 역사분쟁 과정에서 나타난 '한국사' 인식의 문제」, 「'광개토왕릉비'문의 수묘인연호조에 보이는 비성(非城) 단위 지명의 출현 배경」, 「백제의 對南朝 외교 전략과 遼西經略 기사」, 「역사적 공간으로서의 '遼東'과 고구려의 國際秩序 인식」 등이 있다.

고대 동아시아의 이주와 고구려—고구려의 중국계 이주민 정책과 다문화

1판 1쇄 인쇄 2024년 11월 7일
1판 1쇄 발행 2024년 11월 20일

지은이 안정준
펴낸이 정순구
책임편집 조수정
기획편집 조원식 정윤경
마케팅 황주영

출력 블루엔
용지 한서지업사
인쇄 한영문화사
제본 대원바인더리

펴낸곳 (주) 역사비평사
등록 제300-2007-139호 (2007.9.20)
주소 10497 : 경기도 고양시 덕양구 화중로 100(비전타워21) 506호
전화 02-741-6123~5
팩스 02-741-6126
홈페이지 www.yukbi.com
이메일 yukbi88@naver.com

ⓒ 안정준, 2024

ISBN 978-89-7696-144-0   94910
978-89-7696-199-0 (세트)

이 저서는 2021년도 서울시립대학교 기초·보호학문 및 융복합 분야 R&D 기반조성사업에 의하여 지원되었음.

역비한국학연구총서 44

고대 동아시아의 이주와 고구려

| 고구려의 중국계 이주민 정책과 다문화 |

안정준 지음

역사비평사

고대 동아시아의 이주와 고구려

표·지도·그림 차례

안악3호분 서측실 입구 좌우의 장하독과 동수의 묘지

안악3호분의 서측실로 들어가는 입구 좌우에는 장하독帳下督의 그림이 있는데, 왼쪽 장하독의 위에는 묘주 동수冬壽에 대한 묘지墓誌가 있고, 우측 장하독의 머리 위에도 별도의 묵서 흔적이 발견된다. 서측실 내부에는 동수와 부인의 초상이 그려져 있다. 입구 좌우의 장하독들은 생전에도 동수가 있는 곳에 방문객을 안내하는 역할을 했던 것으로 추정된다. 그들의 머리 위에 묵서가 기재된 것은 방문객에게 묘주 내외의 신분을 밝히고 그에 상응하는 예절을 요구했던 그들의 역할과 관련 있다고 보기도 한다.

안악3호분 서측실 내의 묘주도와 절節

묘주 동수가 가운데에 앉아있고 주변의 관원들이 그를 향해 있다. 동수의 우측에 세워진 적색의 절節은 3단으로 이루어져 있는데 그 내부에는 흑색의 털 장식 흔적이 있으며, 바깥에 적색의 털 장식이 덧붙인 모습이다. 이는 한漢·위魏·진晉대에 각지로 파견되는 신하에게 내린 신표로서, 동수와 휘하 인물들 간의 위계 관계가 중국 제도 전통의 외형을 통해 구현되고 있음을 보여주는 근거라고 할 수 있다.

안악3호분 동쪽 회랑 동벽의 대행렬도

그림의 우측 가운데에 수레에 앉아있는 묘주 동수의 모습이 보이며, 그의 주변으로 여러 무관과 호위 병사들이 나란히 행진하고 있다. 동수의 주변에 있는 인물들이 착용한 흑책黑幘과 적책赤幘은 머리 위로 향하는 이마 부분이 갈라지지 않은 것으로 보아 중국 위·진대의 무관들이 착용했던 책의 형태와 비교된다.

안악3호분 동측실 동벽의 정경

왼쪽에는 부엌에서 일하는 시종들이 묘사되어 있으며, 하단의 마당에는 닭과 개가 돌아다니는 모습, 그리고 가운데는 고기를 달아놓은 육고肉庫가 있고, 그 우측에 빈 수레 두 대가 놓어 있다. 이 그림은 묘주의 저택과 장원莊園 정경 등을 통해 묘주의 일상 공간을 표현한 위·진 대 벽화고분의 사례들과 비교된다.

동리묘의 영화 9년 명문전

1932년 평양역 구내공사 중에 동리묘가 발견되었는데, 위 사진은 그 내부에 박혀 있던 영화永和 9년 명문전이다. 현재까지 발견된 4세기 낙랑군 고지의 전축분 명문전들 가운데 무덤 속의 원래 부장 상태를 살필 수 있는 거의 유일한 자료라고 할 수 있다.

덕흥리벽화고분 전실 서벽에 그려진 13군 태수의 내조도來朝圖

묘주 진鎭이 칭한 유주자사幽州刺史 휘하 13군 태수(내사)들의 내조 시 모습을 표현한 그림이다. 유주
자사는 진이 고구려에 망명한 이후 칭한 관호로 보이는데, 그가 이를 근거로 실제로 어떤 활동을 했는
지, 또 사후 고분 속에 이러한 장면을 묘사함으로써 주변에 과시하고자 한 것은 무엇이었는지에 대한
여러 가지 추정을 하게 한다.

태수내조도에 기록된 유주 13군에 대한 소개

태수내조도 우상단의 노란색 네모 칸에는 유주 산하 13군 75현의
존재 및 낙양洛陽을 기준으로 한 유주의 지리적 위치, 그리고 이
어서 "주의 치소가 광계廣薊였는데, 지금(수)은 치소가 연국燕國"
이라고 소개되어 있다. 이 문구는 진이 고구려로 망명한 이후에
칭했던 유주자사호가 의제적으로나마 중국의 유주 지역을 염두
에 두었음을 분명하게 보여준다.

덕흥리벽화고분 전실 남벽 입구 우측의 막부관리도

덕흥리벽화고분 전실에 그려진 진의 공적 활동과 관련된 벽화는 대부분 유주자사 재임 시절에 대한 기록이다. 여기
에는 진의 휘하 막부의 속관들이 그려져 있는데, 상단의 세 사람이 착용한 책幘은 머리 위로 향한 이耳 부분이 두 갈
래로 갈라진 모양으로서, 중국 진대晉代에 문관들이 착용했던 개책介幘과 흡사하다.

후한대 화림격이 벽화고분의 '번양현성' 모습

후한대에 만들어진 화림격이신점자和林格尔新店子 1호묘의 전실과 중실 내벽에는 벽화와 묵서를 통해 묘주가 생전에 역임했던 관직들이 파노라마식으로 표현되어 있다. 역임관들 중에는 번양령繁陽令도 있으며, 재임 시에 거주했던 번양현성의 모습도 묘사되어 있다. 무덤 속에 묘주의 경력뿐만 아니라 이념·가치관 등의 내용까지 상세하게 전시한 것은 무덤을 조영하고 난 뒤 일정 기간 외부인(관람자)들에게 공개한 것과 관련이 있으며, 그들의 시선을 크게 의식하여 제작했음을 짐작하게 한다.

화림격이 벽화고분의 효자전도와 공자제자도

화림격이신점자 1호묘 중실의 서·북벽에는 1단에 한대漢代 효자전의 등장인물들, 2단에는 공자제자도, 3단에는 열녀전도의 인물들이 그려져 있다. 묘주가 중시하는 유교적 이념과 가치관에 대한 강조는 무덤 내 공간을 자신의 신앙·지향·가치관을 표현하는 도구로 활용하기도 했던 후한대 벽화고분의 제작 전통을 보여주는 사례라고 할 수 있다.

고대 동아시아의 이주와 고구려

고구려의 중국계 이주민 정책과 다문화

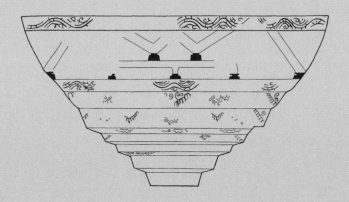

책머리에

최근 한국사 분야의 많은 연구자들은 과거 근대적 시각의 연장에 있는 기존 연구의 틀을 벗어나기 위한 노력을 경주하고 있다. 단순히 이전 연구를 비판하는 데 그치지 않고, 현 시대에 맞는 새로운 시각을 창출하는 가운데 그를 뒷받침할 만한 소주제들을 선별하고 탐구하여 최종적으로 새로운 한국사의 '서사'를 만들어내는 것을 과제로 삼고 있는 것이다.

고대사 부문은 다른 시대사에 비해 진척이 다소 더디다고 생각되는데, 여전히 국가사 중심의 '지배체제' 담론과 '발전사'의 틀 속에서 논의되는 연구가 적지 않다는 점이 그 증거이다. 또한 한국사 연구의 새로운 지향을 위한 노력이 소장 연구자들 간 공동의 논의 속에서 이루어진다기보다는 여전히 연구자 개인의 역량에 기대어 개별적으로 이루어지는 것도 한계라는 생각이 든다. 이러한 난맥상에도 불구하고 시대적 소임과 역할을 다하기 위해 치열하게 고민하고 앞다투어 새로운 성과를 내놓는 젊은 연구자들의 모습을 보면서 매번 스스로 마음을 다잡게 된다.

필자는 2016년에 「고구려高句麗의 낙랑樂浪·대방군帶方郡 고지故地 지배 연구」라는 제목으로 박사학위논문을 제출했다. 그 논문에서는 4세기 초반~5세기 전반에 걸쳐 한반도 서북부 지역, 즉 지금의 황해도·평안도 지역에서 나타나는 외래 전통의 고분들을 주목하였다. 특히 그 독특한 장의葬儀 문화와 함께 집단 내에서 망명인 묘주들이 칭한 중국식 관호官號 등을 검토함으로써 낙랑·대방군 고지에서 이어진 이주민 집단의 독특한 문화적 전통이 고구려의 용인과 특수한 지배 아래 유지되었다고 보았다.

이후에도 여러 연구자들이 4세기 초반~5세기 전반의 황해도·평안도 지역에 조영된 외래 전통의 고분들과 그 벽화·묵서에 대한 논저들을 펴냈다. 필자 역시 몇 편의 논문을 더 작성하였고, 그 과정에서 고구려의 2군 고지에 대한 지배 문제 외에도 고분 속의 화려한 전시물(벽화·묵서 등) 제작을 기획했던 사람들이 이를 관람할 외부인들에게 제시하고자 했던 서사敍事와 그 의도에 주목하게 되었다. 고구려 지배체제 일변도의 접근보다는 외래의 '이주'와 이에 대응한 국가정책, 그리고 정착한 뒤에도 한동안 이어진 이주민 사회 특유의 정서·지향이 짙게 드러나는 자료들을 통해 이전보다 좀 더 다채로운 인간사를 논의하는 것이 가능하다고 판단하게 된 것이다. 이러한 새로운 접근의 중심에는 고대 동아시아의 '이주' 현상이 있다.

한반도로 들어온 외래 이주민 문제는 한국사의 전개를 동아시아라는 넓은 범주 속에서 이해할 수 있는 흥미로운 주제이다. 전근대 시대에 중국의 주변 국가들은 일찍이 효율적인 통치체제의 구축과 경제·문화적 역량을 향상시키려는 의도로 외래 이주민들을 적극적으로 수용하기도 했다. 특히 한자 문화를 기반으로 한 유교·한역불교·율령 등을 통해 국가·사회 시스템을 구축했던 중국 왕조에서 건너온 이주민들은 고대 한반도와 일본 열도의 정치 세력들에게 적지 않은 영향을 끼쳤던 것으로 보인다. 이에 대해서는 한국·일본 학계에서 이미 각종 문헌과 고고 유적·유물을 통한 연구가 진행된 바 있다.

이 책에서는 고대에 만주·한반도 북부를 기반으로 했던 고구려의 영토로 들어온 외래 이주민의 사례를 주목하였다. 고구려는 초기 건국을 주도했던 원原고구려인 외에도 수백 년에 걸친 영토 확장 과정에서 예穢·말갈靺鞨·한인漢人 등을 포함한 통합정치체를 형성하였다. 7세기에 이르러 수·당 제국과 결전을 벌였던 고구려인들은 다양한 종족으로 이루어진 일종의 다문화 이해공동체였다고 할 수 있다. 이러한 고구려에는 외부로부터 다수의 이주민이 유입된 사례도 적지 않다. 고구려는 이들을 영토 내에 정착시켜 살게 하면서 한시적으로나마 그들이 가진 본래의 사회·문화적 특성 및 지향을 존중하는 정책을 펼치기도 했다. 이러한 정책은 고구려라는 국가의 영역 내에서 고립적으로 형성·결정된 것이 아니라, 같은 시기에 공존했던 중원 왕조의 흥망, 주변 지역과의 전쟁 및 인적 교류 등 다양한 요인들의 영향을 받은 것이기도 했다.

'고구려'라는 제국의 주민 구성이 시대의 흐름에 따라 어떻게 변해갔으며, 다양한 구성원들을 하나의 공동체로 이끌어가기 위해 국가 내부의 시스템을 어떻게 전환했는지를 논의하는 것은, 국가사의 규명을 넘어 한국 고대사를 다채롭게 들여다볼 수 있는 하나의 시도라고 할 수 있다. 특히 '이주' 문제는 고대국가의 구성원 문제뿐만 아니라 거대한 동아시아의 정치적 변동에 부응하여 형성된 국가정책에 접근할 수 있게 하며, 지배체제의 틀 속에서 해석하는 데 한계에 봉착했던 일부 사료들을 새로운 관점에서 바라볼 수 있게 한다.

다만 현재까지 고대 한반도 일대에 들어온 외래 이주민에 대한 연구는 매우 적은 편이며, 관련 정책과 이주집단의 사회상을 자세히 논의할 만한 수준에 도달했다고 보기는 어렵다. 단편적인 문헌과 고고 자료 등을 통해서 외래 이주민의 규모가 적지 않았을 것으로 추정하고 있지만, 그들의 시기별 유입 양상이나 정착 이후의 사회상을 구체적으로 보여주는 문헌 자료는 매우 적다. 이에 기존 연구도 정치적 망명인 등 특정 인물 개개인에 대한 분석에 치중하는 경향이 있었다.

또한 기존에는 외래 이주민이 선진 지식·기술을 전파하여 국가 단위 정치체의 발전 과정에 끼친 사례들을 주목했는데, 이 과정에서 특히 '이주 지식인移住知識人'의 존재와 역할에 관심이 집중되기도 했다. 물론 그들의 역할도 중요하지만, 국가 입장에서 이주민의 효용이라는 것이 단지 자국의 정치·제도·문화 수준을 향상시키는 데만 한정되는 것도 아니며, 당시 한반도로 이주해온 사람들 다수가 '지식'과 '기술'을 전달하는 역할을 담당했던 것도 아니다. 국가의 발전과 지배체제의 구축이라는 관점에서 벗어나, 외래 이주민의 다수를 이루었던 기층 주민의 성향과 삶에 대한 사회사적 접근이 필요한 시점이다.

한편 기존에는 '민족국가' 의식 속에서 외래 이주민이 국가의 구성원이 되는 가운데 그들이 국가 발전에 영향을 끼친 사례를 달갑지 않게 여기는 시각도 있었다. 특히 고조선 이래 고구려·백제·신라 삼국으로 정립된 후 자체적인 성장·발전 과정을 논의하는 것은 곧 식민사학의 타파와 더불어 주체적 민족사의 전개상을 밝히는 작업이기도 했기 때문에 외부로부터의 '이주'와 그것이 끼친 영향을 보여주는 자료들의 검토에 소극적인 면도 있었던 것이다.

그러나 근대적 역사 인식 속에서 배태된 일국사적 관점 및 고대국가의 발전과 지배체제 중심의 연구 경향이 갖는 문제점들은 여러모로 지적되어왔다. 고대의 이주와 다양한 구성원들 간의 상호 공존을 위해 만들어진 국가정책, 그리고 이주민 집단의 사회상을 검토하는 것은 민족국가 중심의 한국사 서사가 갖는 허구성을 분명히 드러낼 수 있는 작업이기도 하다. 특히 고대 한반도의 역사를 연구하면서 다수의 이주민과 다양한 계통의 주민들이 공존하는 과정에 나타난 다문화 사회의 특성들을 도외시할 수는 없다.

고대 동아시아의 차원에서 진행된 '이주'는 그 자체로 시대와 지역을 통틀어 광범위하게 지속됐던 현상이었고, 이러한 거대한 흐름 속에 한반도의 각 주체가 어떻게 대처하고, 어떻게 이를 활용하였는가에 대한 깊은 고민은 현재도 진행 중이다. 이는 다문화 사회로 변모한 현재의 한국 사회가 처한 현실과도 무관하지 않은 과제라고 할 수 있다.

이 책에서는 4세기 초반~5세기 전반에 걸쳐 한반도 서북부 지역에서 나타나는 외래 전통의 독특한 장의 전통 및 이와 관련된 국가의 '이주' 정책, 그리고 현지에 정착하여 자체적인 사회상을 구현해갔던 이주집단의 삶에 주목하였다. 현재의 황해남·북도와 평안남·북도에 해당하는 이 지역은 원래 기원전 108년 고조선의 멸망 이후 낙랑군이라는 중국 군현이 설치되었으며, 그 이후 거의 420여 년간 중국 왕조의 통치 속에 많은 외래 주민이 유입되기도 했고, 또 현지 주민이 외부로 나가는 통로가 되기도 했다. 4세기 초반에 군현이 최종 소멸한 뒤에는 고구려의 영토로 편입되면서 또다시 모종의 계기로 인해 다수의 외래 이주민이 들어와서 살아간 공간이기도 했다.

특히 4세기 초·중반 이래 이 지역에 들어온 다수의 외래 이주민이 남긴 많은 중국 계통의 고분들에는 적지 않은 벽화와 문자 자료들이 남겨져 있기에 그들의 독특한 사회상에 접근할 수 있는 단서가 된다. 기존 연구에서는 낙랑·대방군 고지故地로도 칭해지는 이 한반도 서북부 지역의 독특한 고고 자료들에 대해 고구려 영토로의 편입 여부, 그리고 고분에 묻힌 인물들이 고구려 정권에 저항했던 독자 세력인지, 아니면 오히려 정권을 지지하며 일정한 역할을 했는지 등에 대해 서로 다른 의견을 제시했다.

그러나 이와 같은 접근 방식만으로는 외부로부터 유입된 이주민 집단의 특성에 주의를 기울이기 어려우며, 당대인들이 고분 속에 남긴 벽화·문자 자료를 통해 드러난 다양한 사회·문화적 정보들을 온전히 해석하는데도 일정한 한계를 지닐 수밖에 없었다. 특히 고분의 묘주인 고위 망명인과 그가 칭한 중국식 관호는 곧 그와 함께 안치되었던 이주민 집단의 존재를 전제한 것이다. '이주' 라는 특성 자체가 외래 이주민 집단 내에 자체적인 전통이 잔존한 배경과 그들 이 남긴 고분 속의 '메시지'를 이해할 수 있는 핵심이라고 생각된다. 한반도 서 북부의 이 독특한 특징을 지닌 고분 및 벽화·문자 자료들은 기존 한국 고대사 의 연구 범위에서 좀처럼 다루기 어려웠던 영역에 접근하는 유용한 통로가 될 것이다.

이 책의 내용에 포함된 필자의 기존 논문들을 제시하면 다음과 같다.

「고구려高句麗의 낙랑樂浪·대방군帶方郡 고지故地 지배 연구」, 연세대 박사학
위논문, 2016.

「4~5세기 낙랑樂浪·대방군帶方郡 고지故地의 중국지명中國地名 관호官號 출
현 배경」, 『韓國古代史研究』 86, 2017.

「덕흥리벽화고분德興里壁畵古墳'의 현실玄室 동벽 東壁에 묘사된 '칠보행사
도七寶行事圖'의 성격 검토」, 『東北亞歷史論叢』 57, 2017.

「낙랑樂浪·대방군帶方郡 고지故地의 고분 속에 구현된 대외용對外用 서사敍
事와 구성 의도 —「덕흥리벽화고분德興里壁畵古墳」의 벽화와 방제傍題
분석을 중심으로」, 『韓國古代史研究』 103, 2021.

「장무이묘 출토 명문전의 내용과 작성 의도」, 『박물관과 연구』 1, 2024.

앞서 언급한 대로 「고구려의 낙랑·대방군 고지 지배 연구」로 시작한 이 주 제는 이후 동아시아의 '이주'라는 측면에서 접근하는 방향으로 선회하게 되었 다. 이에 책 제목을 『고대 동아시아의 이주와 고구려 — 고구려의 중국계 이주 민 정책과 다문화』로 정하고, 목차와 내용 역시 이에 맞춰 수정·보완했다.

　　미숙한 학술서를 작성하면서 예전에 필자가 연구를 지속할 수 있게 만들어
주신 많은 분들을 떠올리게 되었다. 부모님과 동생, 아내 등 가족의 희생이 가
장 먼저 떠오른다. 지난날 형편이 어려울 때 이모·고모님들, 돌아가신 할머니
등 친척분들이 큰 도움을 주셨다. 부족한 필자였지만 외부에서 서울장학재단
의 장학금('하이서울장학금')을 받은 바 있으며, 연세대학교 사학과에서도 '남운
장학금'을 받은 적이 있다. 이러한 지원이 없었다면 아마도 학위를 제대로 마치
기 어려웠을 것이다. 주변의 도움이나 지원을 당연하게 여기는 어리석은 인간
은 되지 말아야겠다고 매번 다짐한다.

　　연구 활동을 하는 동안에도 많은 분들이 지도와 조언을 해주셨다. 먼저 박사
학위논문을 작성할 때까지 능력이 부족한 제자를 오랫동안 이끌면서 다방면으
로 지도해주신 하일식 선생님께 감사드린다. 또 석사·박사과정에 있을 때 필자
에게 많은 조언을 아끼지 않으셨던 도현철, 한창균, 김성보, 설혜심, 김도형 선
생님도 고마운 은사이다. 또한 이 책과 관련된 주제로 이미 주요 논문들을 발표
하셨던 공석구·여호규·임기환 선생님께서도 많은 가르침을 주셨으며, 학부 때
부터의 인연을 통해 다방면으로 이끌어주셨던 윤용구 선생님, 그리고 항상 새
롭고 넓은 시각의 연구를 강조하셨던 정호섭·김병준 선생님께도 감사드린다.

　　또한 동북아역사재단에 재직하면서 필자에게 많은 기회를 주셨던 김현숙·
이성제 선생님, 필자가 박사과정 때 성과가 나오지 않아 답답해하고 방황할 때
마음을 굳게 다잡아주셨던 정진아 선생님도 사실상 은사와 같은 분들이다. 이
책에 들어갈 지도를 제작하는 데 많은 도움을 준 한국학중앙연구원의 김현종
선생님을 비롯해 김아람, 김재원, 백길남, 신가영, 장병진, 이정빈, 기경량, 위가
야 선생님도 모두 필자가 배우는 과정에서 많은 배려와 격려를 해주셨던 분들
이다. 이 외에도 지면에 담지 못했지만 한국역사연구회를 비롯해 여러 학회에
서 함께 활동하며 많은 조언을 해준 동료, 선후배 선생님들께도 감사드린다.

이러한 분들을 한 분 한 분 떠올리다 보면, 혼자 책상 앞에 앉아서 쓰는 논문이지만 오로지 혼자서 이루는 성과란 없다는 말을 실감하게 된다. 마지막으로 부족한 원고를 책으로 출간할 수 있도록 기회를 주신 역사비평사에도 진심으로 감사의 말씀을 올린다.

2024년 10월
안정준

서론

연구 현황과 접근 방법

서론
연구 현황과 접근 방법

　이 책에서 주로 다루는 4~5세기 고구려 내의 외래 이주민은 오늘날 평안도·
황해도 일대에 해당하는 지역의 고고 유적·유물을 통해 그 실체에 접근할 수
있다. 그들은 대체로 중국의 화북과 동북방을 비롯한 광범위한 지역에서 유입
되었을 것으로 추정하는데, 그들을 지칭할 때 '중국계'라는 용어를 대체할 만한
다른 용어를 아직 찾지 못했다. 이에 개념상의 몇 가지 문제점이 있음에도 불구
하고 이 책에서는 편의상 '중국계'라는 용어를 사용한다.

　4세기 초반 서진西晉 왕조의 붕괴와 동시에 화북 일대가 큰 혼란에 빠지면서
많은 유이민이 발생했으며, 이 과정에서 동북아시아의 여러 국가들은 화북의
이주민을 자국에 유치하려는 다양한 노력을 기울였다. 당시 화북에서 고구려
지역으로 유입되는 이주민도 적지 않았는데, 이 같은 이주에는 고구려 정권의
의도도 상당히 작용했을 것이라고 추정된다. 그러나 화북 지역의 유이민이 어
떤 계기를 통해 고구려 지역으로 이주를 택하게 되었는지, 또 이들이 망명 후에
평안도·황해도 일대에 주로 안치된 이유는 무엇인지, 안치된 이후 그들의 생활
상은 어떠했는지 등에 대한 종합적인 검토는 아직 부족한 상황이다.

　한편, 4세기 초반에 고구려가 남쪽의 낙랑·대방군을 축출하고 차지한 2군

고지(오늘날 황해도·평안도 일대)에서는 약 1세기에 걸쳐 고구려의 기존 장례 전통과 무관한 형태의 고분이 지속적으로 조영되었다. 이에 대한 학계의 논의는 해당 지역에 4세기 이상 존재했던 중국 군현의 존재를 강하게 의식하면서 진행되었다. 기원전 108년에 설치된 낙랑군과 3세기 초반에 분치分置된 대방군은 서진 말까지 유지되다가 4세기 초반에 고구려에 의해 차례로 소멸되었고, 그 지역에 대한 중국 왕조의 통치도 완전히 종식되었다. 이후 낙랑·대방군 고지(이하 '2군 고지')에 잔존했던 주민의 동향을 알려주는 문헌은 거의 남아있지 않다.

다만 일제강점기 이래 평안도·황해도 일대의 전축분과 이에 동반된 명문전에 대한 자료 정리와 단편적인 논의가 이루어진 바 있으며, 그것들을 남긴 군현계 토착 세력이[1] 2군의 소멸 이후에도 상당 기간 존재했음이 주목되었다. 그런데 1950년대 이래로 외래의 중국계 망명인이 매장된 석실봉토벽화분, 즉 이주 집단이 조영한 고분이 계속 발견되면서 이 지역의 통치 주체와 문화상에 대한 다각적인 접근이 필요해졌다. 이후 연구자들은 2군 고지의 전축분과 한계漢系 석실봉토분에서 나온 문자 자료들을 적극적으로 다루는 가운데 고분 내에 표현된 벽화에 대해서도 다양한 관점으로 접근하기 시작했다.

1) 고구려인 묘주설을 통해 고구려 관하管下였음을 강조한 설

2군 고지의 중국계 망명인에 대한 관심을 촉발했던 것은 해방 직후인 1949년도에 최초 발굴이 개시된 안악3호분(당시 명칭은 '하무덤')의 조사 보고서가 나

---

1 이 책에서는 4세기 초반 이래 4세기 중반까지 황해도 지역에 전축분을 조영한 세력을 '군현계 토착 세력' 또는 '한계漢系 토착 세력'이라고 지칭했다. 과거 낙랑·대방군의 주요 거점들에 군집하여 거주하면서 기존의 한계漢系 문화를 향유하는 가운데 고고학적으로 정치·사회적 지배 계층의 묘제를 계승한 것으로 보이는 집단을 가리키는 용어이다.

오면서부터였다.[2] 특히 고분 안에서 서측 곁방으로 들어가는 입구의 좌측에 기재된 묵서墨書 내용이 주목을 받았다. 이는 동수冬壽라는 인물의 묘지墓誌였는데, 그는 『자치통감』에서 과거 모용선비慕容鮮卑 세력이었던 모용인慕容仁의 휘하에 있다가 고구려로 도망쳤다고 전해진 동수佟壽와 동일인으로 판단되었다. 묵서에 보이는 동수에 대한 정보들은 고분의 조영 시점뿐만 아니라 그 계통과 성격을 알려주는 중요한 단서가 되었다.

그런데 1950년대에 나온 발굴 보고서에는 안악3호분에 대한 조사 내용이 비교적 간략하게 언급되어 있을 뿐이며, 묘주가 구체적으로 누구인지도 확정하지 않았다.[3] 다만 북한 학계에서는 동수의 묵서와 묘주도墓主圖 주변의 여러 인물들이 칭한 중국식 관호官號의 특징, 고분의 구조적 형태가 요양遼陽 지역을 비롯한 북중국의 묘제와 비슷하다는 점, 벽화 속 인물들이 착용한 복식이 고구려 계통이 아니라는 점 등을 근거로 망명인 동수를 묘주로 보는 설이 제기되기도 했다.[4]

이후 1956년에 북한에서는 고고학 및 민속학연구소 주최로 '안악3호분의 연대와 주인공에 대한 학술토론회'를 개최하면서 묘주를 동수로 볼지, 고구려 국왕(미천왕 또는 고국원왕)으로 볼지를 두고 여러 가지 논의가 전개되었다.[5] 이와

---

2 안악3호분이 처음 발견된 것은 1949년 4월이지만 1950년의 한국전쟁으로 인해 한동안 발굴이 중단되었고, 이후 1957년 4월에야 정식 보고서가 나왔다(고고학 및 민속학연구소, 『유적발굴보고(3)—안악제3호분 발굴보고』, 평양: 과학원출판사, 1958의 '머리말' 참조).

3 고고학 및 민속학연구소, 위의 책, 1~32쪽 내용 참조.

4 이에 대해서는 1950년대 중반까지의 논문들을 구하기가 어렵다. 전주농, 「안악 하무덤 3호분에 대하여—그 발견 10주년을 기념하여」, 『문화유산』 5, 1959, 15쪽, 金貞培, 『韓國古代史論의 新潮流』, 高麗大出版部, 1980, 49쪽의 내용을 재인용하여 제시한다.

5 金貞培, 위의 책, 49쪽; 徐永大, 「1. 安岳3號墳 墨書銘」, 『譯註 韓國古代金石文(Ⅰ)』, 駕洛

관련해 김용준은 안악3호분의 서측 곁방으로 들어가는 왼쪽 벽의 상단에 쓰여
진 묵서를 동수의 묘지로 볼 수 있으며, 그의 사망 연도인 357년은 고국원왕 등
고구려 국왕들의 사망 시기와 맞지 않다는 점, 또 안악3호분의 구조적 특징과
벽화 속 인물들의 복식이 요양 일대의 벽화분이나 망도한묘望都漢墓, 기남화상
석묘沂南畫像石墓 등과 많은 유사점이 있다는 점, 안악3호분의 행렬도에 보이는
'▨上幡'이라는 기록의 맨 앞 글자인 ▨을 '성聖'자로 보기 어렵다는 점, 묘주
주변의 인물들이 칭한 '기실記室'·'성사省事'·'문하배門下拜' 등은 태수급 이하의
속관으로서 고구려 왕의 주변 인물로 볼 수 없다는 점 등을 지적하면서 망명인
동수를 안악3호분의 묘주로 보아야 한다는 견해를 밝혔다.[6]

일본·중국·남한 등에도 안악3호분의 발굴 소식이 전해지면서 그 묘주를 동
수로 보는 설이 점점 지지를 받게 되자, 북한 학계의 전주농·박윤원·주영헌은
1963년 이에 대한 본격적인 반론을 제기하였다. 이들은 일개 망명객인 동수가
황해도 안악군 일대에 대형 고분을 축조하기는 힘들 것이며[7] 특히 대규모 인원
이 등장하는 행렬도와 그 주인공의 수레 앞에 있는 '성상번聖上幡'이 기재된 깃
발은 국왕의 행차에 어울리는 것이라고 보았다.[8] 또한 안악3호분의 구조나 벽
화 등에 외래적 요소가 있음은 인정되지만 이는 지엽적인 것에 불과하며, 오히
려 벽화의 소재나 고분 형태 면에서 고구려 고유의 특징이 다수 나타난다는 점

國史蹟開發研究院, 1992, 60쪽; 孔錫龜, 「안악3호분의 주인공과 고구려」, 『白山學報』 78,
2007, 63쪽.

6 김용준, 『고구려고분벽화연구』, 과학원출판사, 1958, 121~133쪽.

7 주영헌, 「안악 제3호무덤의 피장자에 대하여」, 『고고민속』 1963-2, 1963, 5~7쪽.

8 박윤원, 「안악 제3호분은 고구려 미천왕릉이다」, 『고고민속』 1963-2, 1963, 50쪽; 주영헌,
위의 논문, 8~15쪽.

을 더욱 주목해야 한다고 강조했다.[9] 결국 안악3호분은 고구려 국왕의 무덤으로 보아야 한다는 것이다.

안악3호분이 고구려 왕의 무덤이라면 어느 왕으로 볼 것인지도 문제였는데, 북한 학계는 1960년대 이래로 미천왕 고분설을 제시했다. 이와 관련해 342년 전연前燕 모용황慕容皝의 침공으로 국내성이 함락되어 미천왕의 시신을 탈취당했다가 이듬해에야 되찾게 되었던 정황이 중시되었다. 이때 고국원왕은 자신의 정치적 입지를 다지기 위해 부왕(미천왕)의 낙랑군 정벌이라는 군사적 업적을 드러낼 수 있는 안악 일대에 새로운 고분을 장만했던 것으로 보았다.[10] 또 안악 지역이 당시의 수도인 '평양동황성平壤東黃城'에서 비교적 가깝고, 비옥한 토지로 농경에 적합할 뿐만 아니라 군사 방어상으로도 유리했을 것이라는 지적도 제기되었다.[11]

이와 더불어 동수를 묘주로 보았던 가장 중요한 근거인 서측 곁방으로 들어가는 입구 좌측의 묵서(묘지)에 대한 분석도 제시되었다. 이 묵서는 서측 곁방의 입구 좌측에 서 있는 '장하독帳下督' 인물도의 윗부분에 기재되어 있으므로 결국 장하독에 대한 내용으로 판단된다는 것이다.[12] 따라서 해당 묵서에 나오는 인물인 동수는 장하독에 해당하는 인물이며, 결코 안악3호분의 묘주가 될 수 없다는 주장이다. 더욱이 서측 곁방의 입구 '우측'에 서 있는 장하독 인물도의 위에서도 묵서 흔적이 발견되었는데, 이 경우 좌측과 우측의 두 묵서는 각각의 장

---

9 전주농, 「다시 한번 안악의 왕릉을 론함」, 『고고민속』 1963-2, 1963, 42~44쪽.

10 전주농, 위의 논문, 35~36쪽.

11 주영헌, 앞의 논문, 1963, 17쪽.

12 이 외에도 동수에 대한 묵서는 애초에 고분 제작 시 계획되지 않았던 것이므로 묘지로 볼 수 없으며 후대에 조잡하게 작성한 낙서에 불과하다는 설도 제기된 바 있다(전주농, 앞의 논문, 1963, 44~47쪽).

하독에 대한 내용이 될 수는 있어도 고분의 묘주에 대한 내용으로는 볼 수 없다는 것이다.[13]

이러한 설에 따른다면, 서측 곁방의 내부에 그려진 묘주도는 고구려 국왕의 모습이고, 서측 곁방으로 들어오는 입구의 좌측에 서 있는 장하독 인물도는 동수를 묘사한 그림이 된다. 하지만 현재 안악3호분 내에는 국왕에 대한 별도의 묘지는 발견되지 않았으며, 오직 동수에 대한 묘지만 남아있다. 특히 그의 묘지가 국왕의 무덤 안에 기재되었다는 설정은 어딘가 부자연스럽다. 일반적으로 서진·동진대에 주로 제작되는 석실봉토분에는 부부끼리 합장되는 경우가 대부분이다. 종종 피장자의 묘지에 부모나 조부모, 처자 등 친족의 이름이 함께 적혀 있는 사례가 있지만, 친족의 테두리를 벗어난 인물의 묘지가 별도로 무덤 안에 기재되는 상황은 생각하기 어렵다.[14] 특히 국가의 최고 권위자인 국왕의 무덤이라면 한낱 신하에 대한 묘지가 내부에 함께 기재되기는 어렵지 않을까.

이러한 반론에 박윤원 등은 동수가 고구려-전연의 외교 관계에 일정한 역할을 했기 때문에 묘지도 함께 기재될 수 있었을 것이라고 해명했다. 요컨대 동수는 전연의 침공 때 탈취당한 미천왕의 시신과 함께 포로로 붙잡혀갔던 왕모王母 주씨를 돌려받는 데 큰 역할을 했으며, 나중에 새로 왕릉을 축조하는 과정에 기여한 공로가 있으므로 고구려 왕가에서도 그의 업적을 높이 기렸고, 이에 새로 안악 지방에 조영된 미천왕의 무덤 안에도 동수의 묵서를 특별히 기록했다는 것이다.[15] 하지만 동수가 실제로 위와 같은 역할을 했는지는 사료상 전혀 입증

---

13 박윤원, 앞의 논문, 1963, 50쪽.

14 條原啓方, 「墓誌文化の傳播と變容」, 『東アジア文化交渉研究』 2, 関西大学文化交渉学教育研究拠点, 2009, 329쪽.

15 박윤원, 앞의 논문, 1963, 52쪽.

되지 않았으며, 설령 그렇다고 하더라도 국왕의 고분 내에 그의 묘지가 함께 기재될 수 있는 요건이 갖추어진 것인지는 불분명하다.

이후에도 북한 학계에서는 1970년대까지 안악3호분을 미천왕릉으로 보는 견해를 통설로 삼았다가[16] 1990년대 이후부터는 고국원왕릉으로 보는 설이 대두했다.[17] 그 주요 논지는 이렇다. 일단 동수는 미천왕이 죽은 지 5년 뒤에 고구려로 망명해왔기 때문에 미천왕의 밑에서 관직 생활을 한 적이 없다. 또한 전연으로부터 미천왕의 유해를 되찾아온 때가 343년인데 동수는 그로부터 14년 뒤인 357년에 사망했다. 따라서 미천왕의 생전 활동과 무관한 동수의 시신을 합장하기 위해 미천왕릉을 오랫동안 폐쇄하지 않았다고 보기는 어렵다는 것이다.[18] 더구나 4세기 후반까지 백제군이 고구려 남쪽 변경을 자주 침공했던 상황에서 고국원왕이 안악과 같은 외딴 지역에 부왕의 무덤을 조영하는 상황은 상정하기 어렵고, 오히려 당시 수도인 평양 인근에 두었을 가능성이 높다고 주장한다.[19] 이러한 논의 등을 근거로 안악3호분은 고국원왕릉으로 비정해야 한다는 견해가 최근까지 이어지고 있다.[20]

그러나 북한 학계의 '안악3호분=왕릉'설은 여전히 많은 문제점을 안고 있다. 안악3호분의 벽화에 묘사된 인물들이 착용한 중국식 복식, 묵서에 나타난 다양한 중국식 관호에 대해서는 상당히 자의적인 분석으로 일관하고 있으며,

---

16 고고학 연구실, 『美川王 무덤』, 사회과학원출판사, 1966.

17 孫永鐘, 「東アジア古代史 特に5世紀を前後する時期の歴史研究における問題點」, 『東アジアの再發見一五世紀を中心に』, 讀賣新聞社・アジア史學會, 1990; 손영종, 「고구려벽화무덤의 묵서명과 피장자」, 『고구려연구』 4, 1997, 290~294쪽.

18 박진욱, 「안악3호무덤의 주인공에 대하여」, 『조선고고연구』 1990-2, 1990, 4쪽.

19 박진욱, 위의 논문, 5~6쪽.

20 리철영, 『고국원왕릉』, 사회과학출판사, 2010, 65~81쪽.

특히 동수의 행렬도에서 '성상번聖上幡'으로 추정한 문구도 사진 도판에 따르면 '성聖'자 윗부분의 '耳'와 'ㅁ'가 서로 위치가 뒤바뀐 형태이므로 판독이 불분명하다는 지적이 있다.[21]

이미 지적되었듯이, 4세기 중반에 고구려 왕릉을 안악 지역에 조영했다고 상정하는 것 자체가 고고학적으로 상당히 무리한 추정이라고 할 수 있다. 고국원왕대에 고구려가 (현) 평양 지역으로 일시 천도를 했는지도 불분명하지만, 설령 이를 받아들인다고 하더라도 유독 미천왕 또는 고국원왕의 무덤만 집안集安 지역이 아닌, 평양에서도 한참 남쪽의 외딴 지역인 안악 일대에 조영해야 했던 이유가 분명히 제시되지 않았다.[22] 또 구조적으로도 이 무덤의 전후에 조영되었을 적석총 형태의 다른 왕릉들과 달리 유일하게 석실봉토벽화분 형태라는 사실도 고구려 왕릉이라고 판단하기 어려운 점이다.

또한 동수의 사망 시점과 고구려 국왕의 고분을 조영한 시점의 격차가 크다. 북한에서도 지적한 대로 전연으로부터 미천왕의 유해를 되찾아온 때는 343년이고 동수는 그로부터 14년 뒤인 357년에 사망했다. 고국원왕릉으로 보는 경우에도 고국원왕이 371년에 사망하기 때문에 굳이 동수가 그 왕릉에 배장陪葬되어야 하는 이유가 분명하지 않다. 게다가 고국원왕의 '고국원故國原'이라는 매장지는 고구려의 수도였던 국내성(집안) 지역으로 비정되며, 이를 안악 지역으로 보아야 할 논리나 근거가 부족한 것이 사실이다.

현재 북한을 제외한 한·중·일 학계에서는 '안악3호분=왕릉'설을 거의 따르지 않는다. 다만 북한 학계에서 지적한 몇 가지 추론, 즉 일개 망명객인 동수가 정황상 아무런 기반도 없는 안악 지방에 독자적인 세력을 구축하기는 어려웠을

---

21 孔錫龜, 앞의 논문, 2007, 73~74쪽.

22 孔錫龜, 앞의 논문, 2007, 80쪽.

것이라는 점,[23] 동수가 고구려와 전연의 관계에서 일정한 외교적 역할을 수행했을 것이라는 추정[24] 등은 이후의 연구에도 일정한 영향을 주었다.

1976년에 평안남도 남포시 강서구역 덕흥동에서 발견된 덕흥리벽화고분 역시 안악3호분과 마찬가지로 고구려 정권과의 관련 여부를 두고 많은 논란이 있었다. 이 고분은 408년에 조영되었으며,[25] 그 묘주가 ▨▨씨 진鎭이라는 인물이라는 데 이견이 없다. 북한 학계는 진이 고구려 출신이라 판단하고서 그의 묘지에 보이는 관호들은 고구려가 수여한 것이며, 유주자사幽州刺史라는 진의 역임 관 등을 통해 5세기 초반 당시 고구려가 현재의 중국 북경北京 지역을 중심으로 한 유주 지역을 경영했을 것으로 추정했다. 이와 관련한 논의를 간략히 정리하면 다음과 같다.

첫째, 덕흥리벽화고분은 구조적으로 이실二室의 석실봉토분인데, 모두루무덤을 비롯해 각저총·무용총 등 같은 시기 고구려의 다른 석실봉토분과 비교할 때 구조적으로나 벽화 제재, 복식의 측면에서 유사한 점이 많다.[26] 즉, 전형적인 고구려의 고분이라는 것이다.

둘째, 묘주인 진의 출신지는 묘지에 "▨▨군 신도현 도향 ▨감리"라고 기재되어 있는데, 이 가운데 '신도'라는 지명은 『고려사』 지리지에 '본고려신도군'이

---

23 박윤원, 앞의 논문, 1963, 50쪽.

24 박윤원, 위의 논문, 1963, 50쪽.

25 덕흥리벽화고분의 제작 일시는 분명한 편이다. 묘주 진鎭의 묘지에 따르면 고분은 영락永樂 18년(408) 12월 25일에 완성되었다. 또 고분의 입구에는 무덤을 폐쇄한 날짜가 이듬해인 기유년(409) 2월 2일로 기재되어 있다.

26 김용남, 「새로 알려진 덕흥리고구려벽화무덤에 대하여」, 『력사과학』 1979-3, 1979, 45쪽; 주영헌, 「덕흥리벽화무덤의 주인공에 대하여」, 『덕흥리고구려벽화무덤』, 평양: 과학·백과사전출판사, 1981, 45~55쪽.

었다고 전하는[27] 가주嘉州에 해당하며, 이는 곧 현재의 청천강 이북인 박천博川·운전雲田 지역으로 비정된다.[28] 또한 진의 출신지 표기에서 군·현·리는 중국식 지방 행정단위로 볼 수도 있지만 4세기 후반~5세기 초반에 고구려에서도 이미 군·현·리로 표현되는 지방 통치의 단위가 있었으며, 이는 『삼국사기』 지리지에서 주·군·현 단위의 지명 기사들을 통해서도 뒷받침된다는 것이다.[29]

셋째, 진의 묘지에는 그의 관직들이 역임한 순서대로 기재되어 있는데, 여기서 요동태수遼東太守를 비롯해 유주자사에 이르는 관직들은 모두 고구려 왕이 수여한 것이다.[30] 구체적으로 고분 내 묵서에 보이는 13군 75현으로 구성된 유주는 중국 역대 왕조의 유주 구성과는 일치하지 않는다. 또한 370년 말 이래 376년 초까지 중국 사서에 유주자사에 대한 기록이 나오지 않는다. 이는 해당 기간에 고구려가 13군 75현으로 구성된 유주를 지배하고 있었고, 진이 그 지역에 자사로 부임한 데서 비롯되었기 때문이라고 본다.[31]

덕흥리벽화고분의 묘주인 진의 출신과 그가 칭한 관호를 고구려 정권과 연결하는 북한 학계의 주장은 2군 고지에 대한 고구려의 통치력을 강조하는 한편, 영토 확장과 관련된 역사상을 부각하려는 의도가 크게 작용한 것으로 보인

---

27 "嘉州本高麗信都郡"(『高麗史』 卷58 志 卷第12 地理 3 北界 安北大都護府 寧州)

28 주영헌, 앞의 논문, 1981, 55~56쪽; 손영종, 「덕흥리벽화무덤의 피장자 망명인설에 대한 비판(1)」, 『력사과학』 1991-1, 1991, 58쪽.

29 박진욱, 「덕흥리벽화무덤의 주인공과 유주의 소속문제에 대하여」, 『조선고고연구』 1992-2, 1992, 18쪽; 손영종, 『조선단대사(고구려사 2)』, 과학백과사전출판사, 2007, 161쪽.

30 김용남, 앞의 논문, 1979, 44~45쪽; 주영헌, 앞의 논문, 1981, 57~63쪽; 박진욱, 위의 논문, 19~20쪽.

31 박진욱, 위의 논문, 20~21쪽; 박진욱, 「덕흥리벽화무덤에 반영된 유주에 대하여」, 『덕흥리고구려벽화무덤』, 과학·백과사전출판사, 1981, 65~79쪽; 손은철, 「덕흥리벽화무덤과 관련한 그릇된 견해에 대한 비판」, 『조선고고연구』 2006-4, 2006, 14~15쪽.

다. 그러나 안악3호분에 관련된 논의와 마찬가지로 벽화에 나타난 등장인물들의 복식과 벽화 제재 등에 대한 북한 학계의 자의적 해석은 이미 여러 측면에서 반박이 이루어졌다. 이에 관한 논의는 일본·남한·중국 학계의 쟁점을 소개하면서 차례로 살펴보겠다.

2) 중국계 망명인 묘주설을 통해 자치 세력의 성격을 강조한 설

남한과 일본·중국의 초기 연구는 안악3호분과 덕흥리벽화고분의 묘주 출신지에 대한 논의가 주를 이루었다. 그러나 이후 연구가 진행되면서 두 고분의 구조적 특징과 벽화의 제재, 벽화 속에 등장하는 인물들의 복식, 그리고 묵서에 나오는 여러 관호 등을 고구려와 관련된 것으로 볼지, 아니면 옛 낙랑·대방군 및 중국 왕조의 문화 전통과 관련되었다고 볼 것인지 등의 문제로 논의가 확대되었다. 그리고 이러한 논의는 곧 2군 고지에 대한 고구려의 지배력과 실질적인 통치 주체에 대한 논쟁으로도 이어졌다.

이와 관련해 일본에서 본격적인 연구를 진행했던 연구자는 오카자키 다카시岡崎敬였다. 그는 안악3호분의 무덤 구조 및 벽화의 기원, 복식, 관호 문제까지 폭넓게 다루면서 안악3호분이 중국계 망명인인 동수의 무덤이라고 주장했다. 구체적으로 이 무덤은 2군 고지의 토착 전통이 아닌 위·진대魏晉代 요양 지역 석곽묘 계통의 전통을 계승한 외래 망명인의 문화가 강하게 투영되어 있음을 강조했다.[32]

그는 장수왕의 평양 천도(427) 전까지 한반도 서북한 지역은 고구려의 완전한 지배하에 있었다고 보기 어려우며, 그 일대에는 개별 세력들이 자립적으로

---

32 岡崎敬, 「安岳3號墳(佟壽墓)の研究」, 『史淵』 9, 1964, 69~70쪽.

존재했을 가능성이 높다고 파악했다. 안악3호분의 동수 등 고위 망명인들은 2군 고지의 토착집단과 요동으로부터 이주해온 주민집단을 함께 규합하여 세력을 형성한 상태였고, 중국식 관호를 자칭한 가운데 자신들의 위세를 주변에 드러내면서 고구려에 대해서는 반독립적인 입장을 취했다고 판단했다.[33]

그의 연구는 4세기대 고구려에 들어온 한식漢式 벽화고분이 이후 고구려의 문화로 수용되었다는 점을 언급한 것 외에도, 4세기 중반으로 비정되는 태봉리 1호분(이하 '장무이묘')의 대방태수帶方太守 장무이張撫夷와 영화 9년명전永和九年銘塼의 동리佟利가 칭한 중국식 관호들까지 폭넓게 검토했다는 점이 특징이다. 이처럼 2군 고지의 다양한 고고 자료와 문자 자료에 대한 검토를 통해 중국계 망명인들이 해당 지역에 반독립적 세력을 구축한 시기, 그리고 이후 고구려가 지배력을 점진적으로 강화해간 기점 등을 제시함으로써 이전과는 차별화된 연구 시각과 접근 방법을 제시했다고 할 수 있다.

1980년대 후반에도 안악3호분과 덕흥리벽화고분의 피장자를 고구려인으로 보는 북한 학계의 설을 비판하면서, 중국계 망명인들이 2군 고지에서 반독립적인 세력을 형성했다는 설을 좀 더 구체화하는 논의가 이어졌다. 특히 두 고분의 묵서에 나타나는 중국식 관호들의 특징과 수여 주체에 대한 구체적인 검토를 통해, 이를 칭했던 묘주들을 둘러싼 정치 상황을 밝히려는 연구가 이루어졌다.

다케다 유키오武田幸男는 덕흥리벽화고분을 중심으로 논의했는데, 특히 묘주 진鎭의 묘지에 보이는 출신지 표기 방식과 관력官歷 등을 집중적으로 분석하여 북한 학계의 '진=고구려인'설을 체계적으로 비판했다. 그는 진이 2군 고지로 이주한 이후 낙랑 유민과 중국계 이주민들을 모아 자기 세력을 증식하는 과정에서 고구려로부터 국소대형國小大兄을 수여받았으며, 동시에 중국식 관직과

---

33 岡崎敬, 위의 논문, 63쪽.

관호를 자칭하면서 주변에 자신의 세력과 지위를 과시했다고 보았다.[34]

다케다 유키오의 연구에서 특기할 만한 점은 진의 묘지 및 기타 묵서에 표기된 지명이나 관호를 중국 왕조의 사례들과 상세히 비교·분석한 뒤, 그 가운데 당대의 실상과 괴리되는 양상이 있음을 주목한 점이다.[35] 이를 통해 그는 고분 내에 표기된 지명·관호들에는 실상과 허상이 뒤섞여 있으며, 특히 관호의 경우에는 진이 실제로 수여받은 실직實職과 자칭한 허직虛職이 있다고 보았다. 이 가운데 허직들은 과거 특정한 시기의 역사상, 즉 허상(fantasy)에 기반한 것이라고 주장함으로써 이에 대한 새로운 해석 가능성을 열었다.[36] 다만 당시 고분을 제작한 사람들이 고분 속에 '현실'과 '허상'이 혼재된 기록을 기재했던 구체적인 의도가 무엇인지, 또 그 문화·전통의 기원인 중국 내지의 고분벽화들에서도 유사한 표현이 나타나는 사례가 있는지 등에 대해서는 충분한 해명과 근거를 제시하지 않았다.

이렇듯 1980년대까지 일본 학계는 안악3호분과 덕흥리벽화고분 등이 중국계 망명인의 고분이라는 점을 강조하였다. 그리고 이 망명인들의 정치적 독자성을 강조하는 가운데 고구려가 2군 고지를 5세기 초반까지 확고하게 장악하지 못하였다는 관점을 고수했다.

중국 학계의 연구도 대부분 4세기 초반 이래 2군 고지에 있던 전축분 조영 집단과 새롭게 이주해온 중국계 망명인들의 독자성을 강조하는 시각에서 논의

---

34 武田幸男, 「德興里壁畵古墳被葬者の出資と經歷」, 『朝鮮學報』 130, 1989, 19~20쪽.

35 武田幸男, 위의 논문, 19쪽.

36 이와 관련하여 다케다 유키오는 덕흥리벽화고분의 묵서에 기재된 행정지명과 본적지 표기 등이 묘주 진의 생존 시기인 322~408년이 아닌 과거 후한·조위 초의 시대상에 부합하며, 묵서와 벽화의 내용에는 과거의 통일제국이었던 후한의 역사상을 염두에 두고 표현된 것들이 함께 존재한다고 보았다(武田幸男, 앞의 논문, 1989, 26~29쪽).

를 전개했다. 먼저 1959년에 나온 홍칭위洪晴玉의 연구가 주목되는데, 그에 따르면 안악3호분의 경우 구조적으로 중국의 고분 조영 전통과 연결되며, 벽화의 내용 면에서도 그 체제와 제재, 인물들의 복식 역시 한漢·위魏·진晉대의 고분벽화 양식과 비교된다는 것이다. 또한 동수의 묘지에 따르면 그는 창려·현도·대방태수를 칭하였고, 그 주변 인물들이 칭한 관호도 모두 태수 예하의 관직에 해당한다. 따라서 안악3호분에 보이는 여러 자료는 묘주인 동수가 동진으로부터 관호를 수여받고 2군 고지에서 독자적으로 활동했던 상황을 뒷받침한다고 주장했다.[37]

이러한 시각은 다른 연구자들의 덕흥리벽화고분의 계통과 묘주에 대한 검토에서도 나타난다. 고분의 구조적 특징, 벽화의 내용, 묘지의 기록 등으로 미루어 볼 때 묘주인 진은 중국 기주冀州 출신의 인물로, 중국 왕조에서 유주자사를 역임한 인물이라고 추정했다. 이 고분은 구조적으로 위·진 시대의 특징이 잘 반영되어 있는 중원 고유의 형식이며, 벽화에 묘사된 의관과 묵서에 표현된 중국식 관호 등도 진대晉代 제도와 같다고 본 것이다. 다만 국소대형은 고구려와 관련 있으며 묘주 진이 망명한 이후에 받은 관직이라고 보았다.[38] 이는 5세기 초반에 2군 고지에 대한 고구려의 정치적 영향력이 더욱 강화됨에 따라 진의 묘지명과 벽화에도 위·진대의 전통과 고구려의 체제가 병존하게 된 양상을 나타낸다고 하였다.[39] 이러한 연구를 토대로 4세기에 2군 고지에 만들어진 벽화고

---

37 洪晴玉,「关于冬寿墓的发现和研究」,『考古』1959-1, 1959, 34~35쪽; 孙泓,「幽州刺史墓墓主身份再考证」,『社会科学战线』2015-1, 2015, 125쪽.

38 刘永智,「幽州刺史墓考略」,『历史研究』1983-2, 1983; 康捷,「朝鲜德兴里壁画及其有关问题」,『博物馆研究』1986-1, 1986; 孙进己·孙泓,「公元3~7世纪集安与平壤地区 壁画墓的族属与分期」,『北方文物』2004-2, 2004, 38쪽, 41~42쪽.

39 孙泓, 앞의 논문, 2015, 126쪽.

분들 가운데 고구려 귀족의 무덤으로 확실하게 지목할 수 있는 것은 없으며, 대부분 중국계 인물인 낙랑 토착인이나 한인漢人 망명자의 무덤일 가능성이 높다고 보았다.[40]

자오쥔제趙俊杰의 연구는 안악3호분과 덕흥리벽화고분의 묘주 출신 문제뿐만 아니라 4~5세기 2군 고지의 전반적인 역사상에 대한 설명을 시도하고자 했다. 그는 313년 이후에도 2군 고지가 장기간 고구려의 지배를 받지 않고 독자성을 유지했다고 보았는데, 그 원인은 4세기 중반에 고구려가 선비 모용부 정권과 벌인 전쟁에서 열세에 놓여 있었기 때문이라고 했다. 즉, 고구려는 서북 방면에 치중해 있었던 까닭에 남방의 2군 고지에 영향력을 확대할 여력이 없었다고 본 것이다.[41]

또한 그는 4세기 이래 2군 고지에 중국계 이주민들이 유입된 것은 중원 지역의 혼란으로 인해 요서·요동 등 북방의 주민들이 육로·해로를 거쳐 각지로 이주한 현상과 관련 있다고 보았다.[42] 이들은 고구려의 방치 속에 4세기 중반 이래 5세기 초반까지 2군 고지에 들어와 정착하여 독자적인 세력을 유지했는데, 이는 전축분 명문전에 보이는 묘주들의 자칭 관호가 4세기 중반 이래로 지위(등급)가 점차 올라가거나 세력 관할 범위가 점차 확대되는 현상을 통해서도 알 수 있다는 것이다. 더 나아가 동수·진 등의 외래 망명인을 위해 조영된 화려한 고분들과 그들이 칭한 높은 지위의 관호들 역시 2군 고지에서 한인 사회의 독자

---

40 孙进己·孙泓, 앞의 논문, 2004, 38쪽, 42쪽.

41 赵俊杰, 「乐浪、带方二郡覆亡前后当地汉人集团的动向与势力发展」, 『吉林大学社会科学学报』 52-1, 2012a, 64쪽.

42 赵俊杰, 위의 논문, 63쪽; 赵俊杰, 「乐浪、带方二郡的兴亡与带方郡故地汉人聚居区的形成」, 『史學集刊』 2012-3, 2012b, 103~105쪽.

성과 발전상을 보여주는 근거라고 판단했다.[43]

　이처럼 2010년대 초반까지 이어지는 중국 학계의 연구는 대부분 과거 김용준 등 북한 학계의 초기 연구, 오카자키 다카시 이래 일본 학계 연구의 시각과 접근 방법에서 크게 벗어났다고 평가하기는 어렵다. 다만 2014년 이래 정춘잉 鄭春穎의 연구에서 안악3호분과 덕흥리벽화고분 등의 관모·복식에 대한 구체적인 계통 분류와 비교 연구가 진행된 것은 하나의 새로운 진전이라고 평가할 수 있다.[44]

　남한 학계에서도 대체로 1990년대까지 오카자키 다카시의 설을 기반으로 중국계 망명인 집단의 반독자성을 강조하는 방향으로 논의가 전개되었다. 먼저, 채병서는 동수의 묘지 존재와 그 내용에 비춰 볼 때, 묘주는 당연히 중국계 망명인인 동수로 보아야 한다고 주장했다. 이는 벽화 속 등장인물들의 복식과 관호명을 통해서 알 수 있으며, 묘실의 구조 형식, 벽화의 제재 등의 면에서도 중국의 석실분과 고분벽화의 전통을 계승했음이 보인다는 것이다.[45]

　김원룡도 낙랑군이 소멸한 313년 이래로 고구려–백제 간의 전투가 벌어진 369년까지 낙랑군의 옛 땅은 그 지역의 토착 한인들에게 위임된 가운데 일종의 자치령과 같은 상태였을 것으로 보았다. 당시 고구려는 4세기 중반 이래 전략적으로 서북 지역에 치중해 있었기 때문에 남쪽의 상황을 묵인 또는 방임해왔다는 것이다. 이때 2군 고지의 토착 한인들은 사실상 반독립적 상태에서 바다를 통해 동진과 왕래했으며, 고분 내에 동진의 연호를 표기하고 낙랑군의 통치

43　趙俊杰, 앞의 논문, 2012a, 64~65쪽.

44　鄭春穎·刘玉寒,「高句丽壁画服饰的构成、族属与变迁」,『史志学刊』 2015-5, 2015, 77쪽; 鄭春穎·冯雅兰,「服饰学视角下的德兴里古墓壁画研究」,『北方文物』 2019-2, 2019, 56~57쪽.

45　蔡秉瑞,「安岳地方의 壁畵古墳」,『白山學報』 2, 1967, 63쪽.

기에 썼던 관명을 그대로 사용하기도 했다고 본다. 또 이후 산동 기남석묘와 같
은 중국 본토의 분묘 형식을 따른 안악3호분 등 중국식 고분들이 중국계 이주
민들에 의해 잇따라 구축되었다고 봄으로써 사실상 안악3호분의 묘주가 동수
라는 기존의 논의를 지지했다.[46]

　1980년대 말 이래 공석구는 2군 고지의 중국계 고분과 문자 자료에 대한 체
계적이고 폭넓은 연구를 진행하였다. 그의 연구는 2군 고지의 전축분과 한계
석실봉토벽화분 등에 보이는 대부분의 문자와 벽화 자료들을 광범위하게 검토
했다는 점이 특징이다. 평안도·황해도 지방에서 출토된 전축분 명문전(연도가
표기된 것) 분석을 시작으로[47] 안악3호분의 묵서명과 덕흥리벽화고분의 주인공
에 대한 논쟁을 전론으로 다루기도 했다.[48] 1990년대 말부터 2000년대까지는
안악3호분의 묘주도와 다른 등장인물들이 착용한 관모冠帽 및 의장용儀仗用 기
물의 일종인 절節·당幢을 중국의 다른 사례들과 비교·검토해서 그 문화 계통을
분명하게 밝히고자 했다.[49]

　그 주요 내용을 소개하면 다음과 같다. 먼저, 그는 평안도·황해도 지방의 전
축분 조영 상황을 통해 군현계 토착 세력에 대한 고구려의 지배력을 파악했다.

46　金元龍, 『韓國考古學槪論』(第三版), 一志社, 1986, 155~156쪽.

47　孔錫龜, 「平安·黃海道地方出土 紀年銘塼에 대한 硏究」, 『震檀學報』 65, 1988.

48　孔錫龜, 「안악3호분의 墨書銘에 대한 考察」, 『歷史學報』 121, 1989; 孔錫龜, 「德興里 壁畵
　　　 古墳의 主人公과 그 性格」, 『百濟硏究』 21, 1990. 이상의 논문은 孔錫龜, 『高句麗 領域擴
　　　 張史 硏究』, 書景文化社, 1998에 재수록되었다.

49　孔錫龜, 「안악3호분 主人公의 冠帽에 대하여」, 『高句麗硏究』 5, 1998; 孔錫龜, 「高句麗의
　　　 南進과 壁畵古墳」, 『韓國古代史硏究』 20, 2000; 孔錫龜, 「안악3호분 主人公의 節에 대하
　　　 여」, 『고구려발해연구』 11, 2001; 孔錫龜, 「안악3호분의 幢에 대하여」, 『고구려발해연구』
　　　 19, 2005.

2세기 말에서 5세기 초반까지 전축분이 지속적으로 축조되고 있는데[50] 특히 2군이 소멸한 4세기 초반 이후에도 약 1세기 동안 중국 왕조의 연호가 사용되고, 중국식 관호를 자칭하는 등 중국의 정치·문화 전통이 나타난다는 점에 주목했다. 또한 2군의 소멸 이후 전축분 축조자들의 신분이 급격히 노출되면서, 동시에 묘주의 관호가 기존과 달리 태수급 이상으로 올라간 현상이 두드러지는데, 이때의 관호들은 정황상 허구화된 자칭호가 다수이며 묘주 자신의 독자적 세력을 주변에 과시하려는 용도였다고 이해했다.[51]

이처럼 2군 고지에 고구려의 직접 통치가 미치지 않았다는 관점은 안악3호분과 덕흥리벽화고분에 대한 논증에서도 이어졌다. 특히 안악3호분의 묵서에 보이는 중국식 관호들의 분석을 통해 묘주와 그를 시위하고 있는 인물들(속료)의 관계, 장하독과 묘주의 관계 등을 밝혔다. 이로써 동수가 안악3호분의 묘주가 분명하며, 그의 관호들은 고구려 정권과 무관한 자칭호일 가능성이 높다는 점 등을 지적했다.[52]

공석구의 장기간에 걸친 연구는 오카자키 다카시 이후로 가장 광범위한 자료들을 검토했다는 점에서 주목할 만하다. 안악3호분의 묵서에 보이는 중국식 관호들을 당대 중국 왕조의 관제와 비교·검토한 연구, 벽화 속 인물들이 착용한 관모를 비롯해 절·당 등 정치적 기물들을 중국 고분벽화 속의 사례들과 비교한 연구는 기존에 다소 막연하게 다뤄졌던 벽화와 묵서에 대해 체계적 접근

---

50 오카자키 다카시 역시 2군 소멸 이후에도 전축분을 제작한 한인漢人 유민 세력이 존재했으며 이들은 비교적 독립적인 세력 집단으로 '자치령'을 형성했음을 주장한 바 있다(岡崎敬, 앞의 논문, 1964, 66~67쪽).

51 孔錫龜, 앞의 책, 1998, 76~102쪽.

52 孔錫龜, 위의 책, 1998, 121~136쪽.

을 이뤄낸 것으로 평가할 수 있다. 그의 연구로 안악3호분과 덕흥리벽화고분의 벽화 속에 드러난 정치·문화적 양상이 상당 부분 고구려와 무관하다는 점, 다시 말해 외래 이주민 집단의 전통·문화 속에서 보아야 한다는 사실이 한층 더 분명해졌다.

이와 같이 1960년대 이후 일본·중국·남한에서는 북한 학계의 연구를 비판하면서 2군 고지에 보이는 중국 문화적 양상에 주목하였고, 이를 근거로 해당 지역에 고분을 조영한 전축분 조영 집단 및 중국계 망명인들의 정치적 독자성을 강조하는 연구가 주류를 이루었다. 이들 논의에서는 동수·진 등 망명인들의 고분 내에 보이는 대부분의 기록이 고구려 정권과 관계없으며, 망명인들이 칭한 중국식 관호의 경우 특정한 수여 주체가 없거나 고구려와 무관한 자칭이라는 점을 논증하는 데 많은 지면을 할애하고 있다. 이와 더불어 고분의 구조적 특징, 묵서·벽화에서 드러나는 전통이 중국의 제도적 전통에 따른 것임을 일관되게 주장하고 있다. 결국 2군 고지에서 활동했던 중국계 인물들을 강하게 제어했던 주체는 보이지 않으며, 2군 고지에 대한 고구려의 직접적인 지배도 상정하기 어렵다는 것이 공통된 의견이다.

위 연구들을 통해 4세기 초반~5세기 중반에 2군 고지에서 조영된 고분들의 구조적 형태, 명문전과 묵서 등에 표현된 중국식 관호들, 벽화의 복식 등이 고구려와 무관한 중국의 전통·문화와 연계해서 보아야 한다는 점은 분명해졌다. 다만 고분 조영 집단이 자체의 전통·문화를 향유하면서 중국식 관호를 활용하기도 했다는 사실이 곧 그들이 고구려의 통제권에서 벗어나 있음을 입증하는 근거인지는 여전히 의문으로 남는다. 예컨대 고구려가 남방의 2군 지역을 정복한 것은 이미 4세기 초반의 일이었다. 4세기 중반에 고구려가 선비鮮卑 모용씨慕容氏의 침공 등 서북 방면에서 일시적인 어려움을 겪었던 것은 사실이나, 당시 2군 고지에도 이미 저항의 구심점 역할을 할 수 있는 세력이 존재하지 않던 상황이었다. 그러한 상황에서 곳곳의 토착집단들이 고구려의 영향력 확대를 100여 년 동안이나 물리적으로 저지해왔다고 상정하기는 어려워 보인다.

그뿐만 아니라 본거지를 떠나서 자기 기반을 잃은 이주민 집단이 어떤 과정을 통해 2군 고지에 들어올 수 있었고, 2군 고지의 토착 한인들까지 포함된 반자치 세력을 형성할 수 있었는지에 대한 논증이 부족한 점도 큰 한계라고 할 수 있다. 예컨대 요동 지역에서 도망쳐 나와 고구려로 신변을 의탁해온 동수와 같은 인물이 2군 고지에 들어가서 고구려의 지배력 확대를 저지하는 반독자 세력의 주체로 변모한다는 것이 과연 가능한 상정인지, 또 2군 고지에 이미 강고한 토착 세력이 존재했다면 외부에서 유입된 망명인인 동수·진 등이 어떻게 그 지역과 주민을 장악하여 세력을 과시할 수 있었는지 등에 대해서도 합리적인 해명이 제시됐다고 보기 어렵다.

또한 고고 자료들의 시기·지역별 분포 양상을 보더라도 안악3호분 및 덕흥리벽화고분과 같은 황해도·평안도 일대의 중국계 고분들이 2군 고지의 군현계 토착 한인漢人 세력과 뚜렷한 관련성이 있는지가 불분명하며, 망명인 집단의 고분들이 특정한 구역에서 누대에 걸쳐 조영되었다고 보기도 힘들다. 이런 점 때문에 1세기 가까이 반독립 세력의 존재를 상정한 설은 분명 많은 한계를 안고 있다. 그렇다면 4세기 초반 이래 2군 고지의 전축분 조영이 일정 기간 지속된 현상, 그리고 석실봉토벽화분에서 중국 전통의 장의葬儀 문화가 나타나는 현상이 정치적 독자성의 근거로 과도하게 해석되었던 것은 아닌지에 대한 재검토가 필요하다.

3) 고구려 정권의 낙랑·대방군 장악과 망명인들의 역할에 주목한 설

2군 고지의 전축분과 석실봉토벽화분에 드러나는 중국 전통의 장의 문화를 기존과 다른 관점에서 접근하려는 연구도 있었다. 여기서 관건이 된 것은 고구려에 의탁해온 동수 등 망명인들의 현실적인 처지 속에서 그들의 중국식 관호를 어떻게 해석할지에 대한 문제였다.

우선 구보조에 요시후미窪添慶文는 고구려가 342년 이래 선비 모용씨에게 국내성을 함락당하는 등 수세에 몰려 있는 상황이었다고 할지라도 이것이 곧 2군 고지에서 한인漢人 세력들의 반자치적 활동을 방치할 만한 정황이 된다고 보기는 어렵다고 주장했다. 특히 369년에는 고국원왕이 백제를 정벌하기 위해 치양雉壤(현 황해도 배천白川)에서 싸웠는데,[53] 예성강 일대로 추정되는 지역에서 벌어진 이 양국 간의 전투는 2군 고지 내에 반독립 세력의 존재를 상정하기 어렵게 하는 근거라고 보았다.[54]

이어서 그는 고구려가 중국계 망명인들을 의도적으로 2군 고지에 파견한 것으로 본다. 이 지역은 기존에 2군의 오랜 치하에 있었던 만큼 중국의 제도·문화적 전통이 강했고, 이 때문에 고구려가 다른 점령 지역과 동일한 방식으로 지배하기는 어려웠을 것이라고 판단했다. 이에 해당 지역에 일종의 교군僑郡을 두는 등 의제적擬制的 군현으로 조직한 뒤 동수 등 망명인들을 그 상징적 장관으로 임명하는 방식으로 통치했을 것으로 보았다. 이때 동수의 낙랑상樂浪相이나 사지절도독제군사使持節都督諸軍事 등의 관호는 2군 고지의 한계 토착 세력을 통치하는 관호로서 활용되었을 가능성을 제시했다.[55] 결국 고구려가 2군 고지의

---

53 『三國史記』高句麗本紀 故國原王 39年.

54 窪添慶文,「樂浪郡と帶方郡の推移」,『東アジア世界における日本古代史講座』3, 學生社, 1981, 43~44쪽.

55 이에 대해서는 사카모토 요시타네坂元義種도 망명객인 동수의 '낙랑상' 관호가 고국원왕이 전연에서 받았던 책봉호인 '낙랑공'과 관련 있으며, 양자는 군신 관계였을 것이라고 언급한 바 있다(坂元義種,「金石文(Ⅱ)―朝鮮」,『考古學ゼミナール』, 山川出版社, 1976,

토착 한인 사회를 대상으로 기존의 전통을 존중하는 가운데 중국계 망명인들을 적극 활용한 통치를 진행했다고 본 것이다.[56]

이상의 논의들은 비록 단편적이지만 2군 고지에 안치된 대표적 망명인인 동수의 정치적 기반이 고구려 정권이라는 점, 고구려가 동수 등을 2군 고지의 경영에 적극 활용했다는 점 등을 지적한 선구적 연구이다. 특히 4세기 동아시아의 유이민 파동을 계기로 이주해온 망명인이 고구려의 국가 통치에 일정한 역할을 했다고 추정한 내용도 주목된다.[57] 다만 망명인들의 관호나 벽화·묵서의 다양한 정보에 대한 구체적 분석은 이루어지지 않았으며, 고구려의 2군 고지 지배가 어떻게 이루어졌는지에 대해서도 자세한 논의를 전개하지는 못했다.

한편 이와 비슷한 관점에서 2군 고지의 문자 자료들을 전론으로 다룬 연구도 나왔다. 임기환은 4세기 초반 이래 2군 고지의 안악3호분을 비롯하여 덕흥리벽화고분과 장무이묘, 동리묘 등 다양한 중국계 고분들의 명문전과 묵서 등을 종합하여 이를 고구려의 적극적인 지역 재편과 지배라는 측면에서 접근하였다. 이 시기 2군 고지에 조영된 전축분과 한계 석실봉토벽화분에서 중국 문화적 전통이 강하게 드러난 배경에 대해서는 고구려 중앙정권이 기존에 군현의 오랜 통치를 받았던 토착주민들의 정치·문화적 충격을 줄이기 위한 일환으로

266쪽; 坂元義種,「朝鮮古代金石文小考」,『百濟史の硏究』, 東京: 塙書房刊, 1978, 378쪽).

56 窪添慶文, 앞의 논문, 1981, 44~45쪽.

57 李成市도 4세기 당시 고구려가 군사 활동이나 외교교섭, 2군 고지의 경영 과정에서 중국계 인사를 적극 활용했다고 본다. 그 무렵 동수 등 중국에서 망명한 인사들은 고구려 정권에 협력했던 존재들로서 2군 고지의 토착 세력을 포섭하여 고구려 왕권하에 조직하는데 일정한 역할을 담당했을 것이며 4세기 중반 수세에 몰려 있던 고구려가 점차 부흥하는 데 큰 동력이 되었을 것으로 파악했다(李成市,『古代東アジアの民族と國家』, 東京: 岩波書店, 1998, 26~29쪽).

서론: 연구 현황과 접근 방법 | 49

중국계 망명인(동수·동리·장무이)을 등용하여 그 지역 관리자로 임명했으며, 기존 지배질서의 형식적 외연은 그대로 두면서 통치력을 서서히 강화해가는 정책을 취했다고 설명했다.[58]

여기서 주시할 점은 고구려가 중국 왕조의 도독-막부제를 수용했다는 주장이다. 기존에 묘주의 자칭으로 간주된 동수의 낙랑상과 사지절도독제군사를 비롯하여 진의 사지절使持節·동이교위東夷校尉·유주자사 등은 고구려가 개설한 막부幕府의 관호라고 파악했다. 또 덕흥리벽화고분의 전실 남벽 묵서에 보이는 장사長史·사마司馬·참군參軍 및 전실 동벽의 치중治中·별가別駕 등 진의 휘하에 막부와 주부州府가 결합된 조직이 존재했음을 알 수 있는데, 이 역시 고구려 국왕이 개설한 조직으로서 2군 고지의 세력을 고구려 지배하에 편제하는 기능을 했다는 것이다.[59]

고구려 왕권하에 막부를 두어서 새로 들어온 중국계 망명인들을 국왕의 지지 기반으로 삼고 이를 통해 2군 지역의 토착 세력을 재편하고 통치했다는 주장은, 동수·진 등이 칭한 중국식 관호를 독자적인 세력의 근거로 인식했던 기존의 발상을 뒤집어서 오히려 고구려 정권과의 긴밀한 관계를 뒷받침한다고 해석한 것이다. 이러한 연구는 고구려의 적극적인 2군 고지 장악과 더불어 정복한 지역에 대한 새로운 통치 유형을 제시했다는 점에서도 주목받았다.

김미경은 4세기 초반 이후에도 전축분을 조영했던 2군 고지의 군현계 토착 주민이 사실상 고구려의 통치를 받는 세력이었다고 주장했다. 구체적으로, 4세

---

58 임기환, 『고구려 정치사 연구』, 한나래, 2004, 172~175쪽(林起煥, 「4세기 고구려의 樂浪·帶方地域 경영」, 『歷史學報』 147, 1995에 처음 게재되었으며, 이후 임기환, 위의 책에 재수록됨).

59 임기환, 위의 책, 194~196쪽.

기 초반에 서진 정권이 급격하게 붕괴되는 과정에서 2군 고지 일대의 토착 세력은 사실상 구심점이 사라진 상태였다는 점, 그리고 4세기 초반 이후에 나타나는 전축분 명문전들이 기존의 문화적 전통을 유지한 양상을 보여주지만 이를 곧 군현계 토착 세력의 정치적 독자성의 근거로 보기는 어렵다는 점 등을 강조했다.[60] 더 나아가, 고구려가 선비 모용씨의 침입으로 수세에 몰렸던 4세기 중반 당시 군현계 토착 세력과 한인 망명 세력은 정황상 평양 일대로 이거移居했던 고국원왕의 지지 기반으로 성장했을 가능성이 높다고 보았다. 이는 2군 고지를 세력 기반으로 삼으려는 고국원왕의 의도 속에 진행된 것이며, 중국계 망명인들이 지닌 중국식 관호 역시 2군 고지의 토착 세력을 회유하거나 편제하려는 목적으로 수여한 관직이라는 의견을 제시했다.[61] 이 외에도 중국식 관호들에 대한 접근 방식에는 차이가 있으나 동수 등 망명객들의 관호를 고구려 정권에서 수여한 것으로 보고서 고구려가 2군 고지를 간접 지배했을 가능성을 제시한 연구도 나왔다.[62]

이러한 연구들은 2군 고지에 안치된 동수·진 등의 중국계 인사들이 정황상 고구려 정권에 의지할 수밖에 없는 존재였음을 공통적으로 강조하였다. 또한 고구려 정권은 중국계 망명인들과 군현계 토착 세력 간의 문화적 친연성을 적극 활용하면서 2군 고지에 영향력을 강화해갔을 것으로 추론했다. 2군 고지에 안치되었던 망명인들의 현실적 기반이 고구려 정권에 있었다는 점을 밝히고, 2군 고지에 대한 고구려의 지배력 강화의 의도 속에서 고고학적 양상을 해명하고자 했다는 점에서 연구사적으로 새로운 해석의 가능성을 열었다고 평가할 수

---

60 김미경, 「高句麗의 樂浪·帶方地域 進出과 그 支配形態」, 『學林』 17, 1996, 3~25쪽.

61 김미경, 위의 논문, 29~49쪽.

62 이동훈, 『고구려 중·후기 지배체제 연구』, 서경문화사, 2019, 84~101쪽.

있다.

그럼에도 아쉬운 점은 있다. 2군 고지에 대한 고구려의 지배력을 역설하는 가운데 동수·진 등 망명인들의 종속성을 강조한 연구들은 묵서·벽화에 보이는 다양한 정보를 합리적으로 설명하는 과정이 부족하다. 무엇보다 망명인들의 중국식 관호와 복식은 중국 왕조의 제도·문화적 특징을 잘 드러낼 뿐만 아니라 그 등급과 격식이 서로 잘 호응하는 형태로 나타난다.[63] 이를 고구려 자체의 특수한 제도나 상황 속에서 해석하려는 시도 자체는 아직까지 충분한 분석과 검토가 이루어졌다고 보기는 어렵다. 특히 전연에서 수여했다고 본 동수의 낙랑상을 제외한 다른 중국식 관호들의 경우, 정황상 고구려가 수여했다고 볼 만한 막연한 가설을 제시하는 데 그친 것이 대부분이다.

동수·진 등의 망명인들이 고구려 중앙과 긴밀한 관계 속에서 정치적 역할을 수행했다는 가설은 고대에 한반도로 들어온 '이주 지식인'들이 국가의 정치체제 구축이나 외교에서 일정한 역할을 했다는 큰 시각 속에서 접근한 것으로 판단된다. 그러나 한반도로 이주해온 다수 망명인들의 역할이 중앙에서 국왕권의 보조나 지배체제의 구축, 외교 활동 등에만 국한된 것이라고 볼 수는 없는 노릇이다.

동수·진 등 중국계 망명인들의 고분이 2군 고지에서 발견되는 것도 문제이다. 고구려 국왕의 예하에서 어느 정도 중임을 맡았던 관인들이 직무 수행 이후 수도로 돌아가지 않고, 남쪽의 파견지에서 여생을 마친 뒤 자기 원래 고향의 문화적 특성을 살린 고분과 벽화들을 배경으로 묻힌다는 것은 자연스럽지 못한 면이 있다. 그들의 직무 자체가 특수하다는 설명만으로는 이러한 현상을 쉽게

---

63 孔錫龜, 앞의 논문, 1998, 189~191쪽; 김일규, 「안악3호분 벽화의 중원 색채와 그 의의」, 『한국고고학보』 2024-1, 2024, 50~52쪽.

납득하기는 어렵다. 이런 까닭에 동수·진 등 망명인들의 역할과 직무를 고구려 중앙과의 과도한 정치적 관련 속에서 바라보는 시각에 근본적인 의문이 제기될 수 있다.

묘지 등 묵서에 기재된 관호들을 고구려 국왕의 직속 막부 조직이나 고구려 정권의 수여직이라고 해석할 경우, 묘주들의 생전 활동을 표현한 벽화의 내용이 중국 왕조의 정치·제도상에 부합하는 형태로 나타나는 '모순적인' 상황에 대해서도 일정한 해명이 필요하다. 2008년에 나온 여호규의 연구는 고구려의 2군 고지에 대한 적극적인 경영이라는 현실과 망명인들의 고분 속에 나타나는 중국 문화적 양상 간의 괴리를 해명하려는 의도와 관련 있다. 이에 따르면, 2군 고지에 안치된 동수·진 등 중국계 망명인들은 생전에 엄연히 고구려의 통제와 지원하에 있었음에도 불구하고 사후에 만든 고분 내에는 중국 전통에 의거한 벽화·묵서 내용이 주류를 이루고 있다. 여기서 주목할 만한 것은 고분 내에 묘주의 출신지나 자칭한 중국식 관호를 묵서로 표기하는 과정에서 묘주가 활동했던 시대상이 아닌, 과거 서진 초의 시대에 맞는 표기들이 나타난다는 것이다. 그는 이러한 고분 내의 벽화와 묵서의 내용이 대부분 현실과 무관한 피장자의 염원, 즉 이상적인 사후死後 세계를 표현한 것으로서 대체로 과거 중국 왕조의 지배질서가 정상적으로 작동하던 시기를 배경으로 한 일종의 판타지(fantasy)를 묘사한 것으로 보아야 한다고 주장했다. 다시 말해 고분 내의 중국 문화와 제도적 표기는 피장자와 그 주변인들의 정체성, 혹은 그들이 사후 세계에서나마 누리고자 했던 이상이자 판타지일뿐 실제(fact)와는 무관하다는 것이다.[64]

이는 동수·진 등이 칭한 중국식 관직들 가운데 피장자의 현실이 아닌 허구

---

64 余昊奎, 「4세기 高句麗의 樂浪·帶方경영과 中國系 亡命人의 정체성 인식」, 『韓國古代史研究』 53, 2009, 176~180쪽.

적 지향(환상)을 반영한 것도 있다는 다케다 유키오의 견해와[65] 연결된다. 하지만 그와 달리 여호규의 견해는 동수·진 등이 독립적인 세력을 구축한 상황이 아닌, 오히려 고구려의 한층 강화된 지배력과 망명인들에 대한 확고한 통제가 가능했던 상황을 전제로 했다는 점이 특징이다.

2군 고지에서 발견된 중국계 망명인들의 고분 내에 현실과 무관한 피장자의 염원, 즉 이상적인 사후 세계가 표현되었는지 여부는 후한대 이래 위·진대에 이르는 시기의 장례 문화 속에서 접근할 필요가 있다. 고분이라는 공간 속에 묘사된 벽화의 장면들은 현실을 일정하게 과장할 수 있으며, 그 기록의 의도는 묘주의 가족과 그 주변인들의 의식 세계를 강하게 반영한 것으로도 볼 수 있다. 다만 동수·진 등의 내력을 기재한 묘지는 기존 연구에서 지적되었듯이 그 나름의 정형화된 작성 형식에 의거한 것으로 보인다.[66] 이 같은 작성 형식에 가장 부합하는 사례는 주로 위·진대의 묘지들인데, 거기서는 모두 실제 묘주의 경력을 드러내고 있을 뿐 역임하지도 않은 가상의 관호를 기재하지는 않았다. 따라서 고분 내의 묘지나 기타 묘주의 경력을 설명한 묵서에 가상의 내용을 표현했다는 주장이 성립하기 위해서는 향후 그 연원에 대한 추가적인 분석과 방증이 필요하다.

한편 4세기 초반 이래로 2군 고지에 나타나는 전축분 유적과 이에 동반된 명문전들, 그리고 한계 석실봉토벽화분의 검토를 통해 해당 묵서·벽화 자료에 대

---

65 武田幸男, 앞의 논문, 1989, 26~29쪽.

66 예컨대 동수에 대한 묵서가 서진·동진 시기의 묘지 성격을 갖고 있으며, 글자 수나 내용의 전개 등의 면에서 그 시대 묘지 형식을 크게 벗어나지 않는다는 점 등이 지적된 바 있다(岡崎敬, 「安岳3號墳(佟壽墓)の研究」, 『史淵』 93, 1964, 58~59쪽; 孔錫龜, 「安岳 3號墳의 墨書銘에 대한 考察」, 『歷史學報』 121, 1989, 32~35쪽; 條原啓方, 「墓誌文化の傳播と變容」, 『東アジア文化交渉研究』 2, 2009, 319~321쪽).

한 또 다른 해석을 제시한 연구도 있다.[67] 여기서는 군현계 전축분의 조영 범위가 4세기 초반 이후로 황해도 신천군 일대에만 국한된다는 점에 주목하고, 이를 토대로 군현계 토착집단의 존재와 영향력을 2군 고지 전반으로 확대해온 기존의 시각에 문제를 제기했다. 그러면서 4세기 이래 화북의 유이민 파동과 이로 인한 각국의 이주민 확보 정책을 살피고, 관련 문헌 검토를 통해 고구려 역시 주변국과 국가적 경쟁 속에서 이주민에 대한 회유와 안치 정책을 장기간 진행하였던 것으로 추정했다. 이 연구에서는 군현계 토착 세력이나 중국계 망명인들이 거주하면서 그들의 문화·전통이 유지되었던 지역을 2군 고지 내에서도 관련 고분들을 중심으로 한 몇 군데의 공간들로 한정해 볼 필요가 있다고 주장한다.

또한 이 연구에서는 고분 내에 기재된 묵서와 벽화의 내용을 이주민 집단 특유의 정서와 지향 속에서 바라볼 필요가 있다고 말한다. 동수·진 등의 묘지에 보이는 본관과 관호 앞의 지명 표기가 그 당시 왕조들의 행정적인 편제와 다른 까닭은 중국계 이주민 집단의 보수적인 출신지 관념에서 비롯되었으며, 고위 망명인들이 칭한 태수·자사호로 대표되는 중국식 관호들 역시 주로 유주·요동 및 한반도 서북한 일대로 국한되는 이주민 집단의 출신지와 관련하여 칭해진 것으로 보았다. 즉, 고분 내에 보이는 독특한 지명 표기를 비롯하여 중국식 관호들과 중국 전통 기반의 각종 표현을 중국계 이주집단의 특성 속에서 파악한 것이다.

또한 동수·진 등의 고위 망명인뿐만 아니라, 그와 함께 2군 고지에 안치된 이주민 집단의 존재에 주목했다. 2군 고지의 곳곳에서 중국계 망명인 집단의 자체적인 전통·문화가 상당 기간 유지된 배경은 고구려의 적극적인 이주민 확

---

67 안정준, 「高句麗의 樂浪·帶方郡 故地 지배 연구」, 연세대 박사학위논문, 2016a.

보 정책과 연관지어 이해해야 한다는 입장이다. 다만 2군 고지의 고분 내에서 나타나는 다양한 중국 전통과 문화 기반의 벽화·묵서의 내용을 '지배체제'라는 관점에서 접근한 시도가 과연 적절했는지에 대해서는 되돌아볼 필요가 있다.

4) 이주민 집단의 사회상과 다문화

앞 시기의 여러 연구들을 통해 지속적으로 제기된 의문은 중국계 망명인들이 2군 고지에 안치된 가운데 중국식 관호를 칭한 배경, 그리고 그것이 사후에 고분 속에서 벽화와 문자 자료 등을 통해 화려하게 표현된 의도가 무엇인지에 있다. 동수·진 등의 중국식 관호가 이주민 집단 내의 특수한 여건 속에서 칭하게 되었을 것이라는 점, 묵서·벽화의 내용은 중국의 석실봉토벽화분의 표현 전통에 기반했다는 점 등은 이미 지적되었지만, 그것들을 2군 고지에 안치된 이주민 집단의 현실적인 상황 속에서 해석하기 위한 또 다른 단서가 필요한 것이다.

이와 관련해 후한~위·진대의 고분 속에 만들어진 벽화와 묵서 기록(묘지와 방제傍題)들이 외부인들에게 보일 용도였으며, 이를 위해 고분 내부가 일정 기간 공개되었을 것이라는 견해가 주목된다.[68] 2군 고지에 거주했던 중국계 이주민의 문화 전통하에 만들어진 덕흥리벽화고분 내에도 '관자觀者', 즉 외부 관람자에 대한 기록이 있다고 보기도 한다. 이를 통해 고분 내부가 일정 기간 외부에 공개되었고 자연히 고분 속의 묵서·벽화들 역시 외부의 시선을 고려하여 배치되었다고 파악한 것이다.[69] 이와 관련해 안악3호분의 묘주상墓主像과 그의 묘

---

68 정옌鄭岩 지음, 소현숙 옮김, 『죽음을 넘어』, 知와 사랑, 2019, 171~178쪽; 김근식, 「덕흥리 벽화고분의 '觀者' 묵서와 '觀覽者'」, 『韓國古代史研究』 101, 2021, 173쪽.

69 김근식, 위의 논문, 171~182쪽.

지, 그리고 속관(장하독)의 그림을 배치한 것도 철저하게 고분을 관람하는 사람의 시선과 동선動線을 고려한 결과로 보인다는 의견도 제기된 바 있다.[70]

또한 고분을 조영한 묘주의 일족이 관람자를 비롯한 주변 사람들과 공유했던 지향·가치에 대해 주목하기도 한다. 덕흥리벽화고분의 벽화와 묵서들의 경우, 이를 조영했던 고위 망명인 일족들이 그 휘하의 중국계 주민집단과 더불어 본래의 사회·문화적 전통을 공유하면서 서로의 지연성地緣性 및 동질감을 확인하고, 동시에 상위 계층의 사회적 지위 확립과 집단 내부의 결속을 다지는 주요 수단으로 활용했을 가능성도 제기되었다. 즉, 중국 전통과 문화에 기반을 둔 묘주 일가의 정서·지향을 같은 처지인 휘하의 이주민들과 공유함으로써 궁극적으로 묘주 일가의 정치·사회적 지위와 영향력을 유지·강화하려 했다고 본 것이다.[71]

이러한 연구들은 2군 고지에 있는 중국계 망명인들의 고분 내에 묘사된 묵서·벽화의 서사가 단순히 사실에 부합하는지 여부를 넘어, 이 고분을 함께 조영했거나 '관람'했을 가능성이 있는 주변의 이주민 집단(또는 군현계 토착집단)의 입장과 관점을 함께 고려한 것이다. 이는 2군 고지의 고고 자료들을 통해 동수·진 등 고위 망명인 개개인의 정치적 귀속 여부를 판별하는 차원을 넘어, 그 예하에 함께 편성되어 있던 중국계 주민집단의 자체적인 이념·정서·지향에 접근하고, 그것을 통해 결속해 있던 그들의 현실적인 상황도 살펴보고자 한 것이다.

지금까지 살펴본 내용을 종합하면, 기존 연구들은 대체로 4세기 초반에서 5

---

70 條原啓方, 앞의 논문, 2009, 330~334쪽.

71 안정준, 「樂浪·帶方郡 故地의 고분 속에 구현된 對外用 敍事와 구성 의도—德興里壁畫古墳의 벽화와 傍題 분석을 중심으로」, 『韓國古代史研究』 103, 2021, 36~37쪽; 오영찬, 「4세기 서북한지역 명문자료의 다중적 메시지」, 『韓國古代史研究』 106, 2022, 229~232쪽.

세기 초반에 이르기까지 고구려의 2군 고지 지역 전반에 대한 지배력이 어느 정도였는가를 두고 큰 시각차를 드러냈고, 이는 망명인들의 고분 속에 표현된 벽화·묵서를 각각 다르게 해석하는 결과로 이어졌다. 이 같은 기존의 연구 경향을 비판적으로 되돌아보는 가운데 이 책에서는 다음과 같은 문제의식 속에 2군 고지의 '이주'·'다문화'와 관련된 역사상을 새롭게 복원해보고자 한다.

우선, 4~5세기 당시 동아시아의 정치적 격변과 혼란 속에 변경의 군현들이 차례로 소멸하는 과정, 그리고 화북 지역에서 장기간 지속된 유이민 파동과 화북의 주요 세력들이 이주민 확보를 위한 경쟁을 벌였던 현상 등은 동북방의 고구려에도 일정한 대응을 요구하는 상황으로 이어졌다. 따라서 4세기 초반 이래 2군 고지에 외래 이주민 관련 고분들이 다수 나타난 배경 역시 2군 고지와 화북 일대의 복잡한 역사적 상황을 감안하며 풀어가야 할 것이다.

또한 4세기 초반에 2군이 소멸한 이후에도 해당 지역에서는 전축분의 조영이 한동안 지속되는 양상을 보이며, 4세기 중반에서 5세기 초반에는 안악3호분이나 덕흥리벽화고분 등 외래의 문화·전통을 배경으로 한 무덤이 다수 조영되었다. 기존에는 이러한 고분들의 유형별 조영 시기와 그 지역 범위에 대한 파악이 명확하지 않은 경우가 있었다. 따라서 4세기 초반에서 5세기 전반 무렵 2군 고지의 고고 자료 현황을 명확하게 제시하는 작업이 선행될 필요가 있다. 또한 기존에는 2군 고지의 전축분 및 한계 석실봉토벽화분 내의 다양한 전통과 문화적 현상에 대해 고구려의 '지배' 유무를 판별하는 기준으로 삼았던 경향이 강했는데, 이는 고고 자료와 문자 자료들이 보여주는 상황을 일부 자의적으로 해석하는 원인이 되기도 했다. 그러나 고분 내 벽화와 묵서에 드러나는 다양한 정치적·사회적 기록들은 고위 망명인의 일족뿐만 아니라 그들과 함께했던 다수 이주민의 관계 속에서 만들어진 정보라고 생각된다.

그러므로 기존의 관점에서 벗어나 고구려에 들어온 이주민 집단 자체의 사회상 및 그들의 정서·지향 속에서 해당 자료에 접근해 살펴야 할 것이다. 이를 통해 2군 고지에 고분을 조영했던 개개의 망명인들과 그들의 정치적 지위 및 권한을 파악하는 데 그치지 않고, 그 이면에 있는 일반 이주민들의 삶과 그들의 전통이 유지된 배경 등을 함께 논의함으로써 궁극적으로 고대 한반도 내 다문화 사회의 존재 양상에 대한 복원을 시도해보고자 한다.

1장

낙랑·대방군의 소멸과 군현계 토착집단의 귀속

1장

낙랑·대방군의 소멸과 군현계 토착집단의 귀속

1. 고구려의 낙랑·대방군 공략과 두 군의 소멸 과정

고구려는 미천왕대인 4세기 초반에 한반도 서북부의 낙랑군樂浪郡과 대방군帶方郡을 차례로 공략하여 소멸시켰다. 그러나 4세기 초반 당시에 고구려가 2군 고지를 완전히 장악하여 이 지역 주민들이 모두 그 통치하에 들어온 상태였는지에 대해서는 논란이 있다. 이에 이 책 1장에서는 먼저 2군의 소멸 과정과 군현계 토착 세력의 동향 등을 통해서 고구려가 2군 고지 전반을 영역화했던 시점을 검토한다.

우선 1세기 초반 이래 낙랑군 지역의 혼란과 그것이 주변에 미친 파급을 살피기 위해서 아래의 기록을 참고할 필요가 있다.

경시제更始帝가 패망할 즈음, 토인土人 왕조王調가 군태수 유헌劉憲을 죽이고 스스로 대장군·낙랑태수를 칭하였다. 건무 6년(30) 광무제가 (낙랑)태수 왕준王遵으로 하여금 군사를 거느리고 가서 평정하도록 하였는데, 요동에 이르자 (왕)굉閎과 군결조사 양읍楊邑 등이 함께 (왕)조調를 죽이고 (왕)준을 맞이

하였다.[1]

1세기 초반, 전한과 후한 교체기에 들어서면서 변군邊郡 지역에 대한 한漢의 통제력이 약화되었다. 이에 낙랑군에서는 서기 25년에 토착 세력인 왕조王調가 태수 유헌劉憲을 죽이고 스스로 낙랑태수를 칭하며 6년간 정권을 장악하는 등 군현 지배체제가 무너지기도 했다. 이러한 혼란은 건무 6년(30)에 후한 광무제 정권이 낙랑군 일대의 지배권을 재확립하는 과정에서 수습되었는데, 당시의 혼란으로 인해 현재의 동해안 일대인 동부도위東部都尉 관할하의 세력을 비롯한 변경 지역의 토착 세력들 일부가 군현 통치에서 이탈했던 것으로 보인다.[2]

> (후)한 건무 6년에 변군을 줄였는데 동부도위가 이로 말미암아 폐지되었다. 그 후 그 현 가운데 거수渠帥로 현후縣侯를 삼았으니 불내不耐·화려華麗·옥저沃沮 등의 여러 현이 모두 후국侯國이 되었다.[3]

> 여름 4월에 왕자 호동이 옥저로 놀러 갔을 때 낙랑왕 최리崔理가 나왔다가 그를 보고서 묻기를 "그대의 안색을 보니 비상한 사람이구나. 어찌 북국 신왕神王의 아들이 아니겠는가." 하고는 마침내 함께 돌아와 딸을 아내로 삼게 하였다. …(중략)… 호동은 왕에게 권하여 낙랑을 치게 하였다. …(중략)… (최

---

1 "更始敗 土人王調殺郡守劉憲 自稱大將軍·樂浪太守 建武六年 光武遣太守王遵將兵擊之 至遼東 閻與郡決曹史楊邑等共殺調迎遵"(『後漢書』列傳 卷76 循吏列傳 第66 王景).

2 임기환, 「고구려와 낙랑군의 관계」, 『韓國古代史研究』 34, 2004, 148쪽.

3 "漢建武六年 省邊郡 都尉由此罷 其後皆以其縣中渠帥爲縣侯 不耐·華麗·沃沮諸縣皆爲 侯國"(『三國志』魏書 東夷傳 東沃沮).

리가) 마침내 딸을 죽이고는 나와서 항복하였다.[4]

(태조대왕 4년) 가을 7월에 동옥저를 정벌하고 그 땅을 빼앗아서 성읍으로 삼
았다. 영토를 개척하여 동쪽으로 창해까지 이르고 남쪽으로 살수까지 이르
렀다.[5]

후한 광무제는 낙랑군 일대의 지배권을 되찾았던 서기 30년에 영동 7현의
거수渠帥들을 현후縣侯로 삼고, 불내·화려·옥저 등의 현을 후국侯國으로 삼는
조처를 단행했다. 이 지역은 '왕조王調의 난'으로 인한 혼란과 동해안 지역 토착
세력의 자체적 성장으로 말미암아 동부도위 폐지 이전부터 사실상 군현 지배가
이루어지지 않았던 것으로 보인다. 후한이 30년경에 영동 7현의 거수들을 현후
로 삼은 것은 동부도위의 폐지와 더불어 이 지역이 군현의 행정적 통제에서 벗
어났음을 공식화한 조처로 풀이할 수 있다.[6]

이에 고구려는 대무신왕대부터 낙랑군의 영향력이 크게 줄어든 동옥저 지역
으로 본격적으로 진출하기 시작했다. 대무신왕 15년(32)에는 왕자 호동이 동옥
저 지역 쪽 진출로에 있던 낙랑국으로부터 항복을 받아냈다고 전한다. 이 무렵
의 낙랑국은 전한 말 낙랑군이 동부도위 관할 지역을 방기했을 때 형성된 토착

---

4 "夏四月 王子好童 遊於沃沮樂浪王崔理出行 因見之 問曰 "觀君顏色 非常人 豈非北國神
王之子乎" 遂同歸以女妻之 …(중략)… 好童勸王襲樂浪 …(중략)… 遂殺女子 出降"(『三國史
記』高句麗本紀 大武神王 15年).

5 "秋七月 伐東沃沮 取其土地爲城邑 拓境東至滄海 南至薩水"(『三國史記』高句麗本紀 太
祖大王 4年).

6 權五重,『樂浪郡研究』, 一潮閣, 1992, 42쪽; 이성규, 「중국 군현으로서의 낙랑」,『낙랑 문화
연구』, 동북아역사재단, 2006, 90~91쪽.

세력으로 추정되는데,[7] 서기 32년에 이르러서 고구려의 군사적 진출에 의해 소멸했던 것으로 보인다.

이어지는 기록에 따르면 고구려는 태조왕 4년(56)에 동옥저를 정벌하여 영토로 삼음으로써 함흥 일대까지 지배력을 확대하였다. 이후 고구려는 태조왕 94년(146) 이래로 서안평 일대를 공격하여 낙랑군과 요동군 사이의 교통로를 끊어버린 뒤 남서쪽 일대로 계속 진출 기회를 노렸고,[8] 후한 말에는 마침내 동예 지역마저 대부분 복속시켰다.[9]

고구려는 동해안 방면에 대한 공략이 한창이던 1세기 중반부터 청천강 유역으로도 진출했다. 『삼국사기』에는 태조왕 4년에 이미 남서쪽으로 살수薩水(청천강)[10] 방면까지 진출하여 이를 낙랑군과의 경계로 삼았다고 기록되었는데, 이는 고구려가 서기 56년을 전후한 시기까지 계속 남하하여 낙랑군과 경계를 접하고 있었음을 보여준다.[11]

---

7 김기흥, 「고구려의 성장과 대외교역」, 『韓國史論』 16, 1987, 30쪽; 林起煥, 「高句麗 初期의 地方統治體制」, 『朴性鳳教授 回甲紀念論叢』, 1987, 148~149쪽; 문안식, 「『三國史記』 新羅本紀에 보이는 樂浪·靺鞨史料에 관한 檢討」, 『傳統文化研究』 5, 1997, 22~23쪽.

8 『三國志』 卷30 魏書 東夷傳 高句麗.

9 "自單單大山領以西屬樂浪 自領以東七縣 都尉主之 皆以濊爲民 後省都尉 封其渠帥爲侯 今不耐濊皆其種也 漢末更屬句麗"(『三國志』 魏書 東夷傳 濊). 당시 고구려가 남하한 영동예嶺東濊 지역을 후대에 비리성碑利城이 있었던 안변安邊 일대까지라고 한정하기도 하지만(김현숙, 『고구려의 영역지배방식 연구』, 모시는사람들, 2005, 107쪽), 『삼국지』 동이전 예濊 조의 '屬句麗'라는 기록은 영동예의 일부가 아닌 대부분 지역이 고구려에 장악되었음을 의미한다고 볼 수 있다.

10 살수薩水는 대체로 청천강 일대로 비정된다(李丙燾, 『國譯 三國史記』, 乙酉文化社, 1977, 235쪽).

11 임기환, 앞의 논문, 2004, 146~151쪽; 김현숙, 앞의 책, 2005, 111~112쪽.

1세기 중반부터 2세기 전반에 이르는 시기에는 고구려가 낙랑군의 동북부에 있는 속현들을 공략한 기록이 보인다. 예컨대 현재의 평안남도 영원군寧原郡으로 비정되는 탄열현呑列縣은 『후한서後漢書』 군국지의 기록 연대에 해당하는 140년(영화永和 5년)경에 이미 소멸되었는데, 동북 변경 지역으로서 군치郡治 및 다른 현들과 떨어져 있었던 사정을 고려할 때 고구려의 공략으로 폐지되었을 가능성이 크다.[12] 늦어도 대략 2세기 중반부터 고구려는 남쪽 혹은 남서쪽으로 진출하여 청천강 이남에서 대동강 이북에 이르는 지역의 낙랑군 지역을 차츰 병합했을 것이다.[13]

한편 고구려는 244~246년 관구검毌丘儉의 침입으로 큰 타격을 입고 동옥저·영동예嶺東濊를 포함한 일부 지역을 일시 상실했다.[14] 그러나 주변 토착 세력에 대한 2군의 군사적 영향력은 장기간 지속되지 않았던 것으로 보인다. 『삼국사기』 백제본기에는 1~3세기 이래로 한군현의 영향력하에서 계속 백제를 공격했

---

12 『후한서』 군국지郡國志의 낙랑군 속현은 총 18군데로 전한前漢대의 탄열현이 사라지고 낙도현樂都縣이 새로 등장한다. 이를 두고 동일 지역의 현 이름이 바뀐 것으로 볼 수도 있으나, 고구려가 태조왕 4년에 청천강까지 남하했던 상황을 고려하면 군현 중심부에서 상대적으로 멀리 떨어진 탄열현이 고구려에 이미 편입되었고 낙도현은 타 지역에 새로 설치한 현일 가능성이 높다(李丙燾, 『韓國古代史硏究』, 博英社, 1976, 136쪽). 한편, 낙도현을 평원平原·증산甑山 일대로 비정하기도 한다(김미경, 「高句麗 前期의 對外關係 硏究」, 연세대 박사학위논문, 2007, 164쪽).

13 후한 말인 3세기 초에는 요동의 군벌 세력인 공손강公孫康이 낙랑군 지역을 장악하고 대방군을 신설하였는데, 이 과정에서 대동강 이북 지역이 낙랑군의 통치 범위에서 벗어나고 고구려의 영향력 밑으로 들어갔을 가능성이 제기된 바 있다(김미경, 위의 논문, 163쪽).

14 조위曹魏 관구검 군의 1차 고구려 침공은 244년(정시正始 5년)에 시작되어 245년 5월경까지 지속되었고, 2차 침공은 245년 8월에 시작하여 246년(정시 7년) 2월 무렵까지 지속되었다(이승호, 「毌丘儉紀功碑」의 해석과 高句麗·魏 전쟁의 재구성」, 『목간과 문자』 15, 2015, 32~38쪽).

던 '말갈'이 고이왕대 이후에는 더 이상 침공을 하지 않으며,[15] 고이왕 25년(258)
에는 백제와 '말갈'의 우호적인 교섭 기사가 등장하기도 한다.[16] 이는 대방군의
영향력이 약화되면서 그 예하에 있던 '말갈'로 지칭된 토착 세력들이 점차 이탈
해갔고, 백제가 이들(말갈)에 대해 영향력을 확대해갔던 상황을 보여준다.[17]

이후 3세기 후반에는 2군이 주변 지역에 대한 영향력을 크게 상실한 정황이
나타난다.[18] 예컨대 286년경에는 기존에 2군이 담당했던 주변 동이제족東夷諸族
과의 교섭 기능이 공식적으로 동이교위부로 이관되었다.[19] 다만 한韓·왜倭와 같
은 동이 세력들이 양평襄平의 동이교위부에 조공하기 위해서는 중간에 2군의
안내와 협력이 없이는 불가능했을 것이므로 2군의 교섭·중계 기능은 여전히 유
지되었다고 생각된다.[20] 그러나 함녕咸寧 2년(276) 이래 총 9회에 걸쳐 나타나는
서진에 대한 동이제국의 견사조공遣使朝貢 기사는 영평永平 원년(291)을 끝으로
더 이상 보이지 않는다. 이는 291년 '팔왕八王의 난'에서 비롯된 서진 말 대혼란

---

15 李康來, 「『三國史記』에 보이는 靺鞨의 軍事活動」, 『領土問題研究』 1, 高麗大學校 民族文
化研究所, 1985, 56~58쪽; 문안식, 『한국고대사와 말갈』, 혜안, 2003, 47~51쪽.

16 "春 靺鞨長羅渴獻良馬十匹 王優勞使者以還之"(『三國史記』 百濟本紀 古爾王 25年).

17 강종원, 『백제 국가권력의 확산과 지방』, 서경문화사, 2012, 39~40쪽.

18 임기환, 「3세기~4세기 초 위魏·진晉의 동방 정책」, 『역사와 현실』 36, 2000, 30쪽.

19 末松保和, 「日韓関係」, 『日本上代史管見』, 笠井出版印刷社, 1963, 57~58쪽; 西本昌弘, 「樂
浪·帶方二郡の興亡と漢人遺民の行方」, 『古代文化』 41-10, 1989, 19~20쪽; 權五重, 앞의
책, 1992, 122~124쪽; 임기환, 위의 논문, 24~26쪽; 오영찬, 「帶方郡의 郡縣支配」, 『강좌
한국고대사(10)』, 가락국사적개발연구원, 2003, 227~228쪽; 송지연, 「帶方郡의 盛衰에 대
한 研究」, 『史學研究』 74, 2004, 12~13쪽; 정지은, 「3~4세기 백제百濟의 대중對中 교섭과 동
이교위東夷校尉」, 『역사와 현실』 112, 2019, 150~151쪽.

20 윤용구, 「3세기 이전 마한 백제의 성장과 중국」, 한성백제박물관, 『(백제학연구총서 쟁점
백제사 5) 백제의 성장과 중국』, 서울책방, 2015, 52쪽.

으로 인해 주변 세력에 대한 변군들의 제어력이 약화되면서 조공이 사실상 단절된 상황을 보여준다. 이러한 일련의 과정을 통해 3세기 후반부터 2군의 주변지역에 대한 영향력이 점차 약화되었음을 알 수 있으며, 특히 290년대에는 동이제족과의 교섭 체계를 비롯해 주변 장악력이 크게 약화된 정황을 볼 수 있다.

이처럼 2군의 지배력이 점차 약화되는 상황을 틈타 이미 3세기 후반경에는 고구려가 동해안 지역까지 진출했고, 다양한 지점에서 2군의 각 지역을 공략해 들어갔던 것으로 짐작된다. 이와 관련해 다음 기록이 주목된다.

> 책계왕責稽王은 고이왕의 아들이다. …(중략)… 고구려가 대방帶方을 정벌하자 대방이 우리에게 구원을 청했다. 이에 앞서 (책계)왕은 대방왕의 딸 보과寶菓를 맞이하여 부인으로 삼았기 때문에 "대방과 우리는 장인과 사위의 나라이니 그 청에 응하지 않을 수 없다."고 말하였다. 마침내 군사를 내어 구원하니 고구려가 원망하였다. (책계)왕은 고구려의 침입을 염려하여 아차성阿且城과 사성蛇城을 수축하고서 이에 대비하였다.[21]

위 기록에 따르면 책계왕 원년인 286년에 고구려가 '대방'이라 지칭된 세력을 정벌하려 했다. 이때 '대방'을 대방군으로 보아 당시 백제가 대방군과 혼인관계를 맺을 정도의 대표적인 세력으로 성장했고, 군사원조를 하는 등 상호 긴밀한 관계를 이어갔다고 보는 의견이 많다.[22]

---

21 "責稽王 古尒王子 …(중략)… 高句麗伐帶方 帶方請救於我 先是 王娶帶方王女寶菓 爲夫人 故曰 帶方我舅甥之國 不可不副其請 遂出師救之 高句麗怨 王慮其侵寇 修阿且城·蛇城備之"(『三國史記』百濟本紀 責稽王 元年).

22 盧重國, 『百濟政治史研究』, 一潮閣, 1988, 123~124쪽; 權五榮, 『한국사 6—삼국의 정치와 사회 II (백제)』, 국사편찬위원회, 1995, 35쪽; 이현혜, 「3세기 馬韓과 百濟國」, 『百濟의

그러나 백제 왕가와 혼인 관계를 맺었다고 하는 '대방왕'은 대방군의 공식 관명官名으로 보기 어려우며, 서진 정권하에서 군현 운영을 담당했던 관리를 '왕'으로 표현한 사례를 문헌에서 찾기도 어렵다. 무엇보다 중국 측 문헌에는 286년 이후에도 대방군이 서진 조정의 통제하에 군현 본연의 기능을 엄연히 유지했던 기록이 보이므로 위의 '대방'을 섣불리 군현 자체로 단정할 수 없다.[23] 서진 조정과 교통 및 보고 체계가 유지되었던 군현의 장관이나 관리가 백제 왕실과 마음대로 혼인 관계를 맺는 상황은 상정하기 어렵기 때문이다.

앞에서 언급한 대로 『삼국사기』에는 최리의 '낙랑국'같이 이전에 군현의 영향력하에 있던 지역에서 한漢 문화의 영향을 받았던 토착 세력을 군현명인 '낙랑'으로 지칭하는 경우도 있었다. 따라서 위의 '대방'은 286년 당시에 황해남도 남부에 있으면서 군현의 직접적인 통제하에 있지 않았던 토착 세력을 지칭했을 가능성이 높다.[24] 이를 감안하면 3세기 후반에 백제와 대방군 사이에는 '대방'으

中央과 地方」, 忠南大學校百濟研究所, 1997, 24~25쪽; 孔錫龜, 『高句麗 領域擴張史 研究』, 書景文化社, 1998, 64쪽; 김수태, 「漢城 百濟의 성장과 樂浪·帶方郡」, 『百濟研究』 39, 2004, 33~34쪽; 문안식, 『백제의 흥망과 전쟁』, 혜안, 2006, 61쪽; 정재윤, 「魏의 對韓政策과 崎離營 전투」, 『중원문화연구』 5, 2001, 47~48쪽; 박대재, 『고대한국 초기 국가의 왕과 전쟁』, 경인문화사, 2006, 152쪽; 노중국, 『백제의 대외 교섭과 교류』, 지식산업사, 2012, 93~94쪽.

23 대방군과 서진 조정의 교통 및 보고 체계는 원강元康 원년(291) 3월과 영녕永寧 원년(301) 8월까지 확인된다. 그 기록은 다음과 같다["蘇兄東武公澹 素惡蘇 屢譖之於太宰亮曰 蘇 專行誅賞 欲擅朝政 庚戌 詔免蘇官 又坐有悖言 廢徙帶方"(『資治通鑑』 卷82 晉紀4 世祖 武皇帝下 元康元年); "八月 東武公澹坐不孝徙遼東 九月 征其弟東安王蘇復舊爵 拜尚書 左僕射"(『資治通鑑』 卷84 晉紀6 惠帝 永寧元年)]. 해당 기사들에 대한 자세한 검토는 안정준, 「帶方郡의 설치 의도와 長期 存續의 배경」, 『고조선단군학』 48, 2022, 198~201쪽을 참조.

24 안정준, 「3~4세기 백제의 북방 진출과 고구려」, 『근초고왕과 석촌동고분군』, 한성백제박물관, 2016b, 54~59쪽; 안정준, 위의 논문, 196~201쪽.

로 지칭된 유력 토착 세력('대방')이 존재했고, 그 수장(대방왕)은 백제 왕실과 혼인 관계를 맺으면서 고구려의 침공에 대한 군사적 보호를 요청하기도 했다고 보는 것이 자연스럽다.

한편 위 기록의 '대방'은 그 정확한 위치를 알기 어렵다. 다만 고구려가 3세기 후반에 동해안 지역의 지배권을 회복한 상태에서 그 서쪽으로 진출하는 상황이었음을 감안한다면, 대방군의 주변 지역 가운데 백제의 구원이 닿을 수 있는 북방한계선은 대방군 동남부 외곽의 예성강 일대에서 임진강에 이르는 지역 정도로 추정해볼 수 있다.

이를 종합하면, 280년대 대방군 주변의 토착 세력들은 점차 독자적인 노선을 걷는 가운데 백제와 우호 관계를 맺는 등 군현의 영향력에서 차츰 벗어나고 있었던 것으로 볼 수 있다. 그 무렵 백제 책계왕은 '대방'으로 지칭된 토착 세력과 혼인 관계를 맺고 군사원조를 하는 등 전략적 유대 관계를 강화하고 있었는데, 이러한 행위는 자연히 경기도 서쪽 방면의 옛 대방군 세력권으로 진출하려던 고구려와 갈등을 유발했을 것이다. 이에 책계왕은 고구려의 군사 공격을 염려해 아차성과 사성을 개수하여 대비했다. 이 두 성이 대체로 서울시 일원으로 비정된다는 점을 고려한다면 280년대 고구려의 활동이 한성漢城을 중심으로 한 백제에게도 잠재적 위협으로 인식되었음을 알 수 있다. 결국 위 기사는 3세기 후반 예성강 일대에서 임진강에 이르는 지역, 즉 경기도 북부와 황해도 남부의 대방군 주변 토착 세력을 두고 백제와 고구려가 충돌하는 상황을 나타낸다. 이는 주변 지역에 대한 대방군의 영향력 축소를 보여주는 것과 동시에 고구려가 다양한 루트를 통해 2군 주변부를 공략하는 것이 가능했음을 보여주는 것이기도 하다.

한편 280년대까지 고구려는 대동강 이북 지역에 대한 공략도 이어갔던 것으로 보인다. 진무제晉武帝 태강太康 원년(280)의 상황을 보여주는 『진서晉書』 지

리지에 따르면[25] 이전의 낙랑군 소속 18현 가운데 남감誹邯(순천)·패수浿水(영
변)·점제黏蟬(온천)·증지增地(안주)·낙도樂都(위치 불명)의 현이 폐지되었으며,[26]
그 군세도 낙랑군 6현 3,700호, 대방군 7현 4,900호로서 이를 합쳐도 후한대(낙
랑군 18현 61,492호)에 비해 크게 쇠락한 형세가 되었다.[27] 특히 사라진 5현 가운
데 낙랑군 속현이었던 남감현·패수현·증지현은 모두 청천강 이남에서 대동강
이북 지역으로 비정되는데, 이 현들은 고구려의 공격으로 인해 통제가 불가능
한 상태가 되어 폐지되었다고 보아도 무리가 없다.[28]

이렇듯 1세기 중반 태조왕대 이래로 고구려는 대동강 이북뿐만 아니라 2군
의 동부와 동남부 방면 영역을 잠식해갔다고 볼 수 있다. 1세기부터 고구려가
집요하게 공격한 결과 3세기 후반까지 2군 소속의 여러 현들과 예하 토착 세력
들이 고구려에 복속하였으며, 결국 2군 세력권은 대동강 이남 및 재령강 유역

---

25 『진서』 지리지의 기록이 대체로 280년의 상황이라는 점에 대해서는 大庭脩, 『古代中世に
おける日中關係史の研究』, 同朋舍, 1996, 80~81쪽을 참조.

26 『晉書』 卷14 志第4 地理上 平州 樂浪郡·帶方郡. 『진서』 지리지에는 이전 낙랑군 소속 현
들 가운데 소명현昭明縣이 빠져 있는데, 현명縣名이 같은 책에 새로 등장하는 남신현南新
縣으로 개칭되었을 가능성이 제기된 바 있다(李丙燾, 「眞番郡考」, 앞의 책, 1976, 126쪽).
誹邯·浿水·增地縣의 위치는 李丙燾, 앞의 책, 1976, 144~146쪽, 점제현黏蟬縣의 위치는
오영찬, 『낙랑군 연구』, 사계절, 2006, 98~99쪽을 참고하였다.

27 "樂浪郡武帝置 雒陽東北五千里 十八城 戶六萬一千四百九十二 口二十五萬七千五十"(『後
漢書』 卷30 志第23 郡國5 樂浪郡). 『후한서』 군국지에는 낙랑군의 군세郡勢가 18현 61,492
호였으며, 1현당 평균 호수는 3,416호이다. 반면, 『진서』 지리지에 기록된 낙랑군과 대방
군은 각각 6현 3,700호, 7현 4,900호인데, 1현당 평균 호수는 600~700호이다. 즉, 『진서』
지리지의 2군 군세는 후한대에 비해 1/7 정도이며, 1현당 평균 호수는 후한대의 약 20%
정도에 불과하다. 이는 군의 통치력 약화로 인해 기존에 현의 통치하에 있던 다수 토착집
단들이 자립하여 이탈했던 상황을 보여준다.

28 김미경, 앞의 논문, 2007, 163쪽.

일원으로 축소되었다고 생각한다.

3세기 말 이래로 대방군과 서진 조정의 교통 및 보고 체계는 원강元康 원년
(291) 3월과 영녕永寧 원년(301) 8월까지는 확인되지만,[29] 그 이후에는 더 이상
보이지 않는다.[30] 게다가 4세기 초 '영가永嘉의 난'으로 인해 서진 정권이 급격
하게 붕괴되면서 중앙의 지원을 기대할 수 없게 된 2군은 사실상 소멸 단계를
밟았을 것이다.

문헌 기록에 따르면 313년까지 여러 해에 걸쳐 2군 지역에서 고구려에 맞서
저항했던 주체는 군현의 군대가 아니었으며, 그들의 저항 목적도 이미 붕괴된
군현체제의 복원이 아닌 개별 집단들의 자위自衛였을 가능성이 높다.[31] 이와 관
련해 다음 기록이 주목된다.

> 미천왕 12년(311) 가을 8월에 장수를 보내 요동 서안평을 공격하여 차지하
> 였다.[32]

> 건흥建興 원년(313), 요동의 장통張統은 낙랑·대방 두 군을 근거지로 삼아 고
> 구려 왕 을불리乙弗利(미천왕)와 여러 해 계속 싸웠다. 낙랑 왕준이 장통을
> 설득하여 백성 1천여 가를 거느리고 모용외慕容廆에 귀부하니, 모용외가 그
> 를 위해 낙랑군을 설치하고 장통을 태수로, 왕준을 참군사로 임명하였다.[33]

---

29 이 책 69쪽의 주 23 참조.

30 안정준, 앞의 논문, 2022, 198~201쪽을 참조.

31 김미경, 「高句麗의 樂浪·帶方地域 進出과 그 支配形態」, 『學林』 17, 1996, 15~17쪽.

32 "秋八月 遣將襲取遼東西安平"(『三國史記』 高句麗本紀 美川王 12年).

33 "遼東張統據樂浪帶方二郡 與高句麗王乙弗利相攻 連年不解 樂浪王遵說統帥其民千餘家

미천왕 14년(313) 겨울 10월에 낙랑군에 침입하여 남녀 2천여 명을 사로잡았다.[34]

미천왕 15년(314) 가을 9월에 남쪽으로 대방군을 침략하였다.[35]

『자치통감』에 의하면 고구려의 미천왕이 313년까지 여러 해에 걸친 공략 끝에 낙랑군을 축출했다. 이 공격은 미천왕 12년(311)에 고구려가 요동 서안평을 공격해 차지함으로써 2군을 고립시킨 전략과 별개로 보기 어렵다. 따라서 고구려가 낙랑군의 소멸에 주도적인 역할을 했다고 볼 수 있으며, 이어지는 미천왕 15년(314)의 대방군 침범을 대방군 소멸의 주된 계기로 이해하는 기존의 해석도 큰 무리가 없다.[36]

4세기 초반 '영가의 난'으로 인해 서진의 통치 시스템이 완전히 붕괴되고 고구려가 311년에 요동 서안평을 공격하여 차지하자,[37] 낙랑·대방군은 중앙과 단절되면서 홀로 생존을 도모해야 하는 처지로 전락했다. 위 기사에 의하면 313년경 고구려의 공략에 대한 방어는 낙랑 지역의 토착 한인인 왕준王遵과 요동 출신의 장통張統이 주도하고 있었음을 알 수 있다. 즉, 중앙으로부터 공식 태수가 파견되지 않던 상황에서 군현의 군사방어체계는 이미 붕괴된 상태였던 것이다.

歸廆 廆爲之置樂浪郡 以統爲太守 遵參軍事"(『資治通鑑』卷88 晉紀10 孝愍建興 元年).

34 "冬十月 侵樂浪郡 虜獲男女二千餘口"(『三國史記』高句麗本紀 美川王 14年).

35 "秋九月 南侵帶方郡"(『三國史記』高句麗本紀 美川王 15年).

36 대방군이 고구려에게 최종 소멸당한 시기는 문헌상 분명하지 않으나, 미천왕이 대방군을 공략한 314년 이후부터 늦어도 대방태수가 모용외의 세력하에 놓인 333년 이전의 어느 시기로 볼 수 있을 것이다(千寬宇,「灤河 流域의 朝鮮」,『史叢』21·22合, 1977, 29쪽).

37 "秋八月 遣將襲取遼東西安平"(『三國史記』高句麗本紀 美川王 12年)

이러한 와중에 토착 세력인 왕준은 자기 영향력하의 종족과 향당鄕黨을 모아 자위 집단을 결성했던 것으로 추정된다.[38]

장통이 2군 지역에 오게 된 정확한 계기는 알 수 없다. 그러나 당시 양평에 거하며 동이교위 평주자사를 칭했던 최비崔毖나 서진 조정과 정치적 종속 관계가 드러나지 않는 이상, 관인으로서 2군 지역에 파견되었다고 보기는 어렵다. 장통이 낙랑·대방 두 군을 근거지로 삼았다고 했지만 실상 2군 지역에는 이미 개별 세력가를 중심으로 결집한 주민집단들이 존재할 뿐이었고, 이들 가운데 장통과 뜻을 같이하는 왕준과 같은 토착 유력자가 고구려에 저항했을 것이다.[39]

3세기 후반 『진서』 지리지의 낙랑군 호구 수가 전체 6현 3,700호 정도의 규모였으며, 이후 4세기 초반까지 군현민의 이탈 현상이 더욱 가속화되었음을 감안한다면, 이 시기 고구려에 저항하던 세력의 지역적 기반은 사실상 일부 지역에 국한된 상태였다고 생각된다. 또한 위 기록에서 313년에 왕준이 장통을 설득하여 선비 모용외慕容廆에게 데리고 갔던 낙랑군 주민 1천여 가,[40] 그리고 같은 해 10월 고구려에 노획된 남녀 2천여 명의 낙랑군 주민은 사실상 2군 잔여 세력들 가운데서도 주축으로서, 이들 세력의 소멸은 곧 2군 지역에서 고구려에 대한 저항의 구심점이 사라졌음을 의미한다고 보아도 무방하다. 또한 대방군 지역의 경우 313년 이전에는 전축분의 조영 범위가 안악·신천·봉산·은파·신원군 등 황해도 일대에 걸쳐서 넓게 나타났으나, 313년 이후로는 신천군 일대

---

38 윤용구, 「중국계 관료와 그 활동」, 『百濟文化史大系 硏究叢書(9)—백제의 대외교섭』, 충청남도 역사문화연구원, 2007b, 259쪽.

39 孔錫龜, 앞의 책, 1998, 72~73쪽.

40 이들은 낙랑군이 존재할 당시에 가장 성공적으로 교화시킨 군민郡民으로서 고구려에 귀속되기를 거부한 집단이라고 보았다(이성규, 「중국 군현으로서의 낙랑」, 『낙랑 문화 연구』, 동북아역사재단, 2006, 125쪽).

로만 한정된다. 이는 고구려의 침공 결과 기존 군현 계통의 문화적 전통을 향유하는 세력의 거주 범위가 크게 축소되었음을 알려준다.[41]

원래 전축분 관련 유적이 거의 나타나지 않는 2군의 외곽 지역에 거주하던 토착주민 다수는 과거에 군현민으로 편제되었더라도 군치 주변의 유력층에 비해 한화漢化의 정도가 상대적으로 미약했을 것이며, 군현 및 중원왕조에 강한 귀속 의식을 가지고 있었는지도 의심스럽다. 이들은 2군의 군사방어 능력 및 통치 조직이 거의 붕괴된 상황에서 일부는 옛 군현 지배 세력과 연대하여 고구려에 끝까지 저항하거나 타지로 함께 이주한 경우도 있었겠지만, 상당수는 자기 근거지에 그대로 거주하며 고구려에 자발적으로 귀부하는 경우가 많았을 것이다. 이러한 과정을 통해 고구려는 4세기 초에 2군 지역을 대부분 장악했을 것으로 보인다.

이상의 과정을 요약하면 고구려는 1세기 전반부터 낙랑군 지역을 공략했던 기록이 나타나며, 1세기 중반에는 남서쪽의 살수(청천강) 방면으로 진출하여 낙랑군과 경계를 맞대었다. 2세기 중반 이후 고구려는 청천강 이남~대동강 이북 지역으로 진출하였고, 그 결과 280년대의 2군 세력권은 대동강 유역 이남 및 재령강 유역 일원으로 축소되었다.

고구려는 이렇듯 1세기대부터 군현 주변부 지역으로 점차 세력을 확장했는데, 그 과정에서 속현들을 중심으로 귀속되어 있던 토착 세력들이 향배를 달리하며 차례로 고구려 세력하에 들어갔을 것이다. 그리고 서진의 지배체제가 붕괴되어가던 4세기 초반에 2군은 결정적인 타격을 받아 소멸했으며, 그 중심부

---

41 신천군 일부 지역에서 전축분 조영이 지속되는 현상을 고구려 정권의 2군 고지 장악과 지배에 저항하는 세력의 잔존으로 파악하는 견해도 있는데, 이에 대해서는 다음 절에서 후술한다.

의 잔존 세력들 역시 고구려의 공격으로 인해 최종적으로 축출되거나, 혹은 고
구려에 귀부했던 것으로 생각된다.

2. 낙랑·대방군 고지 내 토착·외래 집단의 귀속

고구려의 점령 과정에서 낙랑군 중심부 지역은 적지 않은 피해를 입었을 터
인데, 낙랑군의 소멸 직후 평양 일대의 중심 고분군에는 고구려 계통 석실묘가
비교적 이른 시기부터 등장하는 등 기존의 전축분 조영 세력이 상당히 약화된
정황이 드러난다.[42] 즉, 기존에 중심부에서 지배층을 형성했던 세력들 가운데
상당수가 고구려의 점령 과정에서 이주했거나 제거되었을 가능성이 높다. 그러
나 2군이 차례로 소멸한 이후에도 2군 고지의 일부 지역에는 여전히 자신들의
사회·문화적 전통을 유지한 주민집단이 계속 거주했던 것으로 보인다. 이는 그
들이 남긴 전축분 유적·유물을 통해 살펴볼 수 있다.

원래 중국에서 연호와 인명 등을 새긴 전돌은 주로 고분의 벽면과 바닥 일부
를 구성하거나 부장된 형태로 나타나는데, 제작 시기는 전한대에서 당대唐代에
이르며 서진과 동진 시기에 다수 만들어졌다. 지역적 분포를 살펴보면, 남방의
경우 강소江蘇·절강浙江·안휘安徽·복건福建·강서江西·호북湖北·호남湖南·광동
廣東·광서廣西·사천四川·운남雲南 지역, 북방의 경우 요녕遼寧·하남河南·섬서陝
西 등 다양한 지역에 걸쳐 나타난다.[43]

---

42 오영찬, 앞의 책, 2006, 235~238쪽.

43 谷豊信,「中國古代の紀年塼—唐末までの銘文と出土地の考察」,『東京國立博物館紀要』
    34, 1999, 178쪽.

〈표 1〉 낙랑·대방군 지역에서 출토된 연도 표기 명문전 판독표(권점 표시는 좌우반전된 글자)

※ 판독문은 김근식·안정준·정화승, 「樂浪·帶方郡 지역에서 출토된 年度가 기재된 銘文塼」, 『목간과 문자』 27, 2021, 133~178쪽에 제시된 것을 기본으로 했으며, 판독문에 일부 차이가 있는 부분에 대해서는 표 하단의 각주에서 설명했다.

No	명문	연대 (왕조)	출토지	연호 오기
1	ⓐ 光和五年韓氏造牢 ⓑ 光和五年 ⓒ 之[壽] ⓓ 壽考*1)	182 (後漢)	황해북도 봉산군 문정면 당토성 (현 봉산군 토성리)	
2	ⓐ 興平二載四月貫氏造[壽][郭] ⓐ-1 興平二載▨貫氏造▨ ⓑ ▨張孟陵	195 (後漢)	평안남도 평양시 낙랑구역 토성동(현 낙랑구역 낙랑일동)	
3	ⓐ 守長岑長▨君君諱卿 ⓑ 年七十三二*2)子德彦東萊黃人也 ⓒ 正始九年三月卅日壁師王[德]造	248 (曹魏)	황해남도 신천군 봉황리 (현 신천군 새길리)	
4	ⓐ 嘉平二年二月五日起造 ⓑ 戶上	250 (曹魏)	황해남도 신천군	
5	ⓐ 嘉平二年 ⓑ 王氏塼	250 (曹魏)	미상	
6	嘉平四年陽氏*3)	252 (曹魏)	황해남도 신천군 새날리	
7	甘露(결락)	256~259 (曹魏)	황해남도 신천군	
8	景元元年七月卅三日	260 (曹魏)	황해남도 신천군	
9	景元三年三月八日韓氏造	262 (曹魏)	황해북도 봉산군 토성리	
10	泰始四年三月十日段氏造	268 (西晉)	황해도 신천군 가산면 간성동 (현 신천군 새날리)	
11	ⓐ ▨始七年四[月] ⓑ 泰始七年四月	271 (西晉)	황해북도 봉산군 문정면 당토성 (현 봉산군 지탑리)	

No	명문	연대 (왕조)	출토지	연호 오기
12	泰始七年[八]月	271 (西晉)	황해도 봉산군 문정면 토성리 토성지(현 봉산군 토성리)	
13	ⓐ 泰始十年杜奴村 ⓑ 晉故 ･･････ ⓒ 泰始十年杜奴村 ⓓ 晉故	274 (西晉)	황해북도 봉산군 문정면 당토성 (현 봉산군 지탑리)	
14	泰始十年七月廿三日造	274 (西晉)	평안남도 대동군 대동강면	
15	ⓐ 泰始十一年八月▨ ⓑ (전반부 결락)八月吳氏造	275 (西晉)	황해북도 봉산군 문정면 당토성 (현 봉산군 지탑리)	○
16	ⓐ 咸寧元年三月造 ⓑ 五官掾作	275 (西晉)	황해남도 신천군	
17	咸寧五年三月六日己丑造	279 (西晉)	황해남도 신천군	
18	太康元年三月六日	280 (西晉)	황해남도 신천군	
19	ⓐ 太康元年三月八日王氏造 ⓑ 康	280 (西晉)	황해남도 봉산군	
20	ⓐ 太康三年吳氏造 ⓑ 七月吳氏	282 (西晉)	황해북도 봉산군 문정면 송산리 (현 봉산군 송산리)	
21	太康四季三月廿[七]日造	283 (西晉)	황해북도 봉산군 문정면 송산리 (현 봉산군 송산리)	
22	ⓐ 太康四年[三](하부 결손) ⓑ (상부 결손)三月昭明王長造	283 (西晉)	황해남도 신천군 북부면 서호리 (현 신천군 석당리)	
23	大康四年	283 (西晉)	황해남도 삼천군 추릉리	
24	大康七年三月二十八日王作	286 (西晉)	황해남도 신천군	
25	太康七年三月癸丑作	286 (西晉)	황해남도 신천군	

No	명문	연대 (왕조)	출토지	연호 오기
26	ⓐ 君以大康九年二月卒故記 ⓑ (상부 결락)月[卒故]記	288 (西晉)	황해남도 안악군 용순면 유설리 북동(현 안악군 오국리)	
27	元康元年	291 (西晉)	황해도	
28	元康三年三月十六日韓氏	293 (西晉)	황해도	
29	元康四年三月卄日造*4)	294 (西晉)	미상	
30	元康五年八月十八日乙酉造	295 (西晉)	황해남도 안악군 용순면 하운동 고분	
31	ⓐ 建始元年[韓](하부 결손) ⓑ [元]年韓氏造塼 ⓒ 建始元年	301 (西晉)	황해남도 신천군 용문면 복우리 제5호분(현 신천군 복우리)	
32	ⓐ 太安二年三月卄日▨造塼 ⓑ 田氏塼	303 (西晉)	황해남도 신천군 토성리 (현 신천군 청산리)	
33	永興三年三月四日王君造*5)	306 (西晉)	황해남도 신천군 북부면 서호리 (현 신천군 석당리)	
34	ⓐ 永嘉(하부 결손) ⓑ [季]韓氏造塼	307~312 (西晉)	황해남도 신천군 남부면 서원리 (현 신천군 서원리)	
35	永嘉七年	313 (西晉)	황해남도 신원군 아양리토성 안 축대 부근	
36	建興四年會景作造	316 (西晉)	황해도	
37	泰寧五年三月十(하부 결손)*6)	327 (東晉)	황해북도 신천군 용문면 복우리 제2호분(현 신천군 복우리)	○
38	ⓐ 咸和十年大歲乙未孫氏造 ⓑ (상부 결손)年大歲乙未孫氏[造]	335 (東晉)	황해남도 신천면 사직리(현 신천 군 신천읍)	○

No	명문	연대 (왕조)	출토지	연호 오기
39	ⓐ 建武八年[西]邑[太]守 ⓑ [西]邑太守張君塼	342 (後趙)	황해남도 안악군 로암리	
40	ⓐ [建][武]九年三月三日王氏▨ ⓑ ▨車▨	343 (後趙)	황해남도 신천군 출토	
41	ⓐ 建元三年大歲在巳八月孫氏造 ⓑ 建元三年大歲在巳八月(하부 결손) ⓒ (상부 결손)[在]巳八月孫氏造 ⓓ (상부 결손)在巳八月孫氏造	345 (東晉)	황해남도 신천군 가산면 간성리 (현 신천군 새날리)	○
42	建元三年大(하부 결손)	345 (東晉)	황해남도 신천군 북부면 야죽리 (신천군 우룡리)	○
43	ⓐ 大歲在戌漁陽 + 張撫夷塼 ⓑ 大歲戌在漁陽張撫夷塼 ⓒ 太歲申漁陽張撫夷塼 ⓓ 趙主簿令塼勲意不臥 ⓔ (2行塼)哀哉夫人奄背百姓子/民憂慼/夙夜不寧永側玄宮痛割人情 + 張使君 ⓖ [八]月廿[八]日造塼日八十石[酒] + 張使君塼 ⓗ 張使君塼 ⓘ 張撫夷[塼]	348 (東晉)	황해북도 봉산군 사리원시 사리원역 부근(현 사리원시)	
44	建武十六年大歲(하부 결손)	350 (後趙)	황해남도 신천군 용문면 복우리 제8호분(현 신천군 복우리)	○
45	永和八年三月四日韓氏造塼	352 (東晉)	황해남도 신천군 북부면 (현 신천군)	
46	永和九年三月十日遼東韓玄菟太守領佟利造	353 (東晉)	평안남도 평양시 평양역 구내	

* 1) 국립중앙박물관에서 열린 낙랑연구모임의 전축분 명문전 실견회에서 ⓓ와 같은 두 글자 소구전小口塼이 2점 발견되었다. 두 번째 글자는 '者'자가 아닌 '考'자의 이체자가 분명해 보인다. 이에 ⓓ의 판독안은 '壽考'이며, 곧 '장수長壽'를 의미한다. 『시詩』 대아大雅 역복棫樸에도 "周王壽考 遐不作人"이라는 구절에 '壽考'라는 표현이 보인다.

* 2) '한국역사연구회 낙랑연구반'에서 윤송학, 「황해남도 신천군 새날리 벽돌무덤 발굴보고」, 『조선
고고연구』 2004-4, 2004의 탁본 사진을 토대로 판독을 진행했고(2023. 3. 25), 권순홍 선생님(한
국항공대학교)에 의해 三과 子 사이에 二자가 있음이 새롭게 제기되었다. 이에 따른다.
* 3) '嘉平四年陽氏'의 판독은 『조선일보』(2003. 4. 16)에 실린 황해남도 신천군 새날리 전축분의 명문
전 사진을 근거로 제시하였다(https://nk.chosun.com/news/articleView.html?idxno=32247).
* 4) 판독문은 林起煥, 「낙랑 및 중국계 금석문」, 『譯註韓國古代金石文(1)』, 가락국사적개발연구원,
1992, 379쪽을 근거로 했으며, 명문전은 현재 국립중앙박물관에 소장된 것으로 알려져 있다(본
관품 12843).
* 5) 김근식·안정준·정화승, 앞의 논문, 2021, 182쪽에서는 연호를 '元興'으로 판독했으나, 이 책에
서는 '永興'으로 판독한다. 이에 대해서는 본문에서 후술할 것이다.
* 6) 비슷한 시기인 324년에도 요서 지역의 이외묘지李廆墓誌에서 1년의 차이가 있는 연호 오류 사
례가 나타난다. 그 묘지에는 (동진 연호) 영창永昌 3년 정월 26일로 표기되어 있는데, 영창 2년
(323) 3월 1일에 명제明帝가 태녕太寧으로 개원改元했기 때문에 태녕 2년으로 표기되어야 맞
다. 이는 당시 모용선비가 장악했던 요동·요서 지역에서도 강동江東 지역의 소식을 자주 전달
받기 어려웠던 사정을 보여준다(羅新·葉煒, 『新出魏晉南北朝墓誌疏證』, 北京: 中華書局, 2016,
11~12쪽).

전돌이 부장된 전축분은 〈표 1〉을 통해 알 수 있듯이 평안남도 일대에서도
일부 나타나기는 하지만 대체로 황해도 일대에서 다수 조영되었음을 알 수 있
다. 명문전의 연호와 시기를 살펴보면, 후한대인 광화光和 5년(182)명이 가장 이
르며, 이후로도 지속적으로 조영되어 후한·조위曹魏·서진의 연호 등이 차례로
사용되었음을 알 수 있다. 이는 대체로 군현 지배층이 남겼던 전축분 계통의 유
적·유물이 지속된 시기를 반영한다. 이를 통해 한반도 서북부 지역의 경우에
늦어도 2세기 후반을 전후하여 전축분이 축조되었고, 이후에도 2군이 존속한
시기 동안 당대當代 왕조의 연호를 사용하는 가운데 그 축조 전통이 유지되었
다고 볼 수 있다.

특히 황해남도 신천군 지역에서는 명문전이 313년 이후에도 계속 나타나며,
그 조영이 4세기 중반까지도 지속되었음을 알 수 있다. 기존 연구에서는 이러
한 사실에 주목하면서, 2군이 소멸했음에도 한동안 2군 고지에는 종래 군현체
제에 익숙했던 선진 문화의 한계 토착 세력이 다수 존재했으며 이들의 저항으

로 인해 오랫동안 고구려의 지배력이 미치기 어려웠을 것으로 보았다.[44]

다른 한편, 고구려의 2군 고지에 대한 영향력을 상대적으로 강조하면서도 4세기 초반 이래 전축분 조영 집단이 2군 고지의 넓은 범위에 걸쳐서 거의 1세기 가까이 존속했다고 보는 연구들도 있다. 이에 4세기 중반에 고구려가 동수·진 등의 중국계 망명인들을 2군 고지에 안치하여 그 일대에 공고히 자리 잡고 있던 군현계 토착 세력의 지배질서를 재편하고자 했으며, 이러한 과정을 통해 지배를 단계적으로 확대할 수 있었다고 파악한다.[45] 어느 쪽이든 313년 이후 전축분 조영이 지속된 현상을 근거로 2군 고지의 군현계 토착 세력이 그들의 독자성을 어느 정도 유지했으며, 이에 고구려가 4세기 중반 또는 그 이후까지도 2군 고지를 확고하게 장악하지 못했을 것으로 본다.

그러나 위와 같은 견해들은 몇 가지 문제를 안고 있다. 우선 313년 이후 군현 계통 토착주민의 분포 범위를 지나치게 넓게 파악하고 있다. 2군 고지에 나타나는 전축분 관련 유적·유물들 가운데 분명하게 313년 이후로 비정되는 것들의 출토지는 황해남도 신천군 지역으로 한정된다(〈지도 1〉 참조).[46] 즉, 낙랑군이 소멸한 313년을 기점으로 전축분 유적·유물이 전체적으로 감소하며, 그 분포 지역도 크게 축소되었다.[47] 또 이들 가운데 313년 이후 신천군 일대의 명문

---

44 孔錫龜, 「平安·黃海道地方出土 紀年銘塼에 대한 研究」, 『震檀學報』 65, 1988, 20~28쪽; 孔錫龜, 앞의 책, 1998, 101~102쪽; 윤용구, 앞의 논문, 2007b, 260~261쪽.

45 林起煥, 「4세기 고구려의 樂浪·帶方地域 경영」, 『歷史學報』 147, 1995b, 22~28쪽; 여호규, 「4세기 高句麗의 樂浪·帶方경영과 中國系 亡命人의 정체성 인식」, 『한국고대사연구』 53, 2009, 161~192쪽.

46 봉산군 및 평양 지역에 일부 나타나는 전축분은 전형적인 전축분이라기보다는 석실봉토분의 영향을 받은 전석혼축분의 형태로 볼 수 있다.

47 장무이묘와 동리묘를 비롯한 전석혼축분까지 모두 '전축분'(혹은 '전실분')의 범위에 포

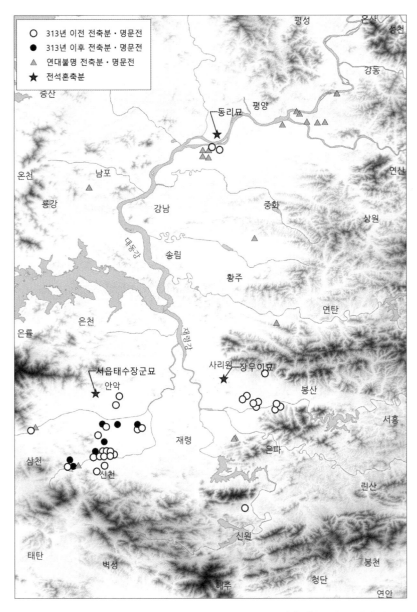

범례:
- ○ 313년 이전 전축분·명문전
- ● 313년 이후 전축분·명문전
- ▲ 연대불명 전축분·명문전
- ★ 전석혼축분

지도 상의 지명: 평성, 은산, 성천, 강동, 승산, 동리묘, 평양, 온천, 남포, 연산, 룡강, 강남, 중화, 상원, 송림, 황주, 연탄, 은천, 은률, 서읍태수장군묘, 안악, 사리원, 장무이묘, 봉산, 서흥, 삼천, 신천, 재령, 은파, 린산, 태탄, 벽성, 신원, 봉천, 해주, 청단, 연안

〈지도 1〉 2군 고지의 전축분 유물·유적 분포도

전들에는 이전에 보이지 않았던 성씨의 인물들이 새롭게 등장하며, 동진東晉·후조後趙 등 다양한 연호를 표기하고 있어서 군현계 토착민이 아닌 외래의 이주민이 포함되었을 가능성도 있다.[48] 특히 4세기 중반 이후 2군 고지에서 중국식 관호를 칭했던 인물들 가운데 2군 고지의 토착계 인물은 보이지 않는다. 예컨대 대방태수를 칭했던 장무이의 경우에도 어양漁陽 출신의 외래 망명인이며, 요동·한·현도태수遼東韓玄菟太守를 칭한 동리佟利, 그리고 [서]읍태수[西]邑太守를 칭한 장씨張氏도 2군 지역에서 잘 나타나지 않았던 성씨이다. 또한 4세기 중반 이래 나타나는 석실봉토벽화분 등의 장의葬儀 문화는 어디까지나 외래 이주민의 전통에 따른 것으로, 2군 고지의 토착 세력이 그 주도 계층은 아니었다고 판단된다.

이런 이유로 고구려의 2군 고지 점령 이후에 군현계 토착 세력의 거주지와 그들의 영향력이 미쳤던 범위를 막연하게 2군 고지 전반으로 상정해온 시각은 따르기 어렵다. 또한 신천군 일대로 한정된 범위의 주민집단을 이끌 만한 뚜렷한 정치적 구심점이 있었는지도 의문스러우며, 설령 그들이 모두 고구려에 저항적 태도를 취했다고 가정하더라도 과연 이처럼 국한된 지역의 세력 집단으로 인해 고구려가 1세기 가까이 2군 고지를 장악할 수 없었다고 보는 추론이 타당한지도 의문이다.

그뿐만 아니라 기존의 견해는 2군 고지의 전축분 조영 집단이 5세기 초반까지 존재했다고 보는 견해가 대부분이었다. 이러한 판단은 〈그림 1〉의 '永興三

함한 가운데, 313년 이후 그 분포 범위가 안악과 신천 및 봉산, 평양 등 일부 지역으로 한정된다는 점을 지적한 연구들도 있었다(孔錫龜, 「高句麗의 南進과 壁畵古墳」, 『韓國古代史研究』 20, 2000, 393쪽; 鄭昌熙, 「2~4世紀 黃海道地域 古墳 分布 定型의 變化와 意義」, 『嶺南考古學』 48, 2009, 42쪽).

48 孔錫龜, 「平安·黃海道地方出土 紀年銘塼에 대한 研究」, 『震檀學報』 65, 1988, 15~19쪽.

年三月四日王君造' 명문(〈표 1〉의 33번)에 대한 오독誤讀에서 비롯되었다. 기존에는 이 명문의 연호를 대부분 '원흥元興'으로 판독하여 동진 안제安帝의 연호(402~404)로 여겼다.[49] 이에 원흥 3년(404)까지도 전축분 조영의 전통이 지속되었다고 판단했던 것이다.

永興三年三月四日王君造

〈그림 1〉
영홍 3년명전

그러나 이를 404년, 곧 원흥 3년으로 비정할 경우 그 이전에 마지막으로 제작된 전축분 계통의 관련 유물인 동리佟利 관련 명문전(353)보다 50여 년이나 뒤에 제작된 유일한 명문전이 된다. 후술하겠지만 동리묘는 엄밀히 말해 전석혼축분塼石混築墳 형태이며 사실상 외래의 망명인으로 판단된다는 점을 감안하면, 위 명문전만 50여 년이 훌쩍 넘는 공백 이후에 유일하게 나타난 것이 된다.

〈그림 1〉의 명문전을 다시 판독해보면 그 첫 번째 글자는 형태상 '元'자로 보기 어렵다. 일단 글자의 상부가 元자와 다르고 글자 왼쪽에 별도의 획이 있는 것도 특징인데, 이와 같은 형태의 '원元' 이체자는 찾을 수 없다. 오히려 서진~동진대의 전축분 명문전들의 사례를 보면 〈표 2〉와 같은 永자의 이체자가 있는데, 전반적인 형태를 비교할 때 〈그림 1〉 명문전의 첫 번째 글자도 영永자로 판독하는 것이 타당하다.[50] 이에 대해서는 1928년에도 이미 '영흥永興'으로 판독해야 한다는 의

---

49 榧本龜次郎·野守健, 「永和九年在銘古蹟調査報告」, 『昭和七年度古蹟調査報告』, 朝鮮總督府, 1933, 7쪽; 林起煥, 「塼銘」, 『譯註韓國古代金石文(1)』, 駕洛國史蹟開發硏究院, 1992, 386쪽; 孔錫龜, 앞의 책, 1998, 80쪽; 국립중앙박물관 편, 『낙랑』, 솔, 2001, 183쪽.

50 이에 대해서는 '한국역사연구회 낙랑연구반'에서 장병진·권순홍 선생님이 최초로 '永'자 판독이 가능하다는 발언을 했고, 추후 논의를 통해 '영흥永興' 연호로 확정하게 되었다.

견이 나온 바 있다.[51]

그렇다면 〈그림 1〉은 영흥永興 3년명이 되는데, '영흥' 연호가 3년까지 쓰인 사례는 서진대(304~306), 북위대(409~413)가 있다. 하지만 현재까지 2군 지역의 명문전에서 북위대의 연호가 사용된 사례는 보이지 않는다. 후조대에도 350년 정월에 '영흥永興' 연호가 사용된 적이 있지만,[52] 『자치통감』에 의하면 영흥 원년인 350년 3월 갑자甲子에 '영흥'에서 영수永守로 개원改元했으므로[53] 제외해야 한다. 그 밖에 〈그림 1〉 명문전의 첫 번째 글자와 유사한 永자의 사례들 역시 대체로 서진대에 제작된 것들이다〈표 2〉 참조).

따라서 〈그림 1〉 명문전의 연호는 서진대인 영흥 3년(306)으로 비정하는 것이 적절하며, 결국 2군 고지에서 발견된 전축분 계통(전석혼축분 제외)의 명문전들 가운데서 가장 늦은 시기로 볼 수 있는 것은 신천군 일대의 건무建武 16년(350)명(〈표 1〉의 44번)이라고 할 수 있다. 이와 같이 2군 고지에서 전축분(명문전) 조영은 현재로서는 4세기 중반까지만 확인되고, 353년으로 비정되는 동리묘나 357년경에 조영된 안악3호분보다 늦게 제작된 사례는 아직까지 발견되지

관련 내용은 장병진, 「서북한 지역 전축분塼築墳 연대의 하한 재검토—기년명전紀年銘塼을 중심으로」, 『박물관과 연구』 1, 2024, 112~114쪽; 鄭華升, 「4~5세기 樂浪·帶方郡 故地 내 중국계 집단의 문화·전통 지속과 그 배경」, 서울시립대 석사학위논문, 2024, 33~34쪽에서도 다뤄진 바 있다.

51 1928년 7월에 조사를 진행했던 이마니시 류今西龍는 「황해도 신천군 고전古塼 출토 지방 조사 약略 보고서」에서 해당 연호를 '원흥元興'으로 판독했지만 '영흥永興'의 가능성도 있다고 언급했으며, 같은 해에 12월 조사를 진행한 오하라 도시타케大原利武도 1929년 2월 13일에 제출한 「황해도 은율군, 신천군, 평안남도 용강군 고적조사 복명서」에서 '永興'으로 판독했다. 이와 관련해서는 장병진, 위의 논문, 113쪽의 내용을 참고하기 바란다.

52 李鉉淙 편저, 『東洋年表』, 探求堂, 1971, 134쪽.

53 "趙新興王祇即皇帝位於襄國 改元永守"(『資治通鑑』 孝宗穆皇帝上之下 永和6年).

<표 2> 서진대 '永'의 이체자들

<그림 1> 명문전의 첫 번째 글자(永)	서진西晉 형계향 관구촌 교두산 전실묘荊溪鄕關口村橋頭 山塼室墓(M4)의 '永'자	서진西晉 판석교 진석갑호 전실 묘板橋鎭石閘湖塼室墓 의 '永'자	서진西晉 상장향 봉황산 전실 묘上蔣鄕鳳凰山塼室墓 의 '永'자

※ 鄭華升, 「4~5세기 樂浪·帶方郡 故地 내 중국계 집단의 문화·전통 지속과 그 배경」, 서울시립대 석사학위논문, 2024의 <표 5> 참조.

않았다.[54]

또한 4세기 중반까지 신천군 일대에 잔존했던 전축분 축조 세력의 성향을 313년 당시 1천여 명의 낙랑군 주민을 이끌고 모용외 세력에 귀부한 왕준·장통과 동일하게 판단하기는 어려운 점이 있다. 과거 낙랑군의 중심지였던 평양 지역에서는 313년 이후에 전축분 관련 유적이나 유물(명문전)이 거의 나타나지 않는다(<지도 1> 참조). 이는 신천군 지역에서나마 일부 지속된 대방군 고지와 대조되는 점인데, 그 원인을 낙랑군과 대방군의 지배 세력이 갖는 성향의 차이 및 고구려가 2군 지역을 점령하는 과정상의 차이 때문으로 보기도 한다. 이를테면 앞서 언급한 대로 고구려의 침공에 강하게 저항했던 낙랑군의 기존 지배 세력 가운데 왕준을 비롯한 1천여 가는 요서 지역으로 이주하였고, 그 외에 잔존했던 남녀 2천여 명은 고구려에 사로잡히는 등 상당수가 군의 중심부에서 제거되었다. 이로 인해 기존 낙랑군의 중심부와 그 주변 지역의 사회적 구성이 재편되었을 것으로 생각된다.

---

54 장병진, 앞의 논문, 2024, 114쪽.

반면, 3세기 초에 공손씨公孫氏가 신설한 대방군의 지배 세력은 고구려의 지배에 대한 저항도가 낙랑군과 달랐을 것으로 추정하기도 한다. 이는 대방군의 설치 배경 및 그 지배 세력의 성향에서 기인했다고 생각된다. 본래 낙랑군의 지배 계층은 200년이 넘도록 한漢 왕조와 긴밀한 관계 속에 군현 지역에 대한 정치적 지배와 경제적 교역 등에 간여하면서 자신들의 정치·사회·경제적 지위를 유지해갔을 것이다. 그 때문에 3세기 초에 요동 지역의 세력가였던 공손강公孫康이 낙랑군 지역을 장악했을 때도 낙랑군 중심부에는 중원왕조와 연결되는 세력이 잔존하였거나 중원왕조의 영향력이 일부 남아있었던 것으로 추정된다.[55]

공손강이 건안建安 연간(196~220)에 낙랑군을 제쳐둔 채 별도의 군사 정벌을 감행하여 둔유현屯有縣 이남의 '황지荒地'를 수복하고 대방군을 분치分置했던 배경에는 정치·군사적으로 성장하는 한韓을 견제하려는 목적 외에도 이 지역에 자기 세력(非中原系)을 뿌리내리려는 의도가 강하게 작용했을 것이다.[56] 실제로 낙랑군의 군치와 그 인근 지역에는 귀틀묘 시기 이래 계속 토착 기반을 유지해온 세력이 다수였던 반면, 대방군의 지배 세력은 3세기 초반 군이 설치되면서 새로 유입된 한인漢人들과 군 설치 당시 새롭게 지배층으로 편입된 토착 세력으로 이루어진 것으로 보인다. 즉, 대방군을 설치하는 과정에서 공손씨 세력과 관련된 인물들이 다수 이주해왔을 가능성이 높다.

또한 조위대 이후의 대방군은 동이제족과의 교역 주도권을 낙랑군에 다시 넘겨주는 등 중원과 불편한 관계였기 때문에 4세기 초반 고구려의 진출 및 지배에 대한 저항이 낙랑군 중심부의 지배층보다는 상대적으로 약했을 것으로 추

---

55 오영찬, 앞의 논문, 2003, 220쪽.

56 오영찬, 위의 논문, 220~221쪽.

정하기도 한다.[57] 현재, 313년 이후 전축분이 조영된 흔적은 대방군 고지 내에서도 신천군 일대에서만 발견되는데, 이들이야말로 고구려의 대방군 정복 과정에서 타협적으로 귀순하였고, 그 결과 기존 토착적 사회 구성을 상당 부분 유지했던 존재들이라고 추정할 수 있다.

한편 4세기 초반 이후 2군 고지의 명문전에 중국 왕조의 연호가 표기된 것은 곧 전축분 조영 집단이 고구려의 지배에서 벗어나 있음을 보여주는 근거로 파악하기도 했다.[58] 그러나 중국 왕조의 연호 사용만을 근거로 고구려의 통제에서 벗어나 있었다고 간주하기는 어렵다. 동진은 늦어도 336년 이래로[59] 고구려와 외교교섭을 하였으며, 고구려 역시 4세기 전반에 동아시아의 여러 국가에서 통용되던 동진 연호를 수도 국내성에서 사용하기도 했다.[60] 그렇다면 고구려의 통

---

57 오영찬, 앞의 책, 2006, 238~239쪽.

58 孔錫龜, 앞의 논문, 1988, 17쪽.

59 고구려가 동진에 사절을 파견한 기록은 336년 2월(『晉書』 卷7 成帝 咸康 2年 2月) 이후, 343년 12월, 413년에 각각 나타난다.

60 1963년 길림성 집안현 성내에 있던 '압록강욕지鴨綠江浴池'라는 목욕탕을 수축할 때 "太寧四年太歲▨▨閏月己巳造吉保子宜孫"이라는 명문이 쓰인 권운문 와당이 출토되었다. 태녕太寧 연호는 고구려의 연호가 아니며, 동진 명제明帝 1~3년(323~325), 후조後趙 석호石虎 1년(349), 북제北齊 무성제武成帝 1~2년(561~562)에 그 연호를 사용한 적이 있다. 그런데 동진 명제 3년(325) 8월과 9월 사이가 윤달이며, 이달 6일이 기사일己巳日이다(韓甫植 編, 『韓國年曆大典』, 嶺南大學校 出版部, 1987, 325쪽). 이에 비춰 "太寧四年"을 (동진) "太寧三年"의 오기로 보기도 한다(李殿福, 「集安巷雲銘文瓦當考辨」, 『社會科學戰線』 1984-4, 1984, 70쪽; 김미경, 앞의 논문, 1996, 24~25쪽). 다른 한편, 동진의 연호 개원 사실이 고구려에 다소 늦게 알려졌을 수도 있으므로 태녕 4년은 326년일 가능성도 있다(강현숙, 「고구려 고분 출토 와당의 변천」, 『한국고고학보』 64, 2007, 42~43쪽). 어느 쪽으로 보든 4세기 전반에 고구려 수도인 집안 지역에서도 동진 연호를 사용했음을 알려준다. 해당 명문의 판독과 해석에 대한 자세한 현황은 기경량, 「집안 지역 출토 고구려 권운문 와당 명문의 판독과 유형」, 『高句麗渤海研究』 56, 2016, 48~50쪽을 참조.

제하에 있던 2군 고지 내에서 자체적으로 문화·전통을 어느 정도 유지하는 가운데 고구려와 우호적인 국가들의 범위 내에서 해당 연호를 사용하는 현상도 발생할 수 있으며, 이를 반드시 정치적 독자성이나 독자적인 대중 외교의 근거로 바라볼 필요도 없다.[61]

특히 신천군 일대의 명문전들에서는 원래 2군이 설치되어 있던 시기부터 줄곧 후한·조위·서진으로 이어지는 한족 왕조들의 연호가 사용되었지만(〈표 1〉참조), 4세기 초반 2군의 소멸과 서진의 멸망(316)을 계기로 군현 운영의 정식 주체가 사라지게 되었다. 게다가 화북 지방에서 여러 왕조의 난립과 동시에 많은 이주민이 고구려로 유입되었는데,[62] 그 과정에서 2군 고지에는 동진의 연호와 함께 후조와 같은 이민족 왕조의 연호를 사용한 명문전의 사례들도 나타났다. 개중에 〈표 1〉의 40번 건무建武 9년(후조, 343)명과 44번 건무 16년(후조, 350)명의 경우는 신천군 지역에서 발견된 것이다. 4세기 초·중반의 이 같은 변화상이 신천군 지역에 외부의 이주민이 새롭게 안치되면서 나타난 현상인지, 아니면 신천군 지역에 본래 거주했던 주민들이 후조의 연호를 자연스럽게 받아들인 상황을 반영하는 것인지는 분명하지 않다. 다만 특정 세력의 정치적 지향과 독자성을 입증한다고 단정하기는 어려우며, 고구려의 통치하에서도 충분히 발생할 수 있는 현상임을 감안할 필요가 있다.

〈표 1〉의 31번 건시建始 원년명의 경우 기존에는 후연後燕에서 제정한 연호(407)로 파악하기도 했다. 이를 407년에 제작했다고 볼 경우, 54년 동안의 공백

---

61 김미경, 앞의 논문, 2007, 172쪽.

62 2군 고지의 명문전들에서는 2세기부터 전통적으로 군현의 지배층이었던 왕씨王氏·한 씨韓氏 등이 꾸준히 나타나다가, 고구려의 점령 이후인 4세기 전반 후부터는 장씨張氏·회 씨會氏·동씨佟氏·손씨孫氏 등의 인물도 새롭게 등장하고 있다(孔錫龜, 앞의 논문, 1988, 19쪽).

이후에 유일하게 나타난 명문전이 된다. 후연대의 '건시' 연호는 마지막 집권자인 모용희慕容熙가 407년 봄 정월 초하루에 제정하였고, 이후 고구려계인 고운高雲이 연의 천왕天王으로 즉위한 7월 28일(乙丑)까지 약 7개월 사용되었다.[63] 그런데 고구려와 후연은 399년 이후 406년까지 요동 지역을 사이에 두고 1~2년 간격으로 치열한 교전을 지속하는 등 관계가 악화일로에 있었다.[64]

고구려와 연燕의 교섭이 재개된 것은 407년 7월에 풍발馮跋의 쿠데타로 고운이 천왕에 즉위하여 연호를 정시正始로 개원한 뒤였다.[65] 이어 다음 해인 408년 봄 3월에 고구려가 북연北燕에 사신을 보내 종족의 정을 베풀고 북연 왕 고운이 시어사侍御史 이발李拔을 보내 답례했는데,[66] 이것이 양국 간 친선을 확인하는 최초의 공식 교섭 기사이다.

이렇게 볼 때 후연의 모용희가 여전히 생존했던 407년 1~7월까지 양국 간에 공식적인 외교교섭이 이루어졌는지는 불투명하다. 또한 양국 관계가 적대적이었던 시기에 2군 고지의 주민이 고구려의 영향력을 무시한 채 후연의 연호를 멋대로 사용하는 것이 가능했을지도 의문이다.

---

63 이후 다시 정시正始 원년으로 개원했다[『資治通鑑』 卷114 安帝 義熙 3年(407) 1~7月 條].

64 고구려는 402년 5월 숙군성宿軍城을 공격하여 차지한 뒤[『資治通鑑』 卷112 晉紀 元興 元年(402) 5月], 404년 12월에 다시 연군燕郡을 공격하여 100여 명을 죽이거나 포로로 삼았다[『資治通鑑』 卷113 晉紀 元興 3年(404) 12月]. 405년 정월에는 후연의 모용희가 요동성을 직접 정벌하였으나 이기지 못하고 돌아갔고[『資治通鑑』 卷114 晉紀 義熙 元年(405) 正月], 이어서 406년 정월에는 고구려의 목저성木底城을 공격하였으나 역시 실패하고 돌아갔다[『資治通鑑』 卷114 晉紀 義熙 2年(406) 正月].

65 『資治通鑑』 卷114 安帝 義熙 3年(407) 7月.

66 "高句麗遣使聘北燕 且敍宗族 北燕王雲遣侍御史李拔報之"[『資治通鑑』 卷114 安皇帝己 義熙4年(408) 3月]. 『삼국사기』 고구려본기에는 광개토왕 17년(407) 봄 3월로 기록되었지만 이 기사의 원전인 『자치통감』의 연대에 따른다.

게다가 서진대에도 건시 원년 연호(301)가 사용된 적이 있다.[67] 『자치통감』에 따르면 서진 혜제惠帝 영강永康 2년(301)에 상국相國 사마륜司馬倫이 정월 을축일(9일)에 혜제를 위협하고 제위를 찬탈하였으며 연호를 '건시建始'라고 고쳤다. 같은 해 4월 계해일(9일)에 사마륜이 제위에서 쫓겨나고 혜제가 복위했는데, 이때 연호를 '영녕永寧'으로 다시 고쳤다.[68] 따라서 건시 원년 연호는 서진대인 301년에 3개월 정도 사용되었다. 이 연호는 후대 역사가들에 의해 찬탈자의 사적私的 연호로 취급되기도 했으나, 적어도 사마륜의 재위 당시에는 당대인들에게 공식 연호로서 인식되었을 가능성이 높다. 이러한 점들을 헤아린다면, 31번 명문전의 '건시 원년'은 4세기 초반 당시 2군 고지에서 빈번하게 쓰였던 동진 연호(301)일 가능성에 더 비중을 두어야 할 것이다.

결론적으로 4세기 초·중반에 2군 고지에서 사용되었던 이민족 연호는 후조後趙의 연호가 유일하다. 고구려는 미천왕 31년(330)에 후조의 석륵石勒에게 사신을 보내 호시楛矢를 주는 등 이미 330년대부터 우호적인 관계를 맺고 있었다.[69] 특히 북한 지역에서 발견된 것으로 알려진 '연희 2년 조작延熙二年造作' 명토기를 통해서도 330년대에 이미 양국 간의 인적·물적 교류가 있었음을 추정

---

67 기존에도 '건시 원년'이 301년일 가능성이 지적된 바 있다(김미경, 앞의 논문, 2007, 171쪽의 주 196).

68 『資治通鑑』 卷84 晉紀6 永寧 元年; 『晉書』 卷70 列傳 趙王倫.

69 건평建平 원년(330)에 고구려와 '숙신肅愼'의 사신이 후조에 사행하여 황제인 석륵에게 호시를 바쳤다는 기록이 전한다(『晉書』 卷105 載記 第5 石勒下; 『三國史記』 高句麗本紀 美川王 31年). 고구려는 이 무렵 후조와 함께 요동·요서의 모용부慕容部 세력을 견제하고 있었다. 이에 후조에 '번신藩臣'을 자처하는 한편 '숙신'의 호시 헌상을 주도함으로써 후조의 정치적 명분을 강화해주는 동시에 양국의 군사동맹을 굳건히 하는 계기로 삼고자 했다(坂元義種, 앞의 책, 1981, 68쪽).

해볼 수 있다.[70]

'연희' 연호는 촉한蜀漢에서 238~257년에, 후조에서 334~335년에 각각 사용된 바 있지만, 이 시기에 촉한은 지리적으로 멀리 떨어진 데다 3세기 중반 당시 조위 예하의 낙랑·대방군 지역에 적대 세력인 촉한의 물품이나 주민이 유입되기는 어려웠을 것이다. 따라서 위의 연희 2년은 4세기 중반에 후조에서 사용된 연호(335)로 보는 것이 타당하다.[71] 즉, 이 토기 자료는 330년대 중반 이래로 고구려와 후조 간에 활발한 물적 교류가 있었거나, 후조의 주민이 고구려에 유입되었을 가능성을 보여준다.

실제로 명문전들 중에서 〈표 1〉의 39번 건무建武 8년명(342), 40번 건무 9년명(343), 44번의 건무 16년명(350) 등, 고국원왕대의 평양 경영이 활발했던 4세기 중반에 후조의 연호를 사용한 사례가 다수 나타난다. 이 가운데 40번 건무 9년명과 44번 건무 16년명은 전축분이 밀집했던 신천군 지역에서 발견되었다. 특히 건무 16년명이 발견된 신천군 용문면 복우리 8호분은 인접한 시기의 토착집단(한씨韓氏)으로 보이는 45번 영화永和 8년명(352)보다 지리적으로 훨씬 남쪽에 자리하고 있다. 이는 350년대에 고구려로 새롭게 유입된 후조 계통의 망명인들이 신천군 중서부 일대에 안치되었을 가능성, 혹은 고구려의 정치·사회적 영향력하에서 신천군 일대 토착집단 가운데 일부가 후조의 연호를 받아들여 사

---

70 '연희 2년 조작延熙二年造作'명 토기는 2차 세계대전 때 북한에 진주했던 소련군이 습득하여 본국으로 철수할 때 가져간 것으로 알려져 있으며 정확한 출토지는 확인할 수 없다. 이후 블라디보스토크의 아르세니예프 박물관이 소장하고 있는데 1993년에 국내에도 소개되었다. 이 자료의 소개와 기초적인 분석에 대해서는 金貞培, 「北韓出土 延熙二年銘 土器」, 『泰東古典研究』 10, 1993, 189~203쪽을 참조했다.

71 金貞培, 위의 논문, 196쪽.

용했을 가능성을 보여준다.[72]

4세기 중반에 이르면 중국계 망명인 관련 유적·유물들이 토착 세력의 고분 조영지와 인접한 안악군과 봉산군 인근 지역에서도 나타난다. 우선 안악군 오국리의 안악3호분은 요동군 출신인 동수冬壽가 고구려에 의해 이 지역에 안치된 이후 생애를 마감하고 묻힌 것으로 보인다. 그런데 『자치통감』에 의하면 동수는 전연에서 고구려로 정치적 망명을 했으므로, 고구려가 자기 통치력이 제대로 미치지 않는 지역에 그를 안치시켰다고 보기는 어렵다.

황해남도 안악군의 로암리돌천장전축분[73]은 구조적으로 개석蓋石이 있는 전석혼축분으로서 4세기 중반에 조영된 동리묘와 비슷한 형태이다. 이곳에서 발견된 [서]읍태수[西]邑太守 장군전張君塼(〈표 1〉의 39번)에는 앞에 건무 8년이라는 연호가 보이며, 이는 후조대의 연호로서 342년으로 비정된다.[74] 이 고분은 357년에 축조된 안악3호분(동수묘)으로부터 서북쪽으로 4km 정도밖에 떨어져 있지 않은데, 양자는 지리적·전략적으로 서로 분리되기 어려운 지역이다.

[서]읍태수 장군전은 묘주가 313년 이후에 주로 등장하는 장씨張氏 성을 지니고 있으며 2군과 무관한 지역의 태수호를 칭하고 있다. 이는 2군 고지에 안치된 다른 중국계 망명인들과도 비교되는 특징으로서 그 역시 고구려에 의탁해온

---

72 명문전에서 4세기 전반 이후에 여러 왕조의 연호들이 사용되고 있는데, 이러한 현상은 2군 고지에 새롭게 거주하게 된 집단들이 갖는 출신 지역의 개별성이 크게 작용했다고 보는 시각도 있다(孔錫龜, 앞의 책, 1998, 88쪽).

73 최초 보고자인 북한 논문에서는 '로암리돌천정벽돌무덤'으로 표기했으나(한인덕, 「로암리돌천정벽돌무덤에 대하여」, 『조선고고연구』 2003-3, 2003), 이 책에서는 일괄 '로암리돌천장전축분'으로 기재한다.

74 한인덕, 위의 논문, 35~39쪽.

망명인일 가능성을 보여준다.[75] 그렇다면 로암리돌천장전축분의 묘주 장씨가 4세기 중반에 동수와 인접한 지역에서 독자적인 세력을 구축했다고 보기는 어렵다. 그 역시 고구려에 의해 이 지역에 안치된 이후 지속적인 통제를 받았을 가능성이 높다.

기주冀州 어양군漁陽郡 출신의 망명인인 장무이의 무덤도 황해북도 봉산군 사리원역 일대에 자리하고 있다. 고분에서 발견된 명문전들(〈표 1〉의 43번)의 연간지('戊申')로 미루어 이는 4세기 중반, 즉 348년경에 축조된 것으로 볼 수 있다.[76] 장무이가 4세기 초·중반에 고구려가 점령한 지역들을 거쳐서 황해도 일대에 마음대로 정착했다거나 독자 세력을 구축했다고 보기 어렵다면, 그 역시 고구려에 의탁한 망명객 신분으로 이곳에 안치되었다고 보아야 할 것이다. 즉, 4세기 중반에 봉산군(사리원시) 일대는 고구려가 망명인과 그 예하 주민을 안치하여 통제할 수 있었던 지역인 셈이다. 그렇다면 4세기 중반에 중국계 망명인들이 고분을 조영했던 안악군·봉산군을 비롯한 그 인근의 지역들을 고구려의 통치 권역에서 제외하기는 어렵다.

요컨대 4세기 중반까지 확인되는 2군 고지의 명문전에서는 중국 왕조의 연호가 사용되었지만, 그것은 고구려 국내성에서도 사용된 바 있는 동진 연호이거나 고구려와 우호 관계에 있었던 동진·후조의 연호로 국한된다. 또한 2군 고지에서는 4세기 중반에 전석혼축분으로 대표되는 외래 망명인의 고분들이 봉산군·안악군·평양 일대에서 발견되며, 같은 시기에 신천군 일대에서 발견된 전축분들 가운데도 후조 연호의 사용 사례가 일부 나온다는 점을 감안할 때 외래 망명인들의 유입 가능성을 배제할 수 없다.

---

75 김미경, 앞의 논문, 2007, 145쪽.

76 장무이묘의 축조 연대와 묘주에 대해서는 후술할 것이다.

중국계 망명인들이 고구려의 확고한 통제하에 있었다고 볼 수 있다면, 신천
군 내에서 이들과 인접한 시기·지역에 존재했던 전축분 조영 집단들을 고구려
의 지배로부터 벗어난 존재로 상정하기는 어렵다고 생각된다. 따라서 4세기 중
반에 안악·봉산·신천군 일대에서 발견되는 전축분(혹은 전석혼축분) 관련 주민
집단들은 고구려의 지배하에 있었다고 할 수 있다.

2장

4~5세기 화북 지역의 혼란과 이주민 집단의 유입

2장
4~5세기 화북 지역의 혼란과 이주민 집단의 유입

1. 화북 지역의 유이민 발생 추이

4세기 초반 이후 황해남도 신천군 지역에 국한되어 조영되었던 전축분은 4세기 중반을 기점으로 더 이상 나타나지 않는다. 그리고 이 시기부터 2군 고지에는 외래 이주민에 의해 조영된 고분이 다수 발견된다. 이들이 2군 고지에 유입된 배경에 관해서는 4세기 초반 이래 발생한 동아시아의 유이민 파동 및 이 같은 상황에 고구려 등 주변 국가들이 어떻게 대응했는지 그 양상 등을 살펴서 다각도로 검토할 필요가 있다. 이에, 2장에서는 먼저 화북 지역에서 유이민이 발생한 원인과 이들의 이주가 요서·요동과 한반도 일대에 영향을 미쳤던 사례들을 살펴보고자 한다.

중국 본토는 회수淮水를 기준으로 크게 화북과 화남의 남북으로 나뉘는데, 화북 지역은 풍흉의 지역적 불균형을 상쇄하기 위해 넓은 지역 전체를 하나의 사회로 통일하여 조정할 수밖에 없었다. 이는 개활지의 좋은 전망展望 및 용이한 교통과 어우러져 거대한 제국을 형성하기 쉬운 조건이 되었다. 그러나 이러한 지리적·생태학적 조건은 제국의 정치·사회적 불안정이 지속될 경우 필연적

으로 많은 주민이 유동流動하는 현상으로 이어졌다.[1]

중원왕조의 정치·사회적 혼란은 변경 이민족의 침입과 수시로 발생하는 자연재해에 적절한 대응을 하지 못하는 한 원인이 되었다. 특히 통일왕조가 붕괴하고 정치적 불안이 장기화되면 유이민 파동도 중원의 혼란 양상에 따라 그 발생과 이주가 장기간 지속되기도 했다. 화북 주민들의 이주 범위는 강남 지역을 비롯해 서북부로는 감숙성·신강성 일대, 동북부로는 요서·요동·한반도 일대까지 미쳤다.

요동과 한반도 지역으로 이주한 중국계 유이민의 사례로는 진秦 말 농민반란과 군웅할거로 연燕·제齊·조趙의 주민 수만 명이 고조선 지역으로 이주해온 기록을 먼저 들 수 있다.[2] 이는 단발적 이주가 아닌 진 말의 대란 이후 상당 기간에 걸쳐 점차적으로 진행되었으며,[3] 제와 조의 지리적 위치를 감안할 때 그 이주 경로는 육로뿐 아니라 산동반도를 통한 해로도 상정할 수 있다.[4] 고조선 준왕準王이 그들을 나라의 서쪽 변경에 두었다고 전하는데, 이는 고조선 역사에 보이는 최초의 중국계 유이민 수용과 관련된 기록이다.

중국계 주민의 이주와 관련해 지금의 산동성에 위치했던 낭야琅耶 출신의 사

---

1 가와카쓰 요시오川勝義雄 지음, 임대희 옮김, 『중국의 역사: 위진남북조』, 혜안, 2004.

2 "昔箕子旣適朝鮮 作八條之教以教之 無門戸之閉而民不爲盜 其後四十餘世 朝鮮侯準 僭號稱王 陳勝等起 天下叛秦 燕·齊·趙民避地朝鮮數萬口 燕人衞滿 魋結夷服 復來王之"(『三國志』東夷傳 濊).

3 "二十餘年而陳 項起 天下亂 燕·齊·趙民愁苦 稍稍亡往準 準乃置之於西方"(『三國志』東夷傳 韓).

4 內藤雋輔, 「朝鮮支那間の航路及び其の推移に就いて」, 『朝鮮史硏究』, 東洋史硏究會, 1961, 381쪽.

족들이 한반도 지역으로 건너왔다는 기록도 있다.[5] 또, '진역秦役'을 피해 진한辰韓 지역까지 내려온 중국계 유이민의 경우 연·제 지역 출신에만 그치지 않았던 것으로 보인다.[6] 이후 기원전 108년 고조선이 멸망한 뒤 한반도 서북부를 중심으로 낙랑군이 설치되었고, 한漢은 군현을 통치하기 위해 소규모 단위로 한인 주민을 이주시키거나 관리와 군인을 파견했을 것이다. 그 밖에 교역의 이익을 얻기 위해 건너온 상인들도 있었을 것으로 추정된다.[7]

한편 낙랑군의 통치하에서 군현 중심부의 고조선계 토착 유력층을 중심으로 한화漢化가 진행되는 현상이 나타났다.[8] 이에 한 문화를 향유하는 지배층이 증가하고 이들을 토대로 낙랑군의 지배가 점차 안정화되면서, 내륙의 한인漢人들에게 한반도 서북부 지역은 중원의 혼란기에 피란避亂할 수 있는 하나의 대안 지역으로 인식되기도 했을 것이다. 1세기 초를 전후한 시기에 많은 산동인들이 해로를 통해 낙랑군 지역으로 피신해왔다는 견해 역시 한인의 지속적인 이주 가능성을 제시했다.[9]

5　"王景字仲通 樂浪誧邯人也 八世祖仲 本琅邪不其人 好道術 明天文 諸呂作亂 齊哀王襄 謀發兵 而數問於仲 及濟北王興居反 欲委兵師仲 仲懼禍及 乃浮海東奔樂浪山中 因而家 焉"(『後漢書』卷76 循吏列傳 第66 王景).

6　"辰韓在馬韓之東 其耆老傳世 自言古之亡人 避秦役來適韓國 馬韓割其東界地與之 有城 柵 其言語不與馬韓同 名國爲邦 弓爲弧 賊爲寇 行酒爲行觴 相呼皆爲徒 有似秦人 非但 燕·齊之名物也 名樂浪人爲阿殘 東方人名我爲阿 謂樂浪人本其殘餘人 今有名之爲秦韓 者"(『三國志』魏書 東夷傳 韓).

7　김병준, 「樂浪郡 初期의 編戶過程과 '胡漢稍別'」, 『木簡과 文字』 창간호, 2008, 174~176쪽.

8　이성규, 「중국 군현으로서의 낙랑」, 『낙랑 문화 연구』, 동북아역사재단, 2008, 32~36쪽, 62~63쪽; 李成制, 「『동아시아사』 교과서의 「지역간 인구이동과 전쟁」 단원 서술에 대한 試論」, 『歷史敎育論集』 47, 2011, 503~504쪽.

9　권오중, 「낙랑 석암리 9호분 小考」, 『한중관계 2000년—동행과 공유의 역사』, 소나무,

이처럼 진·한대 이래로 화북 유이민이 요동과 한반도 북부 지역으로 이주하였는데, 당시 중원에서 요동과 한반도 일대로의 이주 경로(육로와 해로)는 지속적인 이주와 통상 등을 통해 주변 지역에 널리 알려진 상태였다고 생각된다.[10] 특히 2~3세기에 이르면 한반도와 압록강 중상류 일대의 정치 세력들이 국가 형태를 갖추어가고 있었던 만큼 이 세력들의 중국계 유이민에 대한 처우도 지속적인 이주에 일정한 영향을 주었을 가능성이 있다. 다시 말해 화북 유이민의 한반도 및 만주 일대로의 이주는 이들이 미지의 영역에 우연히 귀착한 결과라기보다는 오랜 시기에 걸쳐 해당 지역의 여러 이점이 알려진 가운데 이루어졌을 가능성이 높다. 이에 대해서는 후한 말부터 나타나는 고구려의 중국계 이주민 수용 기록을 통해서도 일부 살펴볼 수 있다.

> 중국이 크게 어지러워지자 한인들이 난리를 피해 (고구려로) 내투해오는 자들이 많았다. 이때는 한 헌제漢獻帝 건안建安 2년이었다.[11]

> 가을 8월에 한漢의 평주인平州人 하요夏瑤가 백성 1천여 가를 이끌고 내투하였다. (산상)왕이 이를 받아들이고 책성柵城에 안치했다.[12]

2008, 30~35쪽.

10 이에 대해서는 李道學,「古朝鮮의 成長과 交通路」,『國史館論叢』74, 1997, 144~145쪽; 박준형,「古朝鮮의 海上交易路와 萊夷」,『북방사논총』10, 2006, 171~191쪽을 참조.

11 "中國大亂 漢人避亂來投者甚多 是漢獻帝建安二年也"(『三國史記』高句麗本紀 故國川王 19年).

12 "秋八月 漢平州人夏瑤 以百姓一千餘家來投 王納之 安置柵城"(『三國史記』高句麗本紀 山上王 21年).

첫 번째 기록에서는 중국의 '대란大亂'으로 말미암아 많은 한인 유이민이 고구려로 넘어왔음을 전하고 있다. 후한 말인 건안 2년(197)에 중국에서 '대란'이라고 할 만한 상황은 184년 이래 20여 년간 계속된 농민반란인 황건黃巾의 난, 그리고 그 여파로 각지에서 일어난 민란과 군웅할거로 인해 후한의 지배체제가 붕괴되어가던 상황을 가리킨다.[13]

후한 중기 이후 하내河內·하남河南·기주冀州·연주兗州·청주青州·서주徐州·예주豫州 등 황하 중하류 지역에서 잇따른 자연재해로 빈민·기민飢民·유민流民이 다수 발생했는데, 이 지역들은 전통적인 농업 생산지이자 인구 밀집 지역이었다.[14] 안제安帝대 이후 자연재해로 생겨난 유이민 외에도, 서쪽의 이민족인 강羌과 전쟁을 치르면서 막대한 재정이 소모되고, 그 여파가 다시 재정 악화와 조정의 매관·매작, 관리들의 가렴주구 등으로 이어지는 악순환을 불러와서 후한의 국정을 더욱 혼란스럽게 만들었다. 이는 결국 계속된 유이민의 증가와 함께 중평中平 원년(184) 황건의 난이 발발하는 주요 원인이 되었다.[15]

이때 황하 중하류를 중심으로 한 관동 지역은 황건 반란군의 주요 활동 지역이자 유이민이 다수 발생하는 지역이었다.[16] 황하 중하류 유역에서 요동과 한반도 지역으로 이동하는 경로는 지금의 산서山西·하북河北·요서遼西·요동遼東으로 이어지는 육로, 또는 산동반도와 요동반도를 잇는 해로가 있다. 이 경로를

---

13 "是後 張角作亂 稱黃巾 遂破壞四方 疲於賦役 多叛者 上不改政 遂致天下大亂"(『後漢書』 卷30 志 第13 五行一 難禍).

14 최진열, 「後漢末 黃巾賊 봉기와 流民」, 『동양사학회 학술대회 발표논문집』 2021-1, 동양사학회, 2021, 49~50쪽.

15 최진열, 위의 논문, 51~74쪽을 참조.

16 大淵忍爾, 「황건黃巾의 난과 오두미도」, 『(세미나) 위진남북조史』, 서경문화사, 2005, 40~41쪽.

통해 다수의 중원 계통 주민이 고구려로 유입되었을 것이다.

후한 말의 이주민들 가운데 일부는 1차 목적지를 고구려 지역으로 정해서 이동한 경우도 있었겠지만, 육로로 이동하는 과정에서 유주와 요동 지역에 웅거하던 군웅 세력들 밑에 일정 기간 거류하다가 이후 재차 고구려로 이주한 경우도 많았을 것이다. 예컨대 188년 유주목幽州牧에 부임했던 유우劉虞의 예하에는 청주(산동성 일대)와 서주(강소성 일대)의 사민士民 100만여 명이 난리를 피하여 귀부했다고 전하고,[17] 190년에 요동후 겸 평주목을 칭하며 요동·요서 지역에서 자립한 공손도公孫度 세력도 이 지역에서 자립하는 동안 중원에서 난리를 피해 온 사민을 다수 받아들였다고 한다.[18]

이처럼 화북 유이민 집단들은 하북·요서 일대의 세력 간 대결과 전란의 과정에서 좀 더 안정적인 거처를 찾아 다른 지역으로 재차 이동해갔다. 그들이 귀착지로 고구려를 선택하기도 했다는 것은, 이미 197년을 전후한 시기에 고구려가 중국계 유이민을 적극적으로 수용하고 그들이 적절한 생계 유지와 기타 상응하는 처우를 받을 수 있도록 노력했음을 보여준다. 고구려의 이러한 정책은 후한 말의 혼란이 장기화됨에 따라 상당 기간 지속되었을 것이다.

197년 이후 3세기 초반까지도 요동·요서 일대의 세력 변동으로 혼란한 상황이 전개되었다는 점, 중국에서 위·촉·오 삼국이 정립하여 이전의 혼란이 일단 수습되는 것이 220년경에 이르러서였다는 사실 등으로 보건대,[19] 한인 유이민의 고구려 유입은 3세기 초반에도 산발적으로 발생했을 가능성이 높다. 앞서 두 번째 기록에 등장하는 한인 하요夏瑤의 1천여 가도 그 시기와 이동해온 경로

---

17 『資治通鑑』卷51 漢紀 孝獻帝 初平 元年(190).

18 『資治通鑑』卷52 漢紀 孝獻帝 初平 2年(191).

19 가와카쓰 요시오 지음, 임대희 옮김, 앞의 책, 2004, 20쪽.

를 살펴볼 때 후한 말의 유이민 파동으로 인해 고구려로 이동해온 주민집단으로 생각해볼 수 있다.

하요의 출신지는 '평주平州'라고 했지만, 217년(산상왕 21)을 전후한 시기에 중원왕조에서 정식으로 평주라는 행정구역을 두었던 기록은 보이지 않는다.[20] 다만 후한대 군벌인 공손도가 요동 일대에서 자립하는 과정에 평주목平州牧을 자칭하였다는 기록이 있는데,[21] 이때 그 관하의 지역을 평주로 통칭했을 수 있다. 앞의 『삼국사기』 기록에서 하요가 평주인으로 표기된 것은 그가 고구려로 망명하기 이전에 공손씨 세력하의 평주 출신이었거나, 그 지역에 일정 기간 의탁해 있었기 때문일 가능성이 농후하다.

두 기록으로 미루어 후한 말 유이민의 고구려 유입은 2세기 말부터 3세기 초반까지 지속된 현상으로 보는 것이 타당하다. 즉, 중원왕조의 혼란으로 인해 기존에 알려져 있던 루트를 거쳐 화북의 이주민들이 대거 흘러 들어왔으며, 당시 압록강 이북과 요동 이동以東 지역을 장악하고 있던 고구려가 이들을 지속적으로 수용했던 양상을 보여주는 것이라고 할 수 있다.

---

20 『후한서』 군국지에 평주가 등장하지 않는다는 점을 근거로 平州와 자형字形이 유사한 幷州의 오기일 가능성이 제기된 바 있다(徐炳國, 「中國人의 高句麗流亡과 遼東開墾」, 『白山學報』 34, 1987, 9쪽).

21 초평初平 원년(190)부터 건안 9년(204) 사이의 어느 시기에 요동에서 자립한 공손도가 요동후遼東侯 평주목平州牧을 자칭한 바 있으며(『三國志』 卷8 魏書8 二公孫陶四張傳 第8 公孫度), 조위대曹魏代인 238년에 평주가 일시적으로 설치되었다가 폐지된 바 있다(『讀史方輿紀要』 卷2 歷代州域形勢 2). 후대에는 서진 초 276년에 평주를 새로 설치하여 유주 산하의 창려昌黎·요동遼東·현도玄菟·대방帶方·낙랑樂浪 등의 군을 속하게 했다고 한다["後漢末 公孫度自號 平州牧 及其子康 康子文懿並擅據遼東 東夷九種皆服事焉 魏置東夷校尉 居襄平 而分遼西·昌黎·遼東·玄菟·樂浪五郡爲平州 後還合爲幽州 及文懿滅後 有護東夷校尉 居襄平 咸寧二年(276) 十月 分昌黎·遼東·玄菟·帶方·樂浪等郡國五置平州 統縣二十六 戶一萬八千一百"(『晉書』 卷14 志 第4 地理上 平州)].

주목되는 것은 고구려가 한인 하요와 그에 딸린 백성 1천여 가를 동쪽 변경인 책성 지역에 안치했다는 사실이다. 후한 말에 발생한 화북 유이민 다수는 본래 우수한 농경 기술을 가지고 정착 생활을 하던 농경민이었다. 인신에 대한 수취 비중이 큰 고대의 사회·경제적 발전 단계를 고려할 때 한인 유이민이 갖는 국가적 효용성이 적지 않았을 것이다. 책성의 위치는 현재 고구려 유물이 출토되는 살기성薩其城[22] 또는 온특혁부성溫特赫府城이 유력한데,[23] 모두 혼춘강과 두만강의 삼각 충적평원에 자리하고 있다. 이러한 점을 헤아려보면 이 한인 유이민 집단의 안치가 지역 개발과 수취 기반을 확대하기 위한 목적이었다고 보는 기존의 견해도 무리한 추정만은 아니다.[24] 즉, 늦어도 3세기 단계부터 이미 고구려가 변경의 미개발지 활용과 수취 기반의 확대 목적으로 중국계 이주민을 수용했을 가능성이 있다. 이는 중국에서 사상 최대의 유이민 파동이 일어났던 4~5세기에 고구려가 이주민들을 영토 내에 안치했던 배경과도 관련하여 생각해볼 필요가 있다.

4세기 초에는 영가의 난으로 인해 서진 정권이 급격하게 붕괴되었다. 이에 북방 호족들이 화북으로 점차 세력을 확장해갔으며, 잇따른 자연재해 및 기근에 대한 국가적 조처는 전무했다. 이 때문에 회수 이북의 사주·연주·예주·기주·유주·병주·평주·옹주·양주·진주·청주에 걸친 광범위한 지역에서 유이민이 다수 발생했는데, 이 지역에 여러 정치체가 난립하는 와중에 유이민 파동은 거

---

22 嚴長錄·鄭永振,「연변의 주요한 고구려 고성에 대한 고찰」,『延邊大學第1次朝鮮學國際學術討論會論文集』, 1989, 259쪽.

23 李健才,『東北史地考略』, 吉林文史出版社, 1986.

24 林起煥,「高句麗 集權體制 成立過程 硏究」, 慶熙大 博士學位論文, 1995a, 127~128쪽; 김현숙,『고구려의 영역지배방식 연구』, 모시는사람들, 2005, 102쪽.

의 100여 년에 걸쳐 지속되었다.[25]

4세기 초반 이래의 화북 유이민 파동이 고구려에 미친 장기적인 영향과 그들의 수용 배경에 대해서는 요서·요동 지역에 여러 정치체가 난립하여 세력 경쟁을 했던 상황, 그리고 이 지역으로 화북 유이민이 다수 유입되었던 상황 등을 함께 검토할 필요가 있다. 영가의 난 이후 한인들은 단순히 강남 지역으로만 이주해간 것이 아니라, 화북의 한인 세력하에 의탁해 있다가 비교적 안정된 형세를 유지하고 있던 후조나 요서·요동 일대의 선비 모용부와 같은 이민족 세력 쪽으로 최종 이주해가기도 했다.[26] 이 가운데는 물론 군사적으로 정복당하여 강제로 이주되는 경우도 있었지만, 각국의 적극적인 유이민 확보 정책에 따라 자발적으로 이주한 사례도 있었다.

> 처음 중국의 사민 중 피란한 자들 다수가 북쪽으로 왕준王浚에게 의탁하였는데, 왕준이 능히 위무하지 못하고 또 정법政法이 서지 않았으므로 사민이 왕왕 다시 그를 떠나갔다. 단씨段氏 형제는 오로지 무용武勇을 숭상하고 사대부를 예우하지 않았다. 오직 모용외만 정사를 신중하고 청명하게 하였으며 인물을 아끼고 중시하였다. 고로 사민이 다수 그에 귀의하였다. (모용)외는 그중 영민하고 준수한 자를 등용하여 재주에 따라 일을 주었다.[27]

---

25 朴漢濟,「東晉·南朝史와 僑民」,『東洋史學研究』 53, 1996, 4~7쪽.

26 영가의 난 이래 향촌 주민을 이끌고서 왕준王浚과 최비崔毖의 세력을 거쳐 모용'연燕'으로 최종 귀부했던 한인漢人 사족士族의 사례가 문헌 기록에도 다수 등장하는데 대표적으로 고첨高瞻과 황홍黃泓 집단이다(『晉書』 卷108 慕容廆載記 附高瞻; 『晉書』 卷95 列傳 第65 藝術 黃泓). 이와 관련해서는 池培善,「高瞻」,『金文經教授 停年退任紀念: 동아시아사 연구논총』, 혜안, 1996, 538~552쪽을 참조.

27 "初 中國士民避亂者 多北依王浚 浚不能存撫 又政法不立 士民往往復去之 段氏兄弟專尚

(황홍黃泓은) 영가의 난이 일어나자 발해 사람 고첨高瞻과 함께 유주로 피란 갔다. (황홍이) 고첨을 설득하여 이르기를, "왕준은 사리에 어둡고 사나워서 끝내 필시 이루는 것이 없을 것이오. 의당 오래도록 안정을 도모할 수 있는 곳으로 떠나는 문제를 생각해야 할 것 같소. 모용외는 정사를 신중하고 청명하게 하며 허심탄회하게 사람들을 맞아들이오. 또 참언에 따르면 진인眞人이 동북쪽에서 나온다고 하니 혹시 이 사람이 아니겠소?"라고 하였다.[28]

이때 낙양과 장안(二京)이 함락되고 유주와 기주가 점령되었다. (모용)외는 형정을 잘 다스렸고 겸허하게 받아들이니, 유망流亡하던 사서士庶가 대부분 포대기로 아이를 업고 그에게 귀부하였다. 모용외가 군을 세워 유이민을 거느리게 하니, 기주인冀州人은 기양군冀陽郡, 예주인豫州人은 성주군成周郡, 청주인青州人은 영구군營丘郡, 병주인并州人은 당국군唐國郡에 편제하였다. 이에 어질고 재능 있는 이들을 발탁하여 각 방면의 정무를 맡겼다. …(중략)… 평원인平原人 유찬劉讚은 유학에 널리 통하였는데 (모용외가 그를) 모셔와서 동상東庠의 좨주祭酒로 삼았다. 그 세자 모용황慕容皝은 귀한 자제들을 인솔하여 (유찬에게) 선물을 바치고 수업을 받았다. 모용외는 정사를 돌보는 중에도 틈틈이 친히 임하여 가르침을 들으니, 이에 길에서는 찬미하는 노랫소리가 들렸고 예禮로써 사양하는 미덕이 흥해졌다.[29]

武勇 不禮士大夫 唯慕容廆政事修明 愛重人物 故士民多歸之 廆擧其英俊 隨才授任"[『資治通鑑』卷88 晉紀10 孝愍建興 元年(313) 4月].

28 "永嘉之亂 與渤海高瞻避地幽州 說瞻曰 王浚昏暴 終必無成 宜思去就以圖久安 慕容廆法政修明 虛懷引納 且讖言眞人出東北 儵或是乎"(『晉書』卷95 列傳 第65 藝術 黃泓).

29 "時二京傾覆 幽冀淪陷 廆刑政修明 虛懷引納 流亡士庶多襁負歸之 廆乃立郡以統流人 冀州人爲冀陽郡 豫州人爲成周郡 青州人爲營丘郡 并州人爲唐國郡 於是推擧賢才 委以庶政

위 세 기록은 4세기 초반 화북 유이민이 자발적으로 요서의 선비 모용부 세력에게 귀부해간 사실을 알려준다. 첫 번째 기록에서 왕준은 원래 서진의 영삭장군 지절도독유주제군사의 지위에 있다가 영가의 난 이후 자립하여 유주 일대에서 독자적인 세력을 형성하고 있던 인물이었다.[30] 309년경 요동이 혼란에 빠지자 그는 311년에 처남 최비를 동이교위로 임명하여 요동에 파견했다. 이는 한편으로 요동을 장악해가던 모용외 세력을 견제하려는 의도이기도 했다.[31] 그러나 유주의 왕준과[32] 요동의 최비 세력은 그 일대로 이주해온 한인 유이민을 정착시킬 의지가 적었고, 정책도 미비한 상황이었다. 이 같은 사정은 요서의 선비족 일파인 단부段部 역시도 마찬가지였던 것으로 보인다.[33]

두 번째와 세 번째 기록에 의하면, 이주민들은 왕준이 있던 유주 지역을 거쳐서 요서와 창려로 옮겨갔고 결국 가장 변경에 위치한 모용외 세력에 귀부하였다. 선비 모용외 세력은 다른 세력과는 대조적으로 영가의 난 이후 발생한 요동 일대의 혼란을 수습하면서 이전의 군현 지배질서를 형식적으로나마 회복시켰고,[34] 동진 정권에 근왕적 태도를 취하며 한족 왕조와 유사한 국가체제를 구

…(중략)… 平原劉讚儒學該通 引爲東庠祭酒 其世子皝率國冑東脩受業焉 廆覽政之暇 親臨聽之 於是路有頌聲 禮讓興矣"(『晉書』卷108 慕容廆載記).

30 『晉書』卷39 列傳 第9 王沈 子浚.

31 공석구,「高句麗와 慕容‘燕’의 갈등 그리고 교류」,『강좌 한국고대사(4)』, 駕洛國史蹟開發研究院, 2003, 56~57쪽.

32 311년 7월부터 왕준은 스스로 승제承制를 칭하고 자신의 아들을 황태자로 세우는 등 진조晉朝에 반하는 독립 세력으로서 면모를 나타냈다(『資治通鑑』卷87 晉紀 9 永嘉 5年 秋 7月).

33 關尾史郎,「前燕政權(337~370)成立の前提」,『歷史學硏究』488, 1981, 15쪽.

34 『晉書』卷108 載紀8 慕容廆. 孔錫龜, 앞의 책, 1998, 28~30쪽.

축하려고 노력하였다.[35] 이런 까닭으로, 하서의 장씨張氏나 병주의 유곤劉琨, 유주의 왕준, 그 밖에 요서의 단부 세력 예하에 의지하던 한인 이주민이 점차 이탈하여 모용외 세력 쪽으로 최종 귀착했던 것으로 보인다.[36]

세 번째 기록을 통해서는 이주민들이 기주·예주·청주·병주 등 다양한 지역으로부터 왔다는 사실을 알 수 있다. 그리하여 요서 지역에 머물렀던 이주민의 규모는 수만 호에 달하였다.[37] 이와 관련해 모용부가 302년 이래로 309년, 311년, 313년, 314년, 319년에 중원에서 도망쳐온 유민들을 받아들여 수도 인근에 안치했을 즈음, 이 시기 동안 편입된 유민과 외부로부터의 투항자·피정복민 등을 합하면 최소 15만 8,000여 호가 넘으며[38] 이주민들의 본적지가 최소 10주 15군에 이르렀다고 보는 견해도 있다.[39]

모용부 세력이 이처럼 적극적으로 한인 유이민을 수용한 이유는 한인 사족과 그들이 이끌고 온 주민을 정권 내부로 끌어들여 경제 기반 확충에 활용하거나 정치기구 확립에 이용하기 위해서였다. 모용부 세력은 초기에 부족 정권의 확립이라는 목표를 위해 주변 민족을 정복하여 스스로 역량을 과시하였고, 농업 생산을 적극 전개해서 잉여생산물을 축적하는 등의 방식으로 세력을 키워나갔다.[40]

---

35 『晉書』卷108 載記 慕容廆; 『資治通鑑』卷87 永嘉5年 12月. 이춘호, 「五胡時期 慕容前燕의 건국과 그 성격」, 『동양사학연구』113, 2010, 74~84쪽.

36 朴漢濟, 『中國中世胡漢體制研究』, 一潮閣, 1988, 37~38쪽; 여호규, 「4세기~5세기 초 高句麗와 慕容'燕'의 영역확장과 지배방식 비교」, 『한국고대사연구』67, 2012, 86~87쪽.

37 "孔萇攻代郡 澹死之 時司·冀·幷·克州流人數萬戶在于遼西"(『晉書』卷104 石勒載記上).

38 최진열, 「前燕 昌黎時代(289~350)의 遼西·遼東 통치」, 『東洋史學研究』155, 2021, 25쪽.

39 최진열, 「十六國前期 諸國의 流民 대책」, 『中國古中世史研究』56, 2020, 212~213쪽.

40 關尾史郎, 앞의 논문, 1981, 13쪽.

이 과정에서 모용부 세력은 귀부한 한인 사족들 가운데 현재賢才나 능리能吏를 적극 등용하여 중앙조직 정비와 지방 한인의 통치 등에 활용했으며,[41] 그들이 데려온 한인 이주민들은 본적지에 따라 구분한 뒤 영토 내에 안치시켜 수취기반으로 삼았다.[42] 본래 모용부 세력은 수렵과 유목을 기반으로 했으나 수많은 한인 농경민이 정착해옴에 따라[43] 국가의 산업 기반을 농목農牧 성격으로 전환할 수 있게 되었고, 결과적으로 화북 일대에서 상당히 안정된 세력 기반을 구축하게 되었다.[44] 모용부뿐만 아니라 석륵의 후조, 전량前涼 등 화북의 여러 국가들이 한인 사족과 그들이 이끌고 온 주민을 자기들 정권 내부로 끌어들여 경제기반 확충에 활용하거나 정치기구 확립에 이용했다.[45]

4~5세기에 중국계 유이민의 일부는 고구려로 이주하기도 했다. 모용부나 후조·전량 등 주변 국가들의 사례로 미루어 볼 때, 유이민이 고구려로 이주한 데는 그들을 적극적으로 수용하고자 했던 정권의 의지와 의도도 중요한 변수로 작용했을 것이다.[46] 즉, 고구려 역시 4~5세기의 혼란스러운 국제 정세 속에서 유이민을 적극적으로 수용하고자 했던 것이다.

---

41 田村實造,「東アジアの民族移動」,『京都大學文學部紀要』12, 1968, 73~77쪽; 朴漢濟, 앞의 책, 1988, 40~43쪽.

42 『資治通鑑』卷89 愍帝 建興2年(314).

43 한인漢人 유이민의 규모가 워낙 컸기 때문에 모용외 정권 당시 이미 호구 수가 이전의 열배에 달했고, 유입되는 주민 수에 비해 토지가 부족해서 전지田地가 없는 사람이 열에 서너 명이나 됐다고 전한다[『資治通鑑』卷97 晉紀19 穆帝 永和 元年(345)].

44 田村實造,「ボヨウ王國の成立と性格」,『東洋史研究』11-2, 1951, 104~109쪽.

45 田村實造, 앞의 논문, 1968, 25~26쪽, 70~71쪽; 김영환,「5胡16國時期 羯族 정권 後趙의 文化變容 硏究」,『중국학연구』30, 2004, 602~612쪽; 三崎良章 지음, 김영환 옮김,『五胡十六國』, 景仁文化社, 2007, 176~177쪽.

46 이성제, 앞의 논문, 2011, 500쪽.

고구려가 그들을 수용한 배경과 관련해서 당시 화북의 오호 국가들이 서로 경쟁적으로 한인 주민을 확보하려고 노력했던 시기였음을 고려해야 한다. 이 시기 고구려와 화북의 세력은 종족적·지리적 배경이 다르므로 유이민 수용의 목적을 단순하게 비교할 수는 없다. 4세기 당시 후조와 선비 모용부 등이 한인 사족들을 중용한 목적은 본래 유목사회를 기반으로 했던 호족胡族 정권이 한인 이 다수 거주하는 농경지대에 국가를 세웠기 때문이다.[47] 이들은 한인 농경사회의 수취 방식에 토대한 새로운 지배체제로의 전환을 모색해야 했기에 유교적 학식과 경험을 갖춘 한인 사족들을 다수 등용할 필요가 있었다.[48]

반면 고구려는 선비·갈족 세력들과 달리 4세기 이전부터 이미 농업을 국가의 주요 산업 기반으로 삼았으며, 기본적으로 영토 내에 거주하는 한인 주민의 규모에서도 화북에 자리 잡은 전연·후조 등의 국가들과는 큰 차이가 있었을 것이다. 따라서 한인 출신 망명인들을 중앙의 요직에 임명하고 관제를 비롯한 국가의 전반적인 체제를 한족 왕조처럼 전환했던 오호 국가들의 사례를 고구려와 단순하게 비교하기는 어려운 측면이 있다.

다만 그 시기 고구려가 미천왕대 이래 4~5세기 내내 요동 지역을 둘러싸고 전연·후연 등과 치열하게 경쟁하는 상황이 지속되었음을 주목할 필요가 있다. 4세기 전반에 요동 일대에서 웅거했던 동이교위 평주자사 최비를 비롯해 요서에 있던 우문부宇文部 세력이 패망하게 된 주된 요인은 귀부해온 한인 이주민을 안정시키지 못한 데 있으며, 또한 그들이 모용부 세력 쪽으로 계속 유입해가는 것을 방지하지 못한 데 있었다. 이는 결국 모용부 세력이 강성해지는 결과로 이

---

47 4세기 당시 화북의 인구 가운데 한인漢人과 호인胡人의 비율은 2.5 : 1 또는 3 : 1 정도로 한인의 수가 압도적이었다(田村實造, 앞의 논문, 1968, 59쪽).

48 三崎良章 지음, 김영환 옮김, 앞의 책, 2007, 183쪽.

어졌다.[49]

이후 요동의 최비는 은밀히 고구려 및 단부·우문부와 연합하여 모용외를 공격하려고 했지만[50] 이들 세력은 각기 이해관계가 달랐고, 이를 간파한 모용외의 이간책에 넘어가 내부 분열이 생겼다.[51] 이는 319년에 최비가 고구려로 망명하고,[52] 단부·우문부 등이 패망하는 결과로 이어졌다. 이러한 정세 속에서 고구려도 모용부 세력이 4세기 이래 중국계 이주민을 확보하며 점차 강성해지는 상황을 경계하지 않을 수 없었을 것으로 생각되는데, 이는 결국 요서·요동으로 이주하여 모용부 세력하에 들어갈 가능성이 있는 화북의 중국계 유이민을 적극적으로 회유하고 수용하는 조치로 귀결되었을 가능성이 크다.

4세기 초반 이래 화북 일대의 여러 세력이 상쟁하는 혼란기 속에서 유이민은 더 안정된 지역으로 재차 이동해가는 경향을 보였다. 고구려는 요서·요동 일대의 정세를 관망하면서 주변 경쟁 세력들의 성장에 주요 변수가 되었던 유이민을 적극적으로 회유하고 수용할 필요성을 느꼈던 것으로 보인다. 그리하여 한인 농경민이 다수를 이루었던 이들을 영토 내에 안치시켜 수취 기반으로 활용했을 가능성도 적지 않다.

그렇다면 4세기 이래 장기적으로 진행된 고구려의 중국계 이주민 수용은 막연히 이주 지식인들로부터 선진 문물과 지식을 확보하려는 목적으로만 국한하기는 어렵다. 오히려 다양한 계통의 이주민 확보를 통해 수취 기반을 확대하고,

---

49 "初 中國士民避亂者 多北依王浚 浚不能存撫 又政法不立 士民往往復去之 段氏兄弟專尚武勇 不禮士大夫 唯慕容廆政事修明 愛重人物 故士民多歸之 廆擧其英俊 隨才授任"[『資治通鑑』卷88 晉紀10 孝慇建興元年(313) 4月].

50 『資治通鑑』卷91 晉紀13 大興2年.

51 김미경, 앞의 논문, 2007, 140쪽.

52 『資治通鑑』卷91 中宗元皇帝 太興2年 12月.

궁극적으로는 주변 세력들과의 경쟁 상황을 자국에 유리하게 이끌어가기 위한 하나의 정책 수단이라고 볼 수 있다.

2. 4세기 고구려의 이주민 수용

4~5세기에 화북 동북부에서 요서-요동-고구려로 이어지는 공간은 단순히 인적 유동流動이 이루어지는 통로였을 뿐만 아니라 여러 정치체들이 공동의 이 해관계를 두고 상호 경쟁 및 연합을 이루기도 하는 지역적 '연속성'을 띠고 있었다.[53] 실제로 요서·요동 일대의 혼란상이 지속되면서 이 지역에 기반을 두었던 몰락한 세력가 혹은 이주민 집단이 고구려로 유입된 사례가 문헌에 다수 보인다.

〈표 3〉을 보면 4세기 초반 이래 여러 지역의 망명인들이 고구려로 들어왔음을 알 수 있다. 『삼국사기』 및 중국 측 사료에는 서진 멸망 이후 4세기에 화북에서 발생한 중국계 망명인 혹은 이주민 집단이 육로를 통해 고구려로 이주한 사실이 나타난다. 이들은 발해군(㉮), 요동군(㉯), 요서 서북부(우문부선비 ㉰), 유주·기주(㉱) 등 다양한 곳에서 이주해왔는데, 이처럼 고구려와 인접하지 않은 곳들을 포함한 넓은 범위의 지역으로부터 장기간 이주민들이 유입된 것은 단순한 우연이 아닌, 고구려 측의 회유 또는 적극적인 수용 정책과 관련되었을 가능성이 높다.

중국계 이주민의 고구려 이주와 관련하여 〈표 3〉의 ㉱ 사례를 자세히 살펴보자.

---

53 三崎良章 지음, 김영환 옮김, 앞의 책, 2007, 141~142쪽.

<표 3> 4세기 고구려로 유입된 중국계 망명인

	연대	내용	출처
㉮	307~313	발해수인 고고高顧·고무高撫가 서진 말 영가 연간에 난을 피해 고구려로 귀부	『魏書』卷83下 列傳 第71下 高肇 『魏書』卷77 列傳 第65 高崇
㉯	319	요동 일대에서 웅거하던 동이교위 평주자사 최비 망명	『三國史記』卷17 高句麗本紀 第5 美川王 20年
㉰	336	선비 모용씨 정권하에서 사마를 역임했던 동수와 곽충郭充 망명	『資治通鑑』卷95 晋成帝 咸康 2年 正月
㉱	338	전연 동이교위 봉추封抽, 호군 송황宋晃, 거취령 유홍游泓 망명	『資治通鑑』卷95 晋成帝 咸康 4年
㉲	345	우문부 왕 일두귀逸豆歸가 전연에게 패한 뒤 귀부	『魏書』卷101, 列傳 85, 匈奴宇文莫槐傳
㉳	370	전연 태부 모용평慕容評 망명	『資治通鑑』卷102 晉海西公 太和 5年
㉴	385	유주·기주의 유이민 다수 유입	『資治通鑑』卷106 晉紀 第28 孝武帝 太元 10年 11月

※ 이 표는 孔錫龜, 「4~5세기 고구려에 유입된 중국계 인물의 동향」, 『韓國古代史研究』 32, 2003, 133 쪽의 <표 1>을 기본으로 하여 일부 내용을 추가했다.

연왕 모용수慕容垂가 모용농慕容農을 사지절도독유평이주제군사·유주목으로 삼아 용성을 지키게 하고, 평주자사인 대방왕 (모용)좌佐를 옮겨서 평곽을 지키게 하였다. 이때 모용농이 법률과 제도를 새로 만들어서 일은 관대하고 간편하게 하도록 하였으며, 형옥을 투명하게 하고 부역을 줄이며 농업과 잠업을 권하여 주민이 부유하고 넉넉하게 되자, 사방의 유민流民이 앞뒤로 이르는 자가 수만 명이었다. 이에 앞서 유주·기주의 유민이 고구려로 많이 들어갔는데, 모용농이 표기장군부의 사마司馬인 범양 사람 방연龐淵을 요동태

수로 삼아서 (그들을) 귀부하게 하였다.[54]

370년에 전연이 전진에게 멸망당하였고, 이어서 383년에는 전진이 비수淝水 전투에서 동진에 패한 뒤 쇠퇴하면서 북중국에는 분열 양상이 나타났다. 이에 384년 모용수가 중산에 도읍하여 후연을 세웠는데, 후연 건국을 전후한 혼란기에 유주·기주 일대의 주민 다수가 전란과 기근 등을 피해 고구려로 이동해갔다.

위 기록은 후연이 이 지역 주민의 유망流亡 현상을 점차 수습해가는 과정을 보여주는데, 이에 따르면 모용농이 방연龐淵으로 하여금 유주와 기주의 유이민을 귀부하게 하는 과정에서 부역을 줄이고 농잠을 권하여 주민을 부유하게 하는 조치를 시행했다. 이로 미뤄 볼 때 당시 이주해온 유주·기주의 유민은 대부분 정착 생활을 했던 농경민으로 볼 수 있다. 후연에서 방연을 요동태수로 삼아 요동 일대로 들어온 유주·기주의 유이민을 귀부하게 한 것은 일부 주민에 대한 귀속을 자기 쪽으로 강제했을 가능성도 보여주지만, 모용농의 정책이 성공하여 "사방의 유민이 앞뒤로 이르는 자가 수만 명이었다"는 언급은 이 지역으로 이주해온 유이민의 상당수가 자발적으로 이주했음을 보여주는 것이기도 하다.

그런데 이 기사의 문맥을 잘 살펴보면 385년에 후연의 모용농과 모용좌慕容佐가 각각 용성과 평곽에 부임하기 이전부터 유주·기주의 주민이 고구려로 유입되었음을 알 수 있다. 정확한 규모는 알 수 없으나 후연에서 요동태수를 임명하여 유이민들을 귀부하게 했다는 사실에 비춰 그 유입이 일회적이거나 작은 규모는 아니었던 것으로 추정된다. 또한 늦어도 402년 5월경에는 고구려가 요동

---

54 "燕王垂以農爲使持節都督幽平二州諸軍事幽州牧 鎭龍城 徙平州刺史帶方王佐鎭平郭 農 於是創立法制 事從寬簡 淸刑獄 省賦役 勸課農桑 居民富贍 四方流民前後至者數萬口 先 是幽冀流民多入高句麗 農以驃騎司馬范陽龐淵爲遼東太守 招撫之"[『資治通鑑』卷106 晉 紀28 孝武帝 太元十年(385) 11月].

지역을 완전히 장악했다고 보이는데,[55] 그 이후 고구려와 지리적으로 가까운 유주 예하 인접 군들의 주민이 계속 유입되었을 가능성이 있다.

화북의 유이민은 개별적으로 이동하는 경우도 있었지만, 본래 대부분 종족이나 향당을 최소 단위로 하는 집단적 형태로 결합하여 이동했고, 적게는 수백에서 많게는 수천을 이루는 대집단을 형성하기도 했다. 또한 전란의 와중에는 북방 이민족의 위협에 대비한 자위 목적으로 군사 집단화하였고, 그 결과 유민 수流民帥를 중심으로 결집한 군사·행정·생산 조직의 통일체 형태를 이루기도 했다.[56] 이러한 결집은 본적지에서 형성된 향토적 정의情誼와 종족 관념을 토대로 이루어졌는데,[57] 다른 한편으로는 오랜 이동의 과정에서 안정된 식량 수급과 신변 안전을 위한 방안이기도 했다.

그렇다면 중국계 이주민이 고구려로 이동할 경우에도 일정한 규모의 집단을 이룬 형태로 이동했을 가능성이 높고, 대개 사인士人 지도부의 영도하에 조직적으로 움직였을 것이다. 그런데 이러한 형태의 유이민 집단이 별다른 정보가 없는 상태에서 '막연한 기대'만 품고 고구려행을 결행하지는 않았을 터이다. 고구려가 이들 주민집단에게 안전을 보장하는 가운데 전연이 그랬듯이 고위 사인들에게는 정치·사회적 지위를 어느 정도 인정해주었을 것이며, 농경민이 다수였던 기층 주민에게는 생업에 종사할 수 있는 토지를 제공하고 부역 감면 등의 조건을 제시했을 것이다.[58]

---

55 孔錫龜, 앞의 책, 1998, 47쪽; 余昊奎, 「百濟의 遼西進出設 再檢討」, 『震檀學報』 91, 2001, 16쪽.

56 全相杰, 「北方流民의 軍事集團化와 東晉(317~420)의 對策」, 『分裂과 統合─中國 中世의 諸相』, 지식산업사, 1998, 55~64쪽.

57 葛劍雄, 『中國移民史(2)─先秦至魏晉南北朝時期』, 福州: 福建人民出版社, 1997, 316~317쪽.

58 6세기 전반 이후의 사례이기는 하지만 고구려는 북위 말 유이민의 지속적인 내투를 유도

4세기 후반 이래 고구려는 요동 지역을 두고 후연과 군사적으로 대립하는 등 경쟁 관계에 있었다. 이러한 상황에서 고구려든 후연이든 중국계 이주민이 상대 진영으로 대량 유입되는 것을 방해하거나 그들을 자기 진영으로 유도하여 영토 내에 안착시키려는 노력을 기울였을 것이다. 후연의 모용농이 유주·기주 주민의 확보를 위해 취했던 다양한 조치는 결국 고구려가 이전부터 행해왔던 이주민 회유 조치와 같은 목적으로 진행된 것으로 판단된다.

　　한편 고구려의 이주민 확보 정책과 관련해 4세기 중반에서 5세기 전반에 낙랑·대방군 고지 일대에서 새롭게 나타나는 한계 석실봉토벽화분과 전석혼축분이 주목된다. 이 고분들은 남포시 강서구역과 안악군 일대에 집중적으로 조영되었고 순천군과 평양시 일대에서도 일부 발견되며, 그 조영 전통은 요양 일대를 포함한 유주·기주 일대의 문화적 전통과 무관하지 않다. 이에 한계 벽화고분의 묘주는 대체로 중국계 인물로 보아왔다.[59]

　　고분 내 벽화 속의 인물들은 주로 중국식 복식을 착용한 형태로 묘사되었는데, 이는 고구려 수도인 집안 지역에 있는 고분벽화의 복식과는 분명한 차이를 드러낸다.[60] 이 고분들이 2군 고지에 활발하게 조영되는 4세기 중반에서 5세기

하기 위해 고위 망명인에게는 각별히 정치적으로 예우하고 그 예하 주민집단과의 유대 관계도 단절시키지 않았다. 이는 4세기 이래 유이민 파동에 대응하여 지속적으로 이루어졌던 정책적 조처로 생각할 수 있다. 이에 대해서는 이 책의 「보론: 6세기 고구려의 북위北魏 말 유이민 수용과 '유인遊人'」을 참조.

59　姜賢淑, 「古墳을 통해 본 4·5세기대 高句麗의 集權體制」, 『韓國古代史研究』 24, 2001, 55~56쪽.

60　孔錫龜, 「안악3호분 主人公의 冠帽에 대하여」, 『高句麗研究』 5, 1998, 181~191쪽; 정완진, 「고구려 고분벽화 복식의 지역적 특성과 변천」, 서울대학교 박사학위논문, 2003, 217쪽; 이경희, 「평양지역 고구려 고분벽화에 보이는 묘주복식의 성격」, 『韓國古代史研究』 56, 2009, 258~260쪽.

전반의 시기는 〈표 3〉의 ㉔에 보이는 다수의 유주·기주 출신 유이민이 고구려로 유입되는 4세기 후반의 시기 범위와도 겹친다. 즉, 2군 고지에서 장기간 나타나는 중국계 고분의 조영 집단은 같은 시기 고구려로 유입된 중국계 이주민 집단과도 무관하지 않다고 생각된다.[61]

또한 고구려가 4세기에 파상적으로 이주해온 중국계 망명인과 이주민 집단을 지속적으로 수용했던 것이 단순한 임기응변의 차원이 아닌 장기간의 정책적 차원에서 진행되었다면, 같은 시기에 그 일부를 2군 고지에 안치했던 것 역시 이러한 정책과 연관해 논의할 필요가 있다. 즉, 4세기에 고구려가 2군 고지에 중국계 이주민을 안치했던 배경은 같은 시기에 다양한 지역 출신의 이주민들을 지속적으로 회유하고 확보해온 정책과도 관련 있다고 보아야 할 것이다.

고구려는 4세기 이래 다양한 계기를 통해 유입된 중국계 이주민을 영토 내에 안치시켰던 것으로 추정된다. 현재 발견되는 고분 자료 및 고분 내부에 남아 있는 문자 자료를 통해 크게 국도國都와 지방(주로 2군 고지)에 안치시킨 경우로 구분해 볼 수 있다.[62] 국도(혹은 그 주변)에 안치된 대표적인 인물은 집안시 우산하 3319호묘의 묘주이다.[63] 이 무덤에서 출토된 와당에는 다음과 같은 명문이 있다.

---

61 孔錫龜, 앞의 책, 1998, 177쪽; 안정준, 「高句麗의 樂浪·帶方 故地 영역화 과정과 지배방식」, 『韓國古代史研究』 69, 2013a, 143~145쪽.

62 孔錫龜, 앞의 논문, 2003, 140~151쪽.

63 우산하 3319호분에 대해서는 고구려 왕릉으로 보는 시각(李展福, 「集安卷雲紋瓦當考辨」, 『社會科學戰線』 1984-4, 1984; 耿鐵華, 『高句麗考古研究』, 吉林文史出版社, 2004, 126쪽), 319년 고구려로 망명한 최비의 묘로 보는 시각(吉林省文物考古研究所·集安市博物館, 앞의 논문, 2005, 24쪽), 동진의 관작을 받고 고구려에서 관직 생활을 했던 한인漢人의 묘로 보는 시각 등이 있다(張福有, 「集安禹山3319號墓卷雲紋瓦當銘文識讀與考證」, 『中國歷史文物』, 中國國家博物館, 2005, 70쪽).

태세가 정사丁巳에 있는 해(357) 5월 20일에 중랑中郞과 부인夫人을 위해 무덤을 덮는 기와(蓋墓瓦)를 제작하였다. 또 동원된 백성이 4천이요, (緶盉: 해석 불가) (제사·봉안·부장 등에 쓰이는 것들을) 수용하여 사용했고, 때에 맞춰 흥興하고 예詣하였으니(제사의 수요를 충족시켰으니) 능히 만세를 누릴 것이다.[64]

위 기록에 따르면 정사년 5월 20일(357년 6월 23일)에 묘가 축조되었고,[65] 중랑을 역임했던 묘주와 그의 부인이 합장되었다.[66] 중랑은 낭중령郞中令에 속하여 궁문의 경비를 담당한 관직으로, 진대秦代에 설치되어 한대漢代에도 계속 남아 있었다. 동진대에는 종사중랑이라는 관직명으로 나오는데 수대隋代 이후 폐지되기까지 장군부의 막료로도 기능했다.

우산하 3319호 묘주가 망명 이전에 중랑직을 역임했다면 시기적으로 동진대의 관직이었을 가능성이 가장 높다.[67] 고분의 외형은 적석총이지만 내부는 전축구조이고 전실 내부의 벽면에서 벽화 흔적도 발견된다는 점,[68] 부장품으로 동진

---

64 "太歲在丁巳五月卄日 爲中郞[及]夫人造盖墓瓦 又作民四千 緶盉[秌]用 盈時興詣 得[享]萬世" 판독은 張福有, 「集安禹山3319号墓卷云纹瓦当銘文识读」, 『东北史地』 2004-1, 2004, 39~42쪽을 참조했으며, 이에 대한 해석은 張福有, 「集安禹山3319号墓卷云纹瓦当銘文考证与初步研究」, 『社会科学战线』 2004-3, 2004, 145~147쪽의 내용을 일부 참고하였다. 명문의 사진은 기경량, 앞의 논문, 2016, 60~62쪽에 제시된 것을 참고하기 바람.

65 무덤의 연대에 대해서는 '정사丁巳', '을묘년乙卯年'명과 같은 권운문 와당, 그리고 동진대의 청자 3점이 출토된 것을 근거로 4세기 중반(357)으로 비정한다(李殿福 著, 車勇杰·金仁經 共譯, 『中國內의 高句麗遺蹟』, 학연문화사, 1994, 242~243쪽).

66 張福有, 앞의 논문, 2005, 70쪽.

67 정호섭, 「高句麗 壁畵古墳의 銘文과 被葬者에 관한 諸問題」, 『高句麗渤海硏究』 36, 2010, 53쪽.

68 이는 묘주가 자기 본래의 전통을 고수하기 위해서, 혹은 사후 세계에서만큼은 중국인으

계 청자와 보요步搖 등이 나왔다는 점 등을 감안한다면,[69] 이 고분의 묘주는 중국계 망명인으로 보는 것이 적절하다.[70] 우산하 3319호분 외에 마선구 682호분도 외부는 계단식 적석 형태인데 반해 내부 구조는 전축분과 같은 전실로 만들어져 있다.[71] 이 같은 이유로 이 고분 역시 고구려로 망명해온 중국계 인물의 무덤으로 보기도 하며,[72] 이를 통해 국내성 지역에 안치되었던 중국계 망명인들이 더 존재했을 것으로 보기도 한다.[73] 이들은 고구려의 도성에서 자신들의 전통을 외부로 자유롭게 표현하기 어려운 환경 속에 거주했기 때문에 고분의 외형만큼은 고구려인들과 같은 적석총 형태로 조영했던 것으로 보인다.

위의 명문 내용에 따르면 백성 4천 명을 동원하여 제사·봉양을 위한 각종 기물과 용품을 만들었다고 한다. 동원된 인부 수는 다소 상투적인 어구로서 과장이 있다고 생각되지만, 고분 규모로 볼 때 상당한 인력이 필요했을 것이다. 그런데 일개 망명인인 그가 고구려의 수도 내에 기반이 없는 상태에서 스스로

로서의 정체성을 지키기 위함이었다고 보기도 한다(공석구, 「高句麗에 流入된 中國系人物의 動向」, 『高句麗硏究』 18, 2004, 490쪽; 여호규, 「4세기 高句麗의 樂浪·帶方 경영과 中國系 亡命人의 정체성 인식」, 『한국고대사연구』 53, 2009, 176쪽; 정호섭, 『고구려 고분의 조영과 제의』, 서경문화사, 2011, 217~218쪽).

69 吉林省文物考古硏究所·集安市博物館, 「通溝古墓群禹山墓區JYM3319號墓發掘報告」, 『東北史地』 2005-6, 2005.

70 정호섭, 앞의 책, 2011, 216~217쪽.

71 동북아역사재단 편, 『중국 소재 고구려 유적과 유물(Ⅴ)—통구분지 2』, 동북아역사재단, 2022, 98~100쪽.

72 정호섭, 앞의 책, 2011, 217쪽.

73 손인걸은 집안의 고분군 중에 외부가 고구려의 계단식 적석 형태인 반면 내부는 동진 시기의 전실 구조로 된 무덤이 여러 기 존재하며, 통구 683호묘의 형태도 이와 비슷하다고 말했다(孫仁杰, 「高句麗 石室墓의 起源」, 『高句麗硏究』 12, 2001, 954쪽).

의 역량만으로 큰 고분을 조영하기란 불가능했을 것이다. 이런 이유로, 묘주는 국내성 지역에 거주하면서 고구려와 동진 간의 정치·문화적 교류에 일정한 역할을 수행했을 것이며, 죽은 뒤에는 고구려 국왕의 배려로 거대한 고분에 묻혔을 것으로 추정하기도 한다.[74]

묘주가 실제로 고구려 정권의 대외 교섭 등과 관련해 모종의 직무를 수행했는지 여부는 분명하지 않으나, 정권의 배려 속에 우산하 지역에 큰 고분을 조영할 수 있었음은 분명하다. 또한 묘주와 그 일족은 모두 고구려의 강한 통제하에 있으면서, 동시에 고구려 사회의 중심부에 속해 있는 상황이었기에 대외적으로 자신들의 정체성과 소속감을 진실하게 드러내기는 어려웠을 것으로 생각된다. 다른 한편으로 본래의 장의 문화를 공유할 만한 이주민들이 주변에 다수 거주했을지도 의문이다. 고구려의 중심지인 국내성은 수도로서 협소한 편이라 다수의 이주민 집단이 장기간 군집하여 거주할 만한 여건을 갖추었다고 보기 어려우며, 고구려 정권이 도성 내 왕릉들이 있는 중심부 지역에 외래의 이주민 집단들을 다수 안치하는 결정을 내리지도 않았을 것이다.

요컨대 국내성 내에서 외부는 적석, 내부는 전실 형태를 갖춘 무덤들의 묘주는 고구려의 중심지에 개별적으로 안치되어 정권에 협조했던 망명인이었을 가능성이 높다. 이들은 고구려의 도성에 살면서 자신들의 정체성과 지향을 외부로 자유롭게 표현하기 어려운 환경 속에 거주했으며, 본래의 장의 문화를 공유할 만한 다수의 이주민들과 함께 거주했던 정황도 확실하게 드러나지 않는다. 다만 그 일족들은 겉으로 드러나지 않는 고분 내부를 본래의 장례 습성에 따라 전실로 구축하여 그곳에 묘주의 시신을 안치했던 것으로 생각된다. 이는 대외적으로 공개하지 않는 범위 내에서 자신들의 장례 전통, 더 나아가 중국인으로

---

74 정호섭, 앞의 책, 2011, 219~220쪽.

서의 정체성을 소극적으로나마 유지하려는 의도였다고 추정된다.[75]

3. 이주민의 낙랑·대방군 고지 안치

우산하 3319호분, 마선구 682호분 등의 사례와 달리, 수도 국내성에서 멀리 떨어진 2군 고지에서는 4세기 중반 이래로 고구려의 전통 묘제와는 거리가 있는 전석혼축분이나 한계 석실봉토벽화분이 다수 조영되었다. 이 가운데 외부에서 유입된 망명인의 고분으로 추정되는 경우를 차례로 살펴보자. 우선 황해북도 봉산군 사리원시에서 발견된 장무이묘를 들 수 있다. 이 고분 안에서 명문이 있는 전돌이 다수 발견되었는데, 무덤이 이미 무너진 상태에서 각 전돌들의 원래 위치가 불분명한 상태로 수습되었다.[76] 각각의 명문전에는 대부분 묘주인 장사군 혹은 장무이의 고분 조영과 관계된 내용이 기재되어 있다. 2023년에 국립

---

75 공석구, 「高句麗에 流入된 中國系人物의 動向」, 『高句麗研究』 18, 2004, 490쪽; 여호규, 「4세기 高句麗의 樂浪·帶方 경영과 中國系 亡命人의 정체성 인식」, 『한국고대사연구』 53, 2009, 176쪽; 정호섭, 앞의 책, 2011, 217~218쪽.

76 장무이 무덤의 명문전들은 일제강점기 발굴 조사 때 처음 발견되었다. 1911년 10월 황해도 봉산군에서 세키노 다다시關野貞의 조사단 일원인 야쓰이 세이이치谷井濟一가 태봉리 1호분의 연도부 조사를 간략히 실시하였는데 이때 총 6종의 명문전을 발견하였다. 이듬해인 1912년에 세키노 다다시가 다시 현실玄室을 추가 조사했고, "大歲戊在", "大歲在戊", "太歲申"이라는 명문전의 조합을 통해 태세太歲 무신년戊申年으로 파악하고 연대 추정을 하게 되었다(關野貞, 「朝鮮における樂浪帶方時代의遺蹟」, 『人類學雜誌』 29-10號, 1914). 2008년에 정인성은 도쿄대학에 소장된 장무이묘 출토 명문전들을 정리하여 사진과 탁본으로 제시했으며(이현혜·정인성·오영찬·김병준·이명선, 2008, 424~431쪽), 최근에는 김근식·안정준·정화승, 「樂浪·帶方郡 지역에서 출토된 年度가 기재된 銘文塼」, 『목간과 문자』 27, 2021, 168~175쪽에서 총 9종의 명문이 제시되었다.

중앙박물관에서 가진 실견회를 통해 파악한 명문전들을[77] 같은 문장끼리 묶고, 기재 방식(좌우반전 구분)을 기준으로 묶으면 총 10개의 명문 유형으로 분류할 수 있다.[78] 그 판독문과 해석문은 다음과 같다(※ 좌우반전된 글자는 해당 글자에 권점으로 표시함).

① 大歲在戊漁陽張撫夷塼

② 大歲戊在漁陽張撫夷塼

③ 太歲申漁陽張撫夷塼

➡ 대(태)세 무신년, 어양 출신 장무이의 전돌

④ (2行塼)哀哉夫人奄背百姓 子民憂感 / 夙夜不寧 永側玄宮 痛割人情 + 張使君 (小口)

➡ 슬프도다! 부인夫人이시여, 백성을 갑자기 등지고 가시니 (치하의) 백성이 애태우고 슬퍼하여 밤낮으로 평안하지 않았으며, 영원히 현궁(무덤)에 감춰지니 슬픔이 인정人情을 베는 듯하구나 + 장사군

⑤ (2行塼)天生小人供養君子千人造塼以葬 / 父母旣好且堅典齎記之 + 使君帶方太守張撫夷塼 (小口)

➡ 하늘이 낸 비루한 소인이 감히 용품을 갖춰 군자를 제사지내니, 1천 인으로서 전塼을 만듦에 부모를 장사 지내듯이 했다. 이미 좋고 또 견고하니, 예법대로 갖추어짐에 기록한다. + 사군 대방태수 장무이의 전돌

---

77 현재 국립중앙박물관에서 소장 중인 장무이묘 출토 전돌들의 현황과 특징에 대해서는 이나경, 「장무이묘 출토 명문전銘文塼의 고고학적 검토」, 『박물관과 연구』 1, 2024, 41~61쪽을 참고.

78 명문전의 구체적인 분류와 판독, 역주의 근거에 대해서는 안정준, 「장무이묘 출토 명문전의 내용과 작성 의도」, 『박물관과 연구』 1, 2024, 79~86쪽을 참고.

⑥ [八]月卄[八]日造塼日八十石[酒] + 張使君塼 (小口)

➡ 8월 28일 전塼을 만들었는데 80석주石酒가 들었다. + 장사군의 전돌

⑦ [無文·無紋樣](側面) + 張使君塼 (小口)

⑧ [無文·無紋樣](側面) + 張使君塼 (小口)

⑨ [無文·有紋樣](側面) + 張使君塼 (小口)

➡ ⑦·⑧·⑨는 해석 생략

⑩ 趙主簿令塼勲意不臥

➡ 조주부가 전塼 제작을 주관함에 정성스러운 마음에 눕지도 않았다.

장무이는 장씨에 무이撫夷라는 직명이 합쳐진 호칭으로 보이는데, 그의 출신지는 (기주) 어양군으로 기록되어 있다. 기존에는 이 무덤의 축조 연대를 ①·②·③의 태세太歲 무신년戊申年이라는 간지와 묘의 구조를 통해 추정해왔다. 초기에는 이 무덤을 궁륭상 천장 구조의 전형적인 전실묘 형태로 이해하여 그 축조 연대를 대방군이 존재했던 시기의 무신년인 288년으로 보았다.[79] 당시 군현 중심부에 대방태수의 무덤이 조영된 상황으로 파악한 것인데, 이는 곧 기존에 한강 유역으로 비정했던 대방군의 위치를 황해도 일원으로 바꾸는 결정적인 근거가 되었다.

그런데 이후 안악3호분의 동수 관련 묵서에서 장무이의 '무이'와 비슷한 '호무이교위護撫夷校尉'라는 관호가 발견되었다. 이를 근거로 장무이묘를 안악3호분과 비슷한 시기인 348년으로 보는 설이 제기되었지만[80] 결정적이고 확실한

79 關野貞, 「朝鮮における樂浪帶方時代の遺蹟」, 「人類學雜誌」 29-10號, 1914.

80 岡崎敬, 「安岳三號墳(冬壽墓)の硏究」, 「史淵」 93, 1964, 66쪽. 장무이묘의 축조 연대 논의와 관련해서는 정인성, 앞의 논문, 2010, 40~42쪽을 참고.

근거로 보기에는 부족했다. 하지만 이후에 장무이묘의 구조적인 특징이 다시금 주목을 받았다. 우선 장무이의 무덤은 전실과 현실로 이루어진 이실묘인데, 전실이 세장방형화細長方形化된 형태로서 보통 장방형 전실을 갖춘 이전 시기의 전축분보다 후대의 형태일 가능성이 제기되었다.[81] 또한 최근에는 이 묘의 현실 내부에서 발견된 대형 판석을 원래 천장에 얹혀 있던 형태(石蓋)로 파악하고 무덤의 구조를 전석혼축분인 동리묘 및 집안 우산 3319호분의 현실 구조와 비교하기도 한다.[82] 이러한 구조상의 특징들은 장무이묘의 조영 연대를 348년으로 추정하는 근거가 되었다.

고분 구조의 문제 외에도 장무이묘를 3세기 말에 조영된 것으로 보기 어려운 몇 가지 정황이 더 있다. 현재까지 낙랑·대방군 지역에서 태수의 무덤이 발견되지 않는데, 이는 태수급은 임기를 마치고 대부분 돌아갔거나 부임 중 사망하더라도 출신 고향에 귀장歸葬되었을 가능성을 알려준다.

291년에 서진 조정에서 황족 사마요司馬繇를 대방군으로 귀양 보낸 사례가 있는 것으로 미루어 볼 때, 288년에도 대방군의 보고체계는 여전히 건재했으며 중원과 정상적인 왕래가 이루어졌을 것으로 보인다.[83] 만약 기주 어양군 출신의

---

81 오영찬, 앞의 논문, 2003, 212쪽.

82 정인성, 앞의 논문, 2010, 61~65쪽.

83 사마요는 사마의司馬懿의 4남인 사마주司馬伷의 셋째 아들이며, 사마주가 죽은 뒤 283년에 동안공東安公에 봉해진 서진 황족의 일원이었다. 그는 외척 세력인 가씨賈氏 일족의 전횡을 막으려고 시도하다가 사마담의 참소로 인해 291년에 면직되어 대방군으로 귀양갔다["繇兄東武公澹 素惡繇 屢譖之於太宰亮曰 繇專行誅賞 欲擅朝政 庚戌 詔免繇官 又坐有悖言 廢徙帶方"(『資治通鑑』 卷82 晉紀4 世祖武皇帝下 元康元年)]. 대방군은 서진 조정에서 볼 때 극지極地라고 할 수 있는 지역이었지만, 사마요라는 인물의 정치적 비중을 고려할 때 해당 지방관(대방태수)의 철저한 감시와 정기적인 보고가 이루어졌을 것이다. 그렇다면 적어도 291년을 전후한 시기의 대방군은 서진 중앙과 교통이 이루어졌음은 물론

장무이가 이 지역에 파견되어 280년대 말까지 정식으로 대방태수를 역임했다면 사후에 귀장을 택하지 않고 부임지에 그대로 매장된 배경도 의문스러울 수밖에 없다. 그즈음에는 고구려가 점차 2군 지역을 깊이 공략해오는 불안한 정세이기도 했기 때문이다. 이러한 정황을 감안할 때도 위의 '무신년'은 2군이 완전히 소멸한 뒤인 348년으로 비정하는 것이 타당한 듯하다.

그러면 장무이는 언제 대방태수를 역임했던 것일까. 황해도 일대의 대방군은 314년에 고구려 미천왕의 침공을 받고 4세기 초반의 어느 시기에 소멸했을 것으로 추정된다. 이후 333년 선비 모용부 정권하에서 대방태수가 처음 기록에 등장한다.[84] 이것으로 미루어 대방군은 314년 이후부터 333년 이전의 어느 시기에 모용씨 정권하에서 교치僑置되었을 것이다.[85]

만약 어양군 출신인 장무이가 모용부 정권하에서 교치된 대방군의 태수를 역임했고 이후 모종의 이유로 고구려로 넘어와 하필 옛 대방군이 있던 황해도 봉산군 일대에 묻히면서 예전의 역임 관명을 내세웠을 가능성도 배제하지는 못하지만, 이는 지나친 우연의 연속에 기댄 추정이며 사서에도 장씨의 대방태수 역임과 관련된 기록은 보이지 않는다. 게다가 서진·동진대의 묘지에는 묘주의 경력을 기재하면서 보통 연호 앞이나 관직(작)명 앞에 그것을 수여한 국가명을 '진晉' 혹은 '진고晉故' 등의 형식으로 기재하는 것이 일반적이다. 장무이가 고구

태수 및 예하의 관원들이 존재하는 가운데 중앙으로부터의 지휘체계도 여전히 작동했을 가능성이 크다(李東勳, 「고구려 중·후기 지배체제 연구」, 고려대 박사학위논문, 2015, 138쪽; 안정준, 앞의 논문, 2022, 197~201쪽).

84 "[夏] 六月 世子雋以平北將軍行平州刺史 督攝部內 赦系囚 以長史裴開爲軍諮祭酒 郎中令高詡爲玄菟太守 雋以帶方太守王誕爲左長史 誕以遼東太守陽騖爲才而讓之 雋從之 以誕爲右長史"(『資治通鑑』卷95 晉紀 顯宗成皇帝中之上 鹹和 8年)

85 千寬宇, 「漢河 流域의 朝鮮」, 『史叢』 21·22合, 1977, 29쪽.

려로 망명한 이후 4세기 중반에 이역異域에서 사망할 당시 과거 본토에서의 경력을 주변에 보이기 위해 고분 내에 기재했다면 당연히 '연고燕故' 혹은 '진고晉故' 등 그 수여 대상을 밝히는 것이 자연스럽다.[86] 후술하겠지만, 장무이를 비롯한 몇몇 망명인들의 묘지에 기재된 관호들 앞에 국가명이 기재되지 않은 것은 그것이 특정 왕조로부터 정식 수여받은 것이 아니었기 때문일 가능성이 높다. 그렇다면 장무이의 대방태수 관호 역시 고구려로 망명한 이후 2군 고지에 안치되면서 칭했을 가능성에 좀 더 비중을 두어야 할 것이다.[87]

또 다른 망명인인 동리佟利의 무덤은 1932년 평양역 구내 공사를 하는 중에 발견되었다.[88] 이 고분은 형태상 장방형의 현실과 연도를 갖추었는데 중하단부를 벽돌로 쌓고 상부에 절석을 사용한 전석혼축분으로, 전축분에서 석실분으로 넘어가는 과도기적 성격을 띠고 있다. 출토된 유물 가운데는 고구려 지역에서 다수 출토되는 도끼형 화살촉, 그리고 고구려 활인 만궁彎弓의 단편으로 추정되는 유물도 발견되었다.[89] 이처럼 묘제나 부장품에서 고구려적 요소가 일부 발견된다는 점을 감안할 때, 이 고분은 고구려의 영향력하에서 조영된 것으로 보아야 한다.[90]

---

86 條原啓方, 「墓誌文化の傳播と變容」, 『東アジア文化交渉研究』 2, 関西大学文化交渉学教育研究拠点, 2009, 320~321쪽.

87 임기환, 앞의 책, 2004, 164~165쪽.

88 영화永和 9년명 전축분에 대한 개관은 林起煥, 「낙랑 및 중국계 금석문」, 『譯註韓國古代金石文(1)』, 가락국사적개발연구원, 1992, 385~386쪽을 참조.

89 원래 보고서에는 활의 단편을 남러시아 볼가(Wolga) 지역에서 출토된 활과 같은 계통으로 연계짓고 있으나(野守建·榧本龜次郎, 「永和九年在銘古蹟調査報告」, 昭和七年度古墳調査報告, 1933), 고구려 활로 판단하는 견해도 있다(김기웅, 「武器와 馬具」, 『韓國史論』 15, 국사편찬위원회, 1985, 39~41쪽).

90 오영찬, 앞의 책, 2006, 234~235쪽.

이 고분에서는 "永和九年三月十日 遼東·韓·玄菟太守領佟利造"라고 새겨진 명문전이 발견되었다.[91] 영화 9년은 동진 목제穆帝의 연호로 353년에 해당한다. 동리가 칭한 요동·한·현도태수에 대해서는[92] 그가 요동 출신으로서 낙랑 지역에 기반을 두고 있다가 동진으로부터 수여받은 관직으로 보는 견해도 있다.[93] 그러나 그가 칭한 한태수韓太守는 중국 왕조에서 설치된 적이 없었으므로 이를 중국 왕조로부터 수여받았다고 볼 수 없으며,[94] 또한 4세기 중반경에 2군 고지에 안치된 동리가 독자적으로 중국 왕조와 교섭했다고 보기도 어렵다. 그 역시 장무이와 마찬가지로 고구려에 망명한 이후 태수호(한태수)를 칭했을 것이다. 4세기 초반 이래 낙랑군 중심부의 지배 세력이 다수 제거되는 등 고구려의 지배력은 일찍부터 이곳까지 미쳤다. 따라서 4세기 중반경에 평양시 일대에 망명인 집단이 안치되는 것은 불가능하지 않았을 것이다.

황해남도 안악군 로암리에서는 [서]읍태수 장군張君(건무 8년)의 고분이 발견되었다. 이 고분 역시 천장부에 판돌이 올려져 있는데, 이러한 특징은 천장부를 판석 또는 절석으로 구성한 전석혼축분에서 나타나며 특히 동리의 무덤 형태와 비교된다.[95] 이 고분에서는 "建武八年[西]邑太守", "[西]邑太守張君博"이라는

---

91 林起煥, 앞의 논문, 1992, 385쪽.

92 명문에서 '領'자는 보통 관직 앞에서 '~을 관장한다'는 의미로 쓰이기 때문에, 요동·한·현도태수를 묘주인 동리의 관직으로 해석하였다(小田省吾, 「平壤出土永和九年玄菟太守に關する一考察」, 『青丘學叢』 9, 1932, 106쪽; 榧本龜次郎·野守健, 「永和九年在銘古蹟調査報告」, 『昭和七年度 古蹟調査報告』, 1933, 17쪽).

93 三上次男, 『古代東北アジア史研究』, 吉川弘文館, 1977.

94 孔錫龜, 앞의 책, 1998, 96쪽; 임기환, 앞의 책, 2004, 167쪽.

95 한인덕, 「로암리돌천정벽돌무덤에 대하여」, 『조선고고연구』 2003-3, 사회과학원 고고학연구소, 2003, 38~39쪽.

명문이 쓰여진 전돌이 각각 출토되었다. 건무 8년은 32년(후한)과 342년(후조)에 각각 사용된 바 있는데, 1세기 전반에는 2군 지역에 주로 귀틀묘가 조영되었던 시기이므로 후조 시기인 342년으로 비정하는 것이 적절하다.[96]

이처럼 장무이·동리·장군 등 전석혼축분의 묘주는 모두 태수호를 칭했다는 점이 특징인데, 이는 2군이 존재했던 313년 이전에는 나타나지 않는 현상이다. 또한 이들이 칭한 관호 가운데는 대방태수처럼 2군과 관련된 관호도 있지만, '요동·한·현도태수' 혹은 '[서]읍태수'와 같이 2군과 무관한 지역을 관칭한 사례도 발견된다. 후술하겠지만, 이는 동수나 진 등 중국계 망명인들이 칭한 태수·자사호에도 공통적으로 나타나는 특징으로서 예하에 함께 거주했던 주민들의 출신지 범위가 2군 고지 이외의 다른 지역들까지 미치기 때문이라고 생각된다.

4세기 중반 이후 2군 고지에 나타나는 일부 석실봉토벽화분의 양상을 통해서도 중국계 망명인의 존재와 그들이 거주했던 지역 범위를 살펴볼 수 있다. 4세기 중·후반으로 비정되는 초기의 석실봉토벽화분은 감·곁방이 있는 여러방무덤이거나 현실만으로 이루어진 외방무덤이며, 대동강 하류와 재령강 유역으로 그 분포지가 제한된다. 이후 5세기 전반에는 석실봉토벽화분의 축조 범위가 대동강 중류 지역을 포함한 평안남도 내륙으로 확산되며, 기존의 유형에 두방무덤이 추가된다.[97]

그런데 2군 고지의 석실봉토분 가운데 구조적으로 무덤의 방향이 남향이며 반지하에 축조된 경우, 그리고 벽화 속의 인물들이 착용한 복장이 고구려식이 아닌 경우는 주로 감·곁방이 있는 여러방무덤과 안악군의 외방무덤에 해당

---

97 全虎兌, 「고구려 고분벽화의 起源」, 『강좌 한국고대사(9)』, 駕洛國史蹟開發研究院, 2002, 55~56쪽.

된다. 이 중에서도 회랑이나 관실과 같이 구조상 특이한 요소를 지니고 있거나, 벽화 제재의 구성과 내용 면에서 고구려 고유의 문화 요소를 읽어내기 어려운 경우는 별도로 묶어 한계 석실봉토벽화분으로 구분하기도 한다.[98]

4세기 중반 이후에 주로 조영된 2군 고지의 한계 석실봉토벽화분은 중국계 주민에 의해 조영되었을 가능성이 높은데, 이는 4세기 초반 이래 망명인 유입과 4세기 후반 유주·기주 출신의 유이민 다수 유입 사건 등[99] 외래의 이주민이 고구려로 유입된 현상과 무관하지 않다고 생각된다.[100] 이들 이주민 집단은 2군 고지에 안치된 후 그들의 장례 문화를 상당 기간 유지했을 것이다. 2군 고지의 한계 석실봉토벽화분의 구조나 벽화 제재가 위·진대 요양 일대의 벽화고분과 연관된 측면이 많다는 사실도 이를 뒷받침한다.[101]

4세기 중반에서 5세기 전반에 주로 축조된 한계 석실봉토벽화분은 안악군과 남포시 강서구역 일대에 주로 조영되었으며 평양시와 순천군에서도 일부 나타난다(〈지도 2〉 참조). 안악군 일대에 조영된 대표적인 석실봉토벽화분은 안악3호분이다. 이 고분은 전실·회랑·현실의 구조로 이루어진 여러방무덤인데, 평양 일대의 다른 고분들과 달리 석회암을 무덤칸 축조 재료로 사용하였고 돌벽 위에 직접 벽화를 그리는 기법을 썼다. 삼각고임천장의 기법이나 회랑의 존재 등 여러 가지 기술적 요소를 비롯해 벽화 제제 등도 2군 고지의 전축분 축조 전통

---

98   全虎兌, 위의 논문, 66~67쪽.

99   『資治通鑑』卷106 晉紀 第28 孝武帝 太元 10年(385) 11月.

100   孔錫龜, 앞의 책, 1998, 177쪽.

101   안악군 일대에 조영된 한계 외방고분의 경우 구조적으로 요양 지역 여러방무덤으로부터 직접적인 영향을 받았다고 상정하기 어려우며 2군 일대의 외방무덤 전축분 전통이 일부 이어진 것으로 보기도 한다(全虎兌, 앞의 논문, 2002, 78쪽). 따라서 한계 외방고분을 중국계 망명인 집단과 바로 관련지을 수 있는지 여부는 별도의 논의가 필요하다.

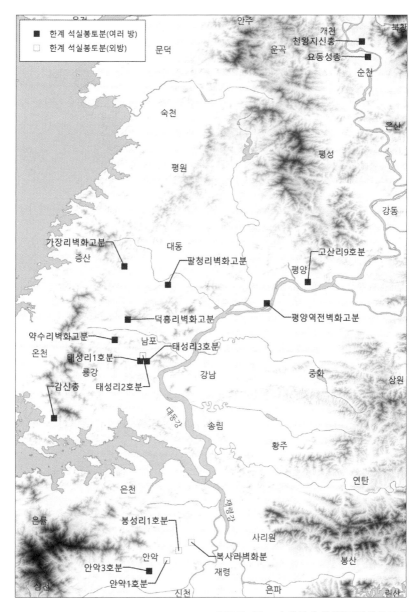

〈지도 2〉 2군 고지 내 한계 석실봉토분의 분포도

다음은 지도 안의 텍스트:

한계 석실봉토분(여러 방)
한계 석실봉토분(외방)

안주　　　개천
　　천왕지신총　북창
문덕　　　운곡
　　요동성총
　　　　순천

숙천　　　　　　은산

평원　　　평성

　　　　　　　강동

가장리벽화고분
증산　　대동
　　　　팔청리벽화고분
　　　　　　　고산리9호분
　　　　　　평양

덕흥리벽화고분
　　　　　　평양역전벽화고분
약수리벽화고분
　　　남포
온천　　태성리3호분
　태성리1호분
룡강
감신총　태성리2호분
　　　강남　　중화　　상원
　대동강
　　송림
　　황주
은천
　　　　　　　연탄
은률
봉성리1호분
　　　안악　　사리원　　봉산
안악3호분　복사리벽화분
　재령
삽천　안악1호분
　　신천　은파　린산

과는 관련짓기 어려우며, 위·진대 요양 일대의 벽화고분 전통과 연관된 것으로 파악된다.[102]

일반적으로 안악3호분의 묘주는 336년에 망명해온 동수로 보고 있다. 그가 망명 직전에 속했던 모용인慕容仁 세력은 평곽 일대(요녕성 개평현)에 기반을 두고 극성棘城(요녕성 금주시錦州市)의 모용황 세력과 대치하고 있었다. 당시 모용인의 세력하에는 모용황이 중원 출신의 유민을 정치적으로 중용하는 데 불만을 품고 반란에 참여했던 요동 기반의 토착 세력이 많았다. 모용인 세력의 패망 이후 모용황은 요동 지역을 안정적으로 지배하기 위해 그 지역의 많은 유력자들을 제거하거나 극성으로 이주시켰던 것으로 보인다.[103]

이로 인해 모용인 휘하 요동인들 가운데는 그의 패망 당시 모용황의 보복을 우려하여 같은 요동 출신의 동수나 곽충 등을 따라가는 경우도 있었을 것이며, 그 외에도 4세기 초·중반 모용부의 혼란기를 틈타 고구려로 망명해오는 경우도 적지 않았을 것이다. 안악3호분에서 요양 일대의 벽화고분 전통이 발견되는 것은 요동 출신의 이주민들이 작업에 참여한 것과도 관련이 있을 것이다.

남포시 강서구역에 조영된 한계 석실봉토벽화분의 대표적인 사례로는 태성리3호분과 덕흥리벽화고분을 들 수 있다. 태성리3호분의 경우 유적의 현존 높

---

102 全虎兌, 「고구려 안악3호분 재론」, 『韓國古代史硏究』 44, 2006, 140~149쪽.

103 "兜自征遼東 克襄平 仁所署居就令劉程以城降 新昌人張衡執縣宰以降 於是斬仁所置守宰 分徙遼東大姓於棘城 置和陽·武次·西樂三縣而歸"(『晉書』 卷109 載記 載記 第9). 이때 요동에서 극성으로 옮겨진 토착민은 호胡·한漢을 가리지 않고 유력자들에게 종속된 종족宗族·향당鄕黨·사속민私屬民·노비奴婢 등을 포함했다. 이에 대한 구체적인 논의는 李海葉, 「慕容氏遼東政權의 "僑土"關係」, 『內蒙古大学学报:人文·社会科学版』 2005-3, 2005, 112~113쪽; 최진열, 「16국시대 遼西의 인구 증감과 前燕·後燕·北燕의 대응」, 『쟁점백제사 집중토론 학술회의(Ⅶ) — 백제와 요서 지역』, 한성백제박물관, 2015, 62쪽을 참조.

이가 4m 정도로 천장 구조를 확인할 수 없는 상태이다. 다만 무덤 한 변의 길이가 32m에 내부 면적 39m²로 안악3호분에 버금가는 대형 고분이다. 이 고분은 반지하에 축조된 여러방무덤으로, 전실·연도·현실, 그리고 전실 좌우에 딸린 곁방을 비롯해 회랑에 이르기까지 안악3호분과 거의 유사한 구조이다.[104] 따라서 태성리3호분 역시 안악3호분처럼 위·진대 요양 일대의 벽화고분 전통과 관련된다고 보는 것이 자연스럽다.[105]

강서구역에서 발견된 덕흥리벽화고분의 경우, 묘주 진은 408년에 무덤에 매장되었으며 그 본적지는 기주 안평군 신도현 일대로 비정된다.[106] 이 무덤의 전실에는 진이 유주자사를 칭하고 있으며 산하 13군 태수를 거느린 모습이 벽화와 묵서로 상세히 표현되어 있다. 이 역시 4세기 후반 다수의 유주·기주 출신 이주민이 고구려로 들어와 2군 고지에 안치된 일과 무관하지 않다고 생각된다. 특히 2군 고지 망명인들 가운데서도 유일하게 고구려의 관등인 국소대형 역임과 영락永樂이라는 연호 채용이 주목되는데,[107] 이는 2군 고지 내에서 망명인의

---

104 태성리3호분에 대해서는 김인철, 「태성리3호벽화무덤의 축조년대와 주인공문제에 대하여」, 『조선고고연구』 2002-1, 2002, 6~9쪽과 송순탁, 「태성리3호무덤 및 안악3호무덤의 주인공에 대한 재검토」, 『조선고고연구』 2005-3, 2005, 10~11쪽을 참조.

105 태성리3호분에서 1.5km 떨어진 태성리1호분도 무덤의 구조와 축조 방법, 벽화의 내용과 배치 정형에서 안악3호분과 매우 유사한 특징을 보인다. 이 고분은 구조적으로 태성리3호분보다 선행된 형식으로 파악되는데(송순탁, 앞의 논문, 2005, 11쪽) 전체 평면형은 전·현실 종렬 배치로 낙랑 전축분과 유사한 점이 있지만, 기둥을 세워 고분 안의 공간을 구획한 것은 전축분과 석묘의 절충된 형태이다. 이는 중국의 영향을 보여주는 것으로도 해석된다(姜賢淑, 「高句麗 石室封土壁畵墳의 淵源에 대하여」, 『한국고고학보』 40, 1999, 114~117쪽).

106 진의 본적지 표기에 대해서는 3장 1절에서 후술할 것이다.

107 金元龍, 앞의 논문, 1960, 41~106쪽; 金元龍, 앞의 논문, 1979, 167쪽; 武田幸男, 앞의 논문, 1989, 30~31쪽.

정치·사회적 지위와 권한이 고구려 정권과의 관련 속에서 유지될 수 있었음을 보여주는 중요한 근거이다.

요컨대 2군 고지에 조영된 한계 석실봉토벽화분은 위·진대 요양 일대의 벽화고분과 직접적인 연관성이 강하게 나타난다. 이는 중국계 이주민이 2군 고지에 집단적으로 안치된 이후 그들의 전통·문화가 상당 기간 유지되는 가운데 조영되었을 가능성이 높다. 이들의 고분 내에 자체적인 전통·문화가 유지되는 점과 더불어 동수·진 등의 망명인들이 중국식 관호를 칭하고 있다는 사실은 2군 고지 내에서 이들이 정치적 독자성을 지녔음을 뒷받침하는 것으로 해석되기도 한다.[108]

그러나 4세기 당시에 동진 이외의 화북 각국 정권들이 자국으로 유입되어온 화북 출신의 망명인들에게 정치적 독자성을 허용한 사례는 찾아보기 어렵다. 동진의 경우, 4세기 중원에서 남쪽의 장강長江 중하류로 이주한 화북 출신의 주민들이 동진 정권을 개창하는 주역이 되었고, 이후 이들은 동진 정권에서 토착민들에 비해 높은 정치적 지위를 갖게 되었다. 이는 이주민들의 원래 출신지인 화북 지역이 강남 지역을 포괄하는 서진 정권의 중심지였던 배경이 크게 작용했다. 화북 출신의 사인士人들은 자신들의 우월한 지위를 법적·제도적으로 보장받는 차원에서 출신지 명칭을 딴 교주·교군·교현을 두어 북방 출신으로서 정치적 특권을 유지했고, 함께 이주해온 화북 출신의 일반 주민들 역시 백적白籍에 등록되어 한동안 조세와 요역의 면제 혜택을 받을 수 있었다.[109]

---

108 岡崎敬, 「安岳第三號墳(冬壽墓)の研究 — その壁畵と墓誌銘を中心として」, 『史淵』 93, 九州大 九州史學會, 1964, 63~70쪽.

109 越智重明, 「東晉貴族制と南北の「地緣」性」, 『史學雜誌』 67-9, 1958, 42~51쪽; 朴漢濟, 「東晉·南朝史와 僑民」, 『東洋史學研究』 53, 1996, 18~21쪽.

그러나 동북의 요동·요서와 서북 하서회랑의 양주凉州 일대로 이주한 이주민들은 그러한 대우를 받지 못하였다. 선비 모용부(전연)와 전량 등의 정치 세력들이 해당 영역을 강고하게 지배하던 상태였고, 또한 한인 이주민들의 지위를 더 우월하게 인정해줄 이유도 없었다. 그리하여 선비 모용부의 예하에는 화북의 많은 이주민이 들어왔지만 그들의 고향 이름을 딴 교군·교현은 거의 설치되지 않았으며,[110] 이주민 출신에게 조세와 요역의 면제 혜택도 없었던 것으로 보인다.[111]

그렇다면 산동반도를 통한 해로나 요서·요동을 거치는 육로를 통해 고구려 지역으로 넘어간 이주민들은 과연 어떤 대우를 받았을까. 우선 선비 모용부나 기타 정권들보다 훨씬 먼 지역인 데다 한인 주민의 비중이 적은 고구려로 이주하는 화북 출신 이주민들의 규모는 상대적으로 적을 수밖에 없었을 것이다. 즉, 4세기 초·중반 이래로 전연이나 전량·후조 등으로 넘어간 이주민 규모에 비해 고구려 내부의 한인 이주민은 비교적 소수였으므로 통제가 좀 더 용이했을 것이다. 또한 이 시기에 고구려 정권이 자기 영역 내로 들어온 이주민 집단을 강하게 통제하지 못할 정도로 내부가 혼란스럽거나 정권의 기반이 취약한 상태였다고 보기도 어렵다.

4세기 중반에 고구려가 전연과의 대결에서 어느 정도 열세를 보였던 것은

---

110 313년 장통이 이끄는 낙랑군 출신 이주민의 경우에는 예외적으로 원래 군명을 유지하여 낙랑군을 교치하였다. 하지만 이듬해인 314년 기주冀州·예주豫州·청주青州·병주并州의 이주민에 대해서는 각각 기양군冀陽郡·성주군成周郡·영구군營丘郡·당국군唐國郡으로 편제하였고, 해당 교군들의 태수와 현령도 타지인 출신으로 임명하는 등 본적지 회피 관행을 관철했다(최진열, 「十六國前期 諸國의 流民 대책」, 『中國古中世史研究』 56, 2020, 214~215쪽을 참조).

111 최진열, 위의 논문, 214~218쪽.

사실이다. 그렇다고 그것이 곧 4세기 중반 이래 수십 년간에 걸쳐 외래의 이주 집단이 고구려의 영토를 통과하여 특정 지역에 모여드는 현상을 그대로 방치하거나, 혹은 그들을 일부러 통제력이 미치지 않는 지역에 두어서 방치할 이유는 되지 못한다. 4세기 당시 선비 모용부 정권도 피정복민과 이주민을 시종일관 통제가 수월한 수도(극성·용성) 인근 지역에 주로 안치했다.[112] 이에 비춰 본다면 고구려가 중국계 이주민 집단을 2군 고지에 장기간 안치한 것은 그곳이 정권의 통제가 강하게 미칠 수 있는 공간이기 때문이라고 생각하는 것이 자연스럽다.

고구려가 영토 내의 여러 지역 중에서도 2군 고지에 중국계 이주민을 다수 안치한 배경은 무엇일까. 이에 대해 기존 연구에서는 동수·장무이·동리 등의 중국계 망명인들을 매개로 2군 고지의 군현계 토착주민을 통치하기 위한 목적이라고 보았다. 종래 군현 통치의 형식적 틀을 그대로 두면서 지배력을 단계적으로 강화하려는 의도가 있었다는 것이다.[113] 그러나 이것은 망명인들이 안치된 시기와 지역이 기존 군현계 토착 세력과 직접적인 관계가 있는지, 그 지역에서 군현계 토착집단들이 어느 정도의 규모로 유지되고 있었으며, 기존에 군현 통치를 담당 또는 보조했던 지배층이 온존된 상태였는지 등의 여부를 제대로 고려하지 않은 막연한 추정에 불과하다.

예컨대 2군 고지에서 옛 군현 계통의 전축분 유적은 313년 이후로는 황해도 신천군 일대에서만 나타나며 4세기 중반 이후로는 아예 나타나지 않는다. 반면

---

112 최진열, 「前燕 昌黎時代(289~350)의 遼西·遼東 통치」, 『東洋史學研究』 155, 2021, 30~33쪽.

113 窪添慶文, 「樂浪郡と帶方郡の推移」, 『東アジア世界における日本古代史講座』 3, 學生社, 1981, 43~45쪽; 李成市, 『古代東アジアの民族と國家』, 東京: 岩波書店, 1998, 26~29쪽; 임기환, 『고구려 정치사 연구』, 한나래, 2004, 172~175쪽.

[서]읍태수 장군(342)·장무이(348)·동리(353)·동수(357)·진(408) 등 새롭게 안치된 중국계 망명인들의 고분은 4세기 중반 이래로 5세기 초반까지 나타나며, 지역적으로 신천군 외에도 안악군·봉산군·평양시·남포시 강서구역 등 2군 고지에서 비교적 넓은 지역에 걸쳐 나타난다.[114] 또한 한계 석실봉토벽화분이 조영된 시기도 대략 4세기 중반 이후부터 5세기 전·중반까지 이어진다. 이러한 시기적·지역적 차이는 중국계 망명인과 기존 군현계 토착 세력의 연관성을 상정하기 어려운 이유 중의 하나이다. 구체적으로 〈지도 3〉을 살펴보면 중국계 망명인들과 관련된 한계 석실봉토벽화분이 가장 활발하게 조영된 남포시 강서구역 일대는 과거에도 군현의 중심부였다고 보기 어려운 지역이며,[115] 전축분 관련 유적도 거의 발견되지 않는 지역이다. 고구려가 이러한 지역에 과거 군현 통치의 형식적 틀을 유지한 채 군현계 토착주민을 관할하고자 중국계 망명인들을 집중적으로 안치했다고 볼 수 있을지 의문이다.

한편, 2군 고지에 안치된 고위 망명인들과 그와 함께 거주했던 이주민 집단의 중국 문화 전통은 상당히 제한된 지역 범위 내에서만 유지되었을 가능성이 높다. 예컨대 덕흥리벽화고분을 비롯한 남포시 강서구역 일대의 한계 석실봉토

---

114 4세기 중엽경 2군 고지의 석실봉토벽화분과 전축분의 주요 분포지가 서로 일치하지 않는다는 점은 孔錫龜, 「高句麗의 南進과 壁畵古墳」, 『韓國古代史研究』 20, 2000, 398쪽에서도 지적된 바 있다.

115 태성리 유적이 있는 강서구역 태성리 일대에서 옹관묘 5기, 귀틀묘 3기, 전축분 1기, 고구려 시기의 석실묘 5기가 발굴되었는데, 귀틀묘로 추정되는 봉토에서 수키와 3점과 막새가 출토된 것 등을 근거로(고고학 및 민속학연구소, 『태성리고분발굴보고(유적발굴보고 5)』, 1959, 11~111쪽) 이 지역에 현의 설치와 현성의 존재를 상정할 수 있다고 보는 시각도 있다(오영찬, 앞의 책, 2006, 104쪽). 그러나 태성리 일대에서 아직까지 취락 유적이나 성지城址가 발견되지는 않았다. 또한 강서구역 일대와 관련 있다고 추정되는 옛 낙랑군의 속현은 점제현(온천군)과 혼미현(증산군) 정도인데 점제현은 3세기 후반에 이미 폐지된 현이었으며, 혼미현도 기존 낙랑군의 중심지였다고 보기 어렵다.

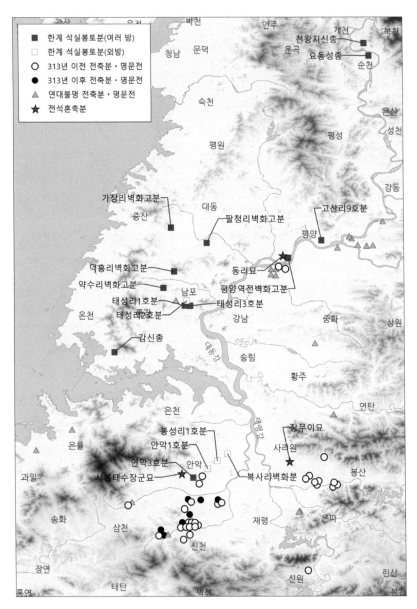

범례

- ■ 한계 석실봉토분(여러 방)
- □ 한계 석실봉토분(외방)
- ○ 313년 이전 전축분·명문전
- ● 313년 이후 전축분·명문전
- ▲ 연대불명 전축분·명문전
- ★ 전석혼축분

지명 및 고분 표기:

관사 우거 박천 안주 개천 북창
청남 문덕 운곡 천왕지신총 순천 요동성총
숙천 평성 은산 성천
평원 강동
가장리벽화고분 중산 대동 고산리9호분 평양
팔청리벽화고분
덕흥리벽화고분 동리묘
약수리벽화고분 남포 평양역전벽화고분
태성리1호분 태성리3호분
온천 태성리2호분 강남 중화 상원
감신총 대동강 송림
황주
은천 연탄
봉성리1호분 장무이묘
은률 안악1호분 사리원 봉산
과일 안악3호분 안악
사씨태수장군묘 복사리벽화분
송화 재령 은파
삼천 신천
장연 신원 린산
롱연 태탄 벽성 봉천

〈지도 3〉 2군 고지의 중국계 고분 및 관련 유물 분포도

벽화분들은 대체로 5세기 전반으로 비정된다.[116] 그런데 고구려는 늦어도 평양 지역에 9사寺가 창건된 392년을 전후한 시점부터 이미 평양 천도(427)를 위한 작업을 진행하였을 것으로 보인다.[117] 광개토왕 18년(408)에 평양성 민호 일부를 나라 동쪽의 6성으로 이주시킨 것도 평양 지역 주민 구성의 전반적인 개편을 의미하는 것으로 해석되기도 한다.[118] 그 과정에서 거의 같은 시기에 남포시 강서구역 등지에서 활동했던 고위 망명인들의 영향력과 그들의 중국 문화 전통을 주변의 다른 지역으로까지 크게 확대해 보기는 어려우며, 매우 제한된 지역 범위 내에서만 유지되었다고 보아야 할 것이다.

4세기 중반경에 안악·봉산군·평양시 일대에 안치되어 중국식 관호를 칭하기도 했던 동수·장무이·동리 등의 중국계 망명인들도 그들의 영향력을 안치된 지역의 외부로 크게 확대하거나 신천군 일대까지 포괄하는 관할권을 가졌다고 볼 만한 어떠한 고고학적 근거도 찾기 어렵다. 무엇보다도 고구려가 4세기 초반에 낙랑·대방군을 일관되게 장악한 이후 중국계 망명인들에게 그 전반적 지배를 의존해야 할 만한 뚜렷한 동기도 없다.

이런 이유로 고구려가 중국계 망명인들을 2군 고지에 안치한 것이 군현계 토착주민의 관할을 위한 목적이라는 기존 견해는 받아들이기 어렵다. 애초에 4세기 초반 이래 5세기 초반에 이르기까지 2군 고지 전반에 걸쳐 군현 계통의 토착 세력이 강고하게 자립해 있는 상황을 설정한 가운데, 이들에 대한 관할을 주된 임무로 하여 망명인을 파견했다는 주장 자체가 해당 지역의 고고학적 양상

---

116 全虎兌, 앞의 논문, 2002, 96~97쪽의 〈표 15〉와 정호섭, 앞의 책, 2011, 185쪽의 〈표 9〉에 제시된 편년안을 참조.

117 『三國史記』 高句麗本紀 廣開土王 2年.

118 임기환, 「고구려 평양 도성의 정치적 성격」, 『韓國史研究』 137, 2007, 4쪽.

에 부합하지 않는 무리한 가설이다.

따라서 2군 고지에 중국계 망명인 집단이 안치된 배경은 다른 측면에서 고려해볼 필요가 있다. 4세기에 고구려의 지배층 고분들은 주로 수도 국내성 지역에 조영되었으며, 누대로 북부여의 지방 통치를 담당했던 모두루牟頭婁도 정작 그 고분은 집안 지역에서 발견되었다. 반면, 동수·진 등의 망명인들이 2군 고지에서 생을 마감한 뒤 그곳에 고분이 조영된 것은 애초 그들이 2군 고지 이외에 복귀하거나 사후 귀장歸葬될 정도의 기반을 둔 지역이 없었음을 보여준다. 또한 중국 고유의 양식을 따른 고분을 조영한 주체는 해당 묘주의 일족과 향인, 그리고 그와 함께 안치되었던 다수의 중국계 이주민 집단의 존재를 상정하지 않으면 안 된다. 이들은 동수·진 등의 고분 인근에 그대로 거주하면서 묘를 관리하는 주체가 되었을 가능성이 높다.

그러므로 고구려가 중국계 망명인들을 2군 고지에 안치한 목적을 논의할 때 그와 함께 안치되었을 이주민 집단의 존재를 함께 감안할 필요가 있다. 현재까지 발견된 중국계 망명인들의 고분은 안악·봉산·순천·중산·대동·온천·평양·강서구역 등 여러 지역에 분산되어 있다. 이는 곧 함께 거주했을 이주민 집단 역시 여러 지역에 나누어 안치되었던 정황을 보여준다.

3세기 말 이래로 2군 지역은 중원왕조의 통치력이 제대로 미치지 못하였고, 고구려의 오랜 공략을 받는 동안 군현 중심부에서도 다수의 지배층을 비롯한 토착주민이 이탈하는 현상이 발생했을 것이다. 이 과정에서 자연재해에 바로 대처하지 못하여 주민의 생산 활동도 안정적으로 지속되기 어려웠을 것이다. 따라서 고구려가 2군 고지를 장악한 이후 장기적으로 이 지역을 통치하기 위해서는 새로운 주민 안치를 통해 지역을 개발하고 수취체제를 정비하는 작업이 선행될 필요가 있었을 것이다. 때마침 4세기 중반 이래로 중국 동북부 일대의 혼란과 고구려의 요동 지역 진출 등을 계기로 중국계 이주민들이 고구려로 다수 유입되고 있었다. 4세기 중반~5세기 전반에 2군 고지 내의 여러 지역에 중국계 망명인의 고분이 다수 조영되었는데, 이는 고구려의 어떠한 의도에 의해 많은 이주민들이 2군 고지 내의 각지에 안치되었음을 보여준다.

당시 동아시아의 여러 왕조는 이주해온 한인 유이민들을 영토 내에 안치시켜 농업을 권장하는 등의 조치를 통해 수취 기반을 확대하는 데 활용한 바 있다. 예컨대 4세기 중·후반에 선비 모용부를 비롯해 후조·전진 등 오호 제국은 유이민들을 안무하는 데 힘쓰는 한편, 그들을 편호編戸로 편제하여 세역을 징수하는 등 수취 기반 확대를 위해 활용했다.[119] 2군 고지의 경우에도 전석혼축분과 한계 석실봉토벽화분이 조영된 지역들은 대체로 하천과 멀리 떨어지지 않아서 교통이 편리하고 농경에 적합한 곳이었다. 예컨대 안악과 봉산 일대의 전석혼축분은 서강과 서흥강이 경유하는 지역에, 남포시 강서구역과 평양시, 순천군 일대의 석실봉토벽화분들은 서해로 흐르는 순화강·봉상강·대동강 등 수로와 인접한 지역에 조영되었다. 이는 고구려 중앙의 감시와 통제가 수월한 지역에 이주민들을 안치하여 그들의 생산력을 활용하기 위한 조처로 생각해볼 수 있다. 동진에서도 화북에서 이주해온 주민을 주로 정착시킨 지역은 대체로 하천을 끼고 있어 교통이 편리하며 이전 시기부터 군둔軍屯·둔전屯田 경영을 통해 정착할 수 있는 기반이 닦여 있었다는 점도 참고할 필요가 있다.[120]

결론적으로, 고구려가 동수·진·장무이 등을 비롯한 망명인들과 많은 중국계 이주민들을 2군 고지에 함께 안치한 것은 기존의 군현계 토착 세력에 대한 통치를 위임하려는 목적도 아니며, 2군 고지의 전반적인 통치를 맡기기 위한 것도 아니었다. 4세기 초반에 2군이 소멸하는 과정에서 그곳의 많은 토착주민들

---

119 최진열, 앞의 논문, 2020, 221~227쪽; 최진열, 앞의 논문, 2021, 36쪽.

120 박수정, 「東晉 僑州郡縣制의 성립」, 『中央史論』 12·13, 1999, 183쪽.

은 스스로 타지로 이주했거나 혹은 고구려에 의해 천사遷徙되기도 했다. 고구려 정권이 이 지역의 파괴된 생산 기반과 수취체제를 복구하기 위해 외래의 이주민을 이주시킨 것은 당시 동아시아의 각국이 한인 이주민들을 활용했던 방식과 비교할 때 전혀 특별한 일이 아니었다.

이러한 목적하에 중국계 이주민 집단들은 4세기 중반 이래 한계 석실봉토분이 주로 조영된 안악, 봉산, 평양시, 남포시 강서구역, 순천 등 비교적 여러 지역에 분산되어 안치되었을 것이다. 이들은 거주와 이전이 일정하게 제한된 가운데 고구려 중·상급 지방관의 통제를 받으면서 2군 고지의 개발과 안정화를 위해 활용되었을 것으로 추정한다.

3장

고구려 체제하의 중국계 주민집단 편성

3장
고구려 체제하의 중국계 주민집단 편성

1. 이주민 집단의 정체성과 본적 표기

고구려가 2군 고지의 중국계 이주민을 통치했던 방식과 이주민 집단의 사회상이 구체적으로 어떠했는지에 대해서는 아직 많은 연구가 이루어졌다고 보기 어렵다. 현재까지 2군 고지에서 발견된 일부 고분과 그 내부의 벽화·문자 자료를 중심으로 연구가 진행되어왔는데 관련 자료가 매우 제한적인 것도 문제였지만, 이를 작성한 이주집단 본연의 지향과 가치관, 그리고 이들이 처해 있던 현실 등을 종합적으로 이해하지 못한 한계도 있었다.

2군 고지의 중국계 망명인들의 고분에는 묘주의 공적·사적 일상이 묵서와 벽화로 표현되어 있다. 특히 묘지에는 묘주의 본적本籍과 역임했던 관호들이 명기되어 있다. 이 기록들은 행정적인 편제와 지명 등을 비교적 일관된 기준에 따라 정리한 정사 기록과 단순하게 비교할 수는 없다. 4세기 중반 이래 2군 고지에 안치된 이주민 집단은 중국 내륙 지역과 직접적인 교류가 제한된 상황이었을 것이다. 이러한 상황 아래 동수·진 등 망명인들의 고분 속에 기재된 벽화와 묘지 등은 망명인인 묘주 일족과 예하의 이주민 집단이 지닌 인식과 지향을 강

하게 반영해놓았을 것이라는 점을 충분히 고려할 필요가 있다.[1]

이와 관련해 먼저 확인해야 할 것은 중국에서 건너온 한인 이주민들의 행동 양식이다. 4세기 이래 원래 살던 지역을 떠난 화북의 이주민들은 타지에서도 자신들의 정치·사회적 지위와 관련된 지연성地緣性을 그대로 유지하려는 관성을 지니고 있었다고 알려진다.[2] 즉, 같은 지역 출신의 주민들끼리 결집하여 집단적으로 이동하거나, 타지에 정착한 뒤에도 자신들의 과거 관향貫鄕이었던 주州·군郡의 명칭을 그대로 견지하는 사례가 다수 나타나는 것이다. 망명인들의 고분 내 묘지에 쓰여진 본적 표기의 사례를 통해 그들의 행동 양식을 좀 더 검토해보자.

> 유주幽州 요동遼東 평곽平郭 도향都鄕 경상리敬上里 출신 동수는 자字가 ▨안
> 인데 69세에 관官에 있다가 죽었다.[3]

위 기록은 안악3호분의 묘주 관련 묵서이다. 여기서 묘주인 동수의 본적은 '유주 요동(군) 평곽(현) 도향 경상리'로 표기되어 있다.[4] 중국 왕조의 지방행정

---

1 덕흥리벽화고분의 묘주인 진의 관호는 피장자 및 그를 둘러싼 망명 중국인 집단의 생생한 의식이 반영된 것이라는 의견이 제기된 바 있다(武田幸男, 「德興里壁畵古墳被葬者の出資と經歷」, 『朝鮮學報』 130, 1989, 19~20쪽).

2 越智重明, 「東晉貴族制と南北の「地緣」性」, 『史學雜誌』 67-9, 1958, 42쪽; 朴漢濟, 「東晉·南朝史와 僑民」, 『東洋史學研究』 53, 1996, 18~20쪽.

3 "幽州 遼東 平郭都鄕 敬上里 冬壽 字▨安 年六十九薨官"(안악3호분 전실 서벽). 원문은 徐永大, 「안악3호분」, 『(譯註) 韓國古代金石文(1)』, 駕洛國史蹟開發研究院, 1992, 57쪽을 참조.

4 『자치통감』에도 동수는 요동인으로 기록되어 있다["(前略) 司馬遼東佟壽共討仁"(『資治通鑒』 卷95 晉紀17 咸和 8年(333) 閏10月)].

<표 4> 330~358년 선비 모용부 정권의 평주平州 관련 기록

시기	기록
333년 6월	모용외가 죽자 세자 모용황이 평북장군 행行평주자사의 직함으로 부내部內를 감독하여 대리함.*1)
334년 2월	모용인이 전前 평주별가인 방감龐鑒에게 요동상을 맡게 함.*2)
334년 4월	모용인이 평주자사 요동공을 자칭함.*3)
334년 8월	동진이 모용황에게 진군대장군 평주자사 대선우 요동공 지절도독으로 책봉함.*4)
349년 4월	동진이 모용준慕容儁에게 모용준대장군 유·평이주목 대선우 연왕燕王을 가수假授함.*5)
358년 12월	전연 모용준이 모용수를 평주자사로 삼아 요동에 진수하게 함.*6)

* 1) 『資治通鑑』卷95 晉紀17 咸和 8年 6月.
* 2) 『資治通鑑』卷95 晉紀17 咸和 9年 2月.
* 3) 『資治通鑑』卷95 晉紀17 咸和 9年 4月.
* 4) 『晉書』卷109 載記 第9 慕容皝 咸和 9年.
* 5) 『晉書』卷8 帝紀 第8 永和 5年.
* 6) 『資治通鑑』卷100 晉紀22 升平 2年 12月.

※ 이 표는 余昊奎, 「4세기 高句麗의 樂浪·帶方 경영과 中國系 亡命人의 정체성 인식」, 『韓國古代史研究』53, 2009, 177쪽에 제시된 사례를 참고하여 시기별로 정리한 것이다.

편제와 같은 주-군-현-향-리 순서로 기재된 이 기록은 겉으로 보기엔 별다른 특이점이 없다. 그런데 요동군은 서진 초인 276년에 유주에서 평주가 분리된 이래로 평주 소속이 되었으며,[5] 서진대나 동진대에 다시 유주로 환원된 적이 없다.

---

5 『晉書』卷3 武帝紀 泰始 10年. 평주는 후한대에 이미 군벌인 공손도가 평주목平州牧을 자칭한 바 있으며, 조위대曹魏代인 238년에도 일시적으로 설치되었다가 폐지된 바 있다(『讀史方輿紀要』卷2 歷代州域形勢 2).

또한 〈표 4〉에 의하면 동수가 활동했던 선비 모용부 정권에서도 330년대 이래 358년까지 유주와 더불어 평주가 행정적으로 유지되었다. 350년대에 일시적으로 평주의 치소가 용성이 아닌 요동으로 옮겨지고 요서 일대가 그 관할 범위에서 제외되는 등의 변화가 있기도 했지만,[6] 기본적으로 요동군은 평주 소속으로 계속 유지되었다. 이러한 상태는 평주자사로 부임했던 모용수가 요동에 진수하였다고 전하는 358년까지도 변함이 없었던 것으로 보인다.

따라서 요동군은 동수가 활동했던 시기에는 유주가 아닌 평주 소속이었으며, 그가 사망할 때까지도 이러한 행정 편제가 그대로 유지되었다고 보아야 할 것이다.[7] 과거에 평주자사였던 모용황慕容皝·모용인慕容仁의 휘하에서 관직을 지냈었던 동수와 그 일족이 단순한 착각으로 요동군의 소속 주州를 잘못 기재했을 것 같지는 않다. 다시 말해 동수의 묘지에 쓰인 본적 기록은 당대의 공식 행정지명을 반영한 것이라고 보기 어렵다.[8]

덕흥리벽화고분의 묘지에서도 비슷한 사례를 발견할 수 있다.

☒☒군 신도현信都縣 도향都鄉 ☒감리 출신인 석가문불의 제자 ☒☒씨 진[9]

---

6 孫進己·馮永謙,『(北方史地理叢書)東北歷史地理(2)』, 黑龍江人民出版社, 1989, 115~116쪽.

7 余昊奎, 앞의 논문, 2009, 176~177쪽.

8 '유주 요동군'이라는 동수의 본적 표기를 두고 고분 축조 관계자의 단순한 착오로 보는 견해도 있으며(孔錫龜,『高句麗 領域擴張史 硏究』, 書景文化社, 1998, 118~119쪽), 과거 후한~서진대의 행정적 현황을 의도적으로 기술한 것이라고 보는 견해도 있다(余昊奎, 앞의 논문, 2009, 177~178쪽).

9 "☒☒郡 信都縣 都鄉 ☒甘里 釋加文佛弟子☒☒氏鎭"(덕흥리벽화고분 전실 북벽의 묘지墓誌). 판독은 사회과학원,「덕흥리벽화무덤의 글에 대하여」,『덕흥리고구려벽화무덤』, 조선화보사, 1981, 80~84쪽을 참조.

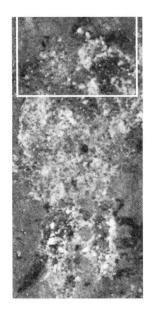

〈그림 2〉 '安平郡'으로 추정되는 글자의 'ㅗ' 부분(출처: 朝鮮畵報社 編, 『高句麗 古墳壁畵』, 民族文化, 1989)

묘주인 진鎭의 출신지는 '▨▨군 신도현 도향 ▨감리'로 기재되어 있다. 이 기록을 근거로 진의 출신지를 『고려사』 지리지의 가주嘉州 신도군信都郡과[10] 연관지어 평북 운전·박천 지역으로 비정하는 견해도 있으며(진=고구려인설),[11] 중국의 기주冀州 안평군安平郡(혹은 장락군長樂郡) 신도현으로 보는 견해도 있다(진=중국인설).[12] 이에 대해서는 당시 고구려의 행정적 편제를 군-현-향-리 형태로 보기 어렵다는 점, 그리고 기타 벽화와 관호 등에 나타난 중국 문화적 특징이 지적되면서 기주의 안평군(혹은 장락군) 신도현을 가리킨다고 보는 설(중국인설)이 일반적으로 받아들여지고 있다.[13]

그러나 '▨▨군'을 어디로 볼지에 대한 논란은 여전히 남아있다.[14] 1980년대 중엽에 진행된 덕흥리벽화고분에 대한 현지 조사 및 묘지명을 적외선 촬영한 결과

---

10 "嘉州 本高麗信都郡"(『高麗史』 卷58 志12 地理3 北界).

11 손영종, 「덕흥리벽화무덤의 주인공의 국적문제에 대하여」, 『력사과학』 1987-1, 1987.

12 武田幸男, 「德興里壁畵古墳被葬者の出自と經歷」, 『朝鮮學報』 130, 1989, 12~13쪽; 孔錫龜, 앞의 책, 1998, 148~149쪽.

13 이에 대한 연구사는 徐永大, 「德興里古墳墨書銘」, 『(譯註)韓國古代金石文(1)』, 駕洛國史蹟開發研究院, 1992, 81~88쪽을 참조.

14 '▨▨郡'에 대해서는 신도현이 소재한 (기주冀州) 안평군으로 보기도 하며(武田幸男, 앞의 논문, 1989, 28~29쪽), 서진대인 태강太康 5년(284)에 안평국安平國이 장락국長樂國으로 바뀌고 4세기 중엽 이후 신도현 주변을 점령하고 있던 후조後趙·전연前燕·후연後燕 등이 이를 장락군으로 변경한 이래 후대까지 이어진다는 점에 착안하여 '長樂郡'으로 판독하기도 한다(孔錫龜, 앞의 책, 1998, 157~158쪽).

〈표 5〉 안평군(국)의 시기별 명칭 변화 기록

시기	안평군(국)安平郡(國)·장락군 관련 기록
265년	(서진) 무제가 황제의 숙조叔祖 사마부司馬孚를 안평왕으로 봉함.*1)
284년	(서진) 태강 2년(281)에 안평왕이 죽자, 태강 5년(284)에 남궁왕南宮王의 아들 점祜을 세워 장락왕으로 삼음.*2)
316년	(후조) 석륵이 장락태수 정하程遐로 하여금 창정昌亭에 주둔하게 하였다.*3)
357년	(전연) 모용준의 장락태수 부안傅顔이 (하간 사람인 이흑을) 토벌하여 참하였다.*4)
396년	(후연) 2월 평규平規가 박릉·무읍·장락 3군의 군대로 노구魯口에서 반란을 일으켰다.*5)

* 1)『晉書』卷3 帝紀 第3 世祖武帝 炎 泰始 元年.
* 2)『晉書』帝紀3 世祖武帝 炎 太康 5年 2月.『송서宋書』에는 서진 무제武帝가 태강 5년(284)에 안평을 장락으로 개칭했다는 기록이 남아있다["晉武帝太康五年 又改爲長樂"(『宋書』卷36 志 第26 州郡2 冀州)].
* 3)『晉書』卷104 載記 第4 石勒上;『十六國春秋』卷12 建興 4年.
* 4)『晉書』卷110 載記 第10 慕容儁.
* 5)『資治通鑑』卷108 晉紀30 烈宗孝武皇帝下 太元 21年.

'▨▨군'의 첫 글자 윗부분에 'ㅗ'에 가까운 획과 두 번째 글자 가운데 부분에 'ㅡ' 획이 확인되었다.[15] 현재 확인할 수 있는 묵서의 사진인 〈그림 2〉로 판독해 본다면, 분명하지는 않지만 첫 번째 글자의 상부에 'ㅗ' 또는 'ㅗ'과 유사한 자획이 나타나므로 '長'자의 윗부분으로 판정할 수 없다. 즉, 남은 자획들을 고려한다면 '▨▨군'은 장락군보다는 안평군安平郡으로 판독하는 것이 타당하다.

〈표 5〉에 정리한 기록에서 확인할 수 있듯이 안평군은 265년에 서진의 무제가 숙조叔祖인 사마부를 왕으로 봉하면서 안평국이 되었으며, 284년에 남궁왕南

---

15 손영종,「덕흥리 벽화무덤의 주인공의 국적문제에 대하여」,『력사과학』1987-1, 1987, 13쪽; 손은철,「덕흥리벽화무덤과 관련한 그릇된 견해에 대한 비판」,『조선고고연구』2006-4(142호), 사회과학원고고연구소, 2006, 12쪽.

宮王의 아들 점玷을 세우는 과정에서 장락국으로 개칭되어 유지되었다. 서진이 멸망한 4세기 중엽 이후에 화북 일대를 차지한 후조·전연·후연도 이 지역을 장락군으로 칭하고 장락태수를 파견했을 뿐, 안평왕이나 안평태수를 둔 적이 없었다.[16] 요컨대 284년 이후 408년까지 '안평'이라는 지명은 행정적으로 공식 사용된 기록이 보이지 않으며 '장락'으로만 나타난다.

이 같은 사실에 비춰보면 408~409년에 작성된 진의 묘지에서 본적을 '안평군'으로 표기한 것도 당대의 공식 행정지명을 따른 것이라 보기 어렵다.[17] 이처럼 2군 고지에 안치된 중국계 망명인의 묘지에서는 행정지명이 공식 개칭된 이후에도 여전히 과거의 주·군명으로 본적을 표기하는 경우들이 나타난다는 점을 알 수 있다.[18]

이러한 현상의 원인을 살펴보기 위해 과거형 본적지 인식이 나타나는 다른 묘지의 사례와 그렇게 기재된 배경을 살펴볼 필요가 있다. 호북성 신주현新洲縣에서 발견된 전실묘의 명문전에 기재된 본적지 표기는 하나의 단서가 될 수 있을 것이다. 이 무덤 안에서는 서진대의 도기陶器·와기瓦器와 더불어 수십 점의 전돌이 출토되었는데, 연호나 연간지가 기재된 것도 3점이 발견되었다.[19] 이 가

---

16 孔錫龜, 앞의 책, 1998, 158쪽.

17 武田幸男, 앞의 논문, 1989, 28~29쪽.

18 기존에는 출신지 표기와 함께 망명인들이 칭한 중국식 관호官號가 과거 시기의 행정지명을 반영하고 있는 것이라 보고서 이러한 표현은 중국 왕조의 질서가 정상적으로 작동했던 후한~서진대의 이상적인 과거상을 무덤 안에 구현하려는 의도에서 만들어진 허상이라고 보기도 했다(武田幸男, 앞의 논문, 1989, 29쪽; 余昊奎, 앞의 논문, 2009, 177~178쪽). 이에 대해서는 다음 절인 '2. 이주민 집단의 인식을 반영한 관호'에서 망명인들이 태수·자사호를 칭한 배경을 논하면서 자세히 다룬다.

19 고분의 출토품에 대한 자세한 현황은 王善才·胡金豪, 「湖北新洲旧街镇发现两座西晋墓」, 『考古』 1995-4, 北京: 社会科学文献出版社, 1995, 381~383쪽을 참고.

운데 묘주의 출신과 관련된 명문전 2점에는 다음과 같은
명문이 있다.

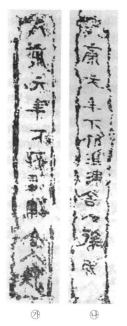

    ㉮ 太康元年下邳淮浦舍人徐(※ 좌우 반서)

    ➡ 태강 원년 하비下邳 회포淮浦의 사인인 서徐

    ㉯ 太康元年下邳淮浦舍人徐氏

    ➡ 태강 원년 하비 회포의 사인인 서씨[20]

    ㉮·㉯는 하비(군) 회포(현) 출신의 서씨에 대한 기록이
다. 명문전이 출토된 무덤의 소재지는 호북성 신주현 일
대인데, 본래 회포현은 지금의 강소성 연수현漣水縣 일대
에 해당한다. 아마도 서씨는 원래 출신지인 회포현을 떠
나 지금의 호북성 신주현 지역으로 이주해서 살다가 그
지역에 묻힌 듯하다. 서씨의 고분이 조영된 태강 원년은

〈그림 3〉 태강 원년명 명문전
(출처: 王善才·胡金豪, 1995, 앞
의 논문, 382쪽)

서진의 연호로 서기 280년에 해당한다. 문헌 기록에 의하면 회포현은 전한대에
임회군臨淮郡 소속이었으며,[21] 이후 후한 명제대인 서기 72년에 임회 지역을 하
비국으로 삼으면서[22] 회포현도 이때 비로소 하비국下邳國에 속하게 되었다.[23]

---

20 ㉮·㉯ 명문전의 탁본 사진은 王善才·胡金豪, 위의 논문, 382쪽에 실려 있으며, 판독문
    은 谷豊信,「中國古代の紀年塼─唐末までの銘文と出土地の考察」,『東京國立博物館紀
    要』34, 1999, 222쪽을 따랐다.

21 『漢書』卷28上 地理志 第8上.

22 "夏四月庚子 …(중략)… 改信都爲樂成國 臨淮爲下邳國"[『後漢書』卷2 顯宗孝明帝 劉莊紀
    第2 永平15年(72)]

23 『後漢書』卷30 志第21 徐州 下邳國.

왕조별 회포현의 행정 변화

(전한) 임회군 회포현 → (후한) 하비국 회포현 → (조위) 광릉군廣陵郡 회포현

→ (서진) 광릉군 회포현

그런데 회포현은 후한대 이후 서진 태강 원년(280)에 이르는 어느 시기에 광
릉군에 귀속되었고 서진대에도 계속 광릉군 산하에 있었다.[24] 구체적으로는 위
魏 조조曹操의 활동 시기(3세기 전반)에 광릉군 산하 해서海西·회포현의 주민이
반란을 일으켰다는 기사로 미루어,[25] 회포현은 조위대에 하비국에서 광릉군 산
하로 행정 소속이 변경되었다. 따라서 서씨의 고분이 조영된 280년보다 훨씬
이전부터 회포현은 광릉군 산하에 있었을 것이다.

그런데 위 명문전에는 회포현이 여전히 과거 후한대처럼 하비군(국) 소속의
현으로 표기되어 있다. 이는 회포현이 후한 명제 때인 서기 72년 이후 100여 년
이 넘는 기간 동안 하비국의 산하에 있었고 이에 회포현 출신 주민들 가운데는
행정 개편 이후에도 여전히 자신들을 '하비' 소속으로 인지하는 경우가 많았기
때문에 발생한 현상으로 보인다. 서씨는 이주한 지역에서도 자기의 본적인 '하
비'라는 지명을 오랫동안 견지했던 것이다. 이처럼 실제 중앙의 행정 개편과는

---

24 "淮浦令 前漢屬臨淮 後漢屬下邳 晉太康地志屬廣陵"(『宋書』卷35 志 第25 州郡1 南徐州);
『晉書』卷15 志第5 地理下 徐州 廣陵郡.

25 조위曹魏의 서선徐宣은 광릉군 해서인海西人인데, 해서·회포현의 주민이 반란을 일으켰을
때 군郡 산하의 도위와 현령이 서선의 집으로 도망쳤다고 한다. 또한 조조가 독군督軍 호
질扈質을 파견하여 반란을 토벌하게 했을 때 서선이 호질을 만나서 도왔다고 전한다["徐
宣字寶堅 廣陵海西人也 避亂江東 又辭孫策之命 還本郡. …(중략)… 海西·淮浦二縣民作亂
都尉衞彌·令梁習 夜奔宣家 密送免之 太祖遣督軍扈質來討賊 以兵少不進 宣潛見責之 示
以形勢 質乃進破賊"(『三國志』卷22 桓二陳徐衞盧傳 第22 徐宣)]. 여기서 조위대에 활동
했던 서선이 광릉군 출신이며 광릉군 산하에는 회포현이 있었음을 알 수 있다.

별개로 해당 지역의 주민이 자기 본적지의 옛 명칭을 오랫동안 견지했던 사례를 찾아볼 수 있다.

과거 개편되기 이전의 군현명을 고분에 표기한 사례는 낙랑·대방군 지역에서도 나타난다.[26] 황해남도 신천군 북부면에서 발견된 "太康四年三月昭明王長造"라는 명문전은 서진의 대방군이 아직 존속하던 태강 4년(283)에 작성되었다.[27] 여기서 눈에 띄는 부분은 왕장王長이라는 인물의 출신지가 '소명昭明'으로 기재되었다는 점이다. 소명현은 『한서』 지리지와 『후한서』 군국지[순제順帝 영화永和 5년(140) 기록]까지에서만 발견되고 『진서』 지리지(280년경 상황)의 낙랑·대방군 속현 가운데는 나타나지 않는다. 이는 서진대에 이르러 군의 영향력이 줄어들면서 낙랑군이 6현, 대방군이 7현으로 각각 축소되는 과정에서 소멸되었거나 개칭되었기 때문으로 여겨진다.[28]

즉, 늦어도 280년 이후부터는 더 이상 공식 행정지명이 아니었던 '소명'이 283년에 왕장이라는 인물의 무덤 전돌에 본적지명으로 버젓이 기재되어 있는

---

26 낙랑·대방군 주민이 중원의 다른 군 주민처럼 출신지명을 견지했다는 점은 4세기 초반 이후에 전연을 비롯한 북조 왕조들에서 교치僑置된 낙랑·대방군의 존재를 통해서도 알 수 있다. 313년 이후 교치된 낙랑군의 존재에 대해서는 千寬宇, 「溴河下流의 朝鮮」, 『古朝鮮史·三韓史硏究』, 一潮閣, 1989, 103~131쪽; 이성규, 「4세기 이후의 낙랑교군과 낙랑유민」, 『중국과 한국』, 서해문집, 2005, 216~226쪽을 참조.

27 榧本龜次郎 外, 「樂浪·帶方郡時代紀年銘塼集錄」, 『昭和七年度 朝鮮古蹟調査報告』, 1933; 金鍾太, 「樂浪時代의 銘文考」, 『考古美術』 135, 1977; 井內功, 「朝鮮瓦塼略考」, 『朝鮮瓦塼圖譜』 7, 1979; 林起煥, 「樂浪」, 『譯註韓國古代金石文(1)』, 駕洛國史蹟開發硏究院, 1992, 375쪽.

28 『진서』 지리지에 새로 등장하는 남신현南新縣을 이전의 소명현昭明縣이 개칭된 것으로 보기도 한다(地內宏, 『滿鮮史硏究』 上世 第1冊, 吉川弘文館, 1951, 46~53쪽; 李丙燾, 「眞番郡考」, 『韓國古代史硏究』, 博英社, 1976, 126~127쪽).

것이다.[29] 이는 신천군의 토착 사회에 기반을 두고 거주했던 한 유력자가 개편된 이후의 행정지명이 아닌, 자기 지역 혹은 집단 내에서 여전히 익숙했던 과거의 현명을 그대로 표기했던 사례로 볼 수 있다.[30]

이처럼 중앙정부 차원에서 주·군·현 단위의 명칭을 행정적으로 개편했다고 하더라도 그 지역 주민이 이를 그대로 인지하여 수용하는 데까지는 상당한 기간이 소요되었던 것 같다. 그 원인은 한대 이래의 주·군 편성이 수백 년 동안 유지되면서 주민들이 이를 단순히 인위적으로 구획된 행정단위가 아닌 본래의 사회적 생활단위이자 이해관계를 같이하는 공동체 단위로서 인식하게 되었기 때문이기도 하다. 특히 후한대 이래 호족 중심의 지역 개발 등으로 지역 단위 경제적 자립성이 크게 제고되었으며, 그들이 군현 행정기구를 독점하면서 군 단위에는 호족층의 횡적 연대와 이들을 상위로 하는 지역 주민 간의 연대 의식 및 자존 의식이 형성되기도 했다. 또한 군 단위의 지역 의식 성장과 함께 주 역시 하나의 지방 분권 단위로 부각되었다. 주자史刺史의 벽소辟召를 매개로 형성된 호족 출신 주州 속리층의 형성과 그들 간의 특수한 유대 의식, 군郡을 넘어선 호족 간의 교우交友·통혼通婚 관계 등은 주 단위의 동질적인 향리 의식을 형성하기도 했던 것이다.[31]

---

29 李丙燾, 위의 논문, 127쪽에서는 남신현으로 일시 개칭되었다가 이전의 소명현이라는 이름으로 다시 계속 사용되었거나, 『진서』 지리지에서 '소명昭明'을 (잘못해서) 누락했을 가능성 등을 제기했다. 다만 가설 수준으로 언급했을 뿐 명확한 근거나 계기적 추론이 제시되지는 않았다.

30 孔錫龜, 앞의 책, 1998, 99쪽.

31 주·군 단위의 연대 의식 형성에 대해서는 李成珪, 「中國帝國의 分裂과 統一——後漢體制 이후 隋唐統一의 形成過程을 중심으로」, 『歷史上의 分裂과 再統一(上)』, 一朝閣, 1992, 105~108쪽을 주로 참고하였다.

이와 같이 주·군의 자립 기반 형성과 응집력이 높아진 결과 후한 말에 원소袁紹와 공손찬公孫瓚 같은 군웅들이 각각 기주, 유주를 단위로 할거하면서 주목州牧을 자칭하기 시작했다. 또 서진의 붕괴로 촉발된 혼란기에는 화북의 호족들이 중심이 된 자위自衛 집단들이 주 또는 군 단위로 결집하기도 했다.[32] 북쪽에서 온 이주집단이 다수 유입된 동진에서 화북 지역의 지명이 그대로 반영된 교주僑州·교군僑郡·교현僑縣을 설치했던 것도 동향同鄕 이주민들의 결집이 주된 원인으로 작용했다.[33]

후한대 이후 위·진대에 행정지명이 개칭되거나 주·군의 귀속처를 변경하는 일이 빈번하게 발생하더라도 그 지역 토착민의 보수적인 본적지 인식을 완전히 바뀌게 하는 데까지는 상당한 기간이 소요되었음을 알 수 있다. 특히 4~5세기에 북방 이민족들의 진출로 인해 화북에 여러 왕조가 난립하였던 시대적 배경과 이주민의 본향本鄕에 대한 회구懷舊의 염원 등이 더해지면서 과거 개칭되기 이전의 주·군·현명을 자신의 출신 지역으로 오랫동안 기억하고 이를 그대로 본적지로 표기하는 현상은 더욱 빈번하게 나타났을 것으로 생각된다.

4~5세기에 중국계 이주민들이 자신의 출신 주·군·현명을 견지한 현상은 한반도로 넘어온 뒤에도 이어졌으며, 그 지명들 가운데는 당대의 행정지명이 아닌 경우들도 더러 발견된다. 그렇다면 이 당시 고구려에 들어왔던 중국계 이주

---

32 서진 말의 혼란 이후 소규모 자위 집단이 주자사州刺史나 군태수의 이름 아래 결집하여 활동했음은 다음 사례를 참고할 수 있다["及京師大亂 遂率親黨數百家避地泗 以所乘車馬載同行老疾 躬自徒步 藥物衣糧與衆共之 又多權略 是以少長咸宗之 推遂爲行主 達泗口 元帝逆用爲徐州刺史 尋徵軍諮祭酒 居丹徒之京口 …(중략)… 帝乃以遂爲奮威將軍 豫州刺史 給千人廩 布三千匹 不給鎧仗 使自招募 …(중략)… 初 北中郎將劉演距于石勒也 流人塢主張平 樊雅 等在譙 演署平爲豫州刺史 雅爲譙郡太守 又有董瞻 于武 謝浮等十餘部 衆各數百 皆統屬平"(『晉書』卷62 列傳 第32 祖逖)].

33 자세한 사례들은 박수정, 앞의 논문, 186~197쪽을 참고.

민들 중에도 유입될 당시에 출신 주·군별로 소규모나마 집단을 이루거나 자신들의 본적지명을 견지한 경우도 더러 있었을 것이다.

앞서 언급했듯이 2군 고지의 중국계 고분 내에 기재된 묵서와 벽화 등에는 이 지역에 안치되었던 이주민 집단의 관념이 생생하게 반영되었을 가능성이 높다. 동수와 진의 고분에서 과거에 개편되기 이전의 주·군 단위 명칭이 표기된 사례 역시 망명인 묘주 일족들, 혹은 그 예하에 함께 안치되었던 이주민 집단의 출신 주·군에 대한 보수적인 인식이 반영된 결과일 것이다. 예컨대 요동군은 서진 초인 276년에 유주 소속에서 평주 소속으로 개편되었지만, 동수와 같은 요동군 출신의 이주민이 갖는 유주에 대한 소속감과 공동체 의식은 단기간에 사라지지 않았을 것이다. 280년대부터 개편되었던 '안평'이라는 옛 군명이 408년에 장례를 치른 진의 묘지에 등장하는 것도 같은 맥락이라고 생각해볼 수 있다.

2. 이주민 집단의 인식을 반영한 관호官號

2군 고지에 묻힌 망명인들의 묘지에는 중국 지명이 적힌 관호들도 보인다. 본래 2군이 존속했던 시기인 313년 이전의 명문전 자료들에도 장잠장長岑長이나 오관연五官掾 등의 군현 관련 관호들이 드물게 나타났지만 대체로 본다면 군현의 속리급에 그쳤다.[34] 한반도에 설치된 낙랑군의 역사가 420여 년임에도 해

---

34 황해남도 신천군에서 발견된 '정시 9년正始九年'명(248)에서 수장잠장守長岑長을 칭한 ▨君의 사례(1장 〈표 1〉의 4번), 또 같은 신천군에서 발견된 '함녕 원년咸寧元年'명(275)에서 '오관연작五官掾作'이라고 기재된 사례(1장 〈표 1〉의 17번) 등이 있다. 관련 논의는 孔錫龜, 앞의 책, 1998, 91~93쪽을 참조.

당 군현에서 장리직을 역임한 뒤 고분에 묻힌 사례가 드문 까닭은 한대 이래로 본군本郡 출신의 장리 선발을 피하는 '회피제'가 대부분 지켜졌기 때문으로 보인다.[35] 즉, 2군에 부임했던 외부 지역 출신의 장리는 임기를 마치면 돌아갔거나, 설령 임기 중에 사망하더라도 고향으로 귀장歸葬되는 경우가 대부분이었을 것이다.

이에 비해 4세기 중반 이후 2군 고지의 명문전과 석실봉토벽화분의 묵서에는 묘주가 태수급 이상의 지방관호를 칭한 사례가 다수 나타난다. 장무이가 대방태수를, 동리가 요동·한·현도태수를, 동수는 낙랑상·창려·현도·대방태수를, 진은 유주자사를 칭하였다〈표 6〉 참조). 이는 주로 중국계 망명인들에 한해 나타나는 현상인데, 이들이 태수·자사호를 칭한 시기는 망명 이전과 이후일 가능성이 모두 있다. 이것들 중에서 고구려로 들어온 이후에 칭한 관호가 분명해 보이는 몇 가지 사례가 있다. 우선 동리가 칭한 요동·한·현도태수 중에 한태수韓太守는 중국 왕조에서 설치된 적이 없다.[36] 따라서 한태수를 비롯하여 순서상 그와 동시에, 혹은 이후에 칭한 것으로 보이는 현도태수가 망명한 뒤에 칭한 관호라고 생각할 수 있다.

덕흥리벽화고분 진의 묵서에서는 장군호와 기타 관호들이 각각 역임했던 순서에 따라 위계대로 나열되어 있다. 여기서 고구려 관등인 (국)소대형國小大兄은 진이 고구려에 망명한 이후 수여받은 것으로 보이므로, 그 다음에 기재된 좌장군左將軍·용양장군龍驤將軍의 장군호(관품)에 대응하는 관직인 사지절·동이교위·유주자사도 망명 이후 새로이 칭하게 된 관호라고 볼 수 있다.[37]

---

35 孫秉憲, 「樂浪古墳의 被葬者」, 『韓國考古學報』 16·17합, 1985, 10쪽.

36 孔錫龜, 앞의 책, 1998, 96쪽; 임기환, 앞의 책, 2004, 167쪽.

37 武田幸男, 앞의 논문, 1989, 18~19쪽.

고분	묘주	시기	역임관	예하 관원	표기 형태
로암리돌천장 전축분	장군張君	342	[서]읍태수[西]邑太守	–	명문전
태봉리1호분 (장무이묘)	장'무이'	348	대방태수帶方太守, 무이撫夷	주부主簿	명문전
평양역전 전실분	동리	353	요동·한·현도태수遼東·韓·玄菟太守	–	명문전
안악3호분	동수	357 (사망)	사지절도독제군사使持節都督諸軍事 평동장군平東將軍, 호무이교위護撫夷校尉, 낙랑상樂浪相, 창려·현도·대방태수도향후昌黎·玄菟·帶方太守都鄕侯 (훙관薨官)	기실記室, 소사小史, 성사省事, 문하배門下拜, 장하독帳下督	묵서
덕흥리벽화 고분	▨▨진	408 (안장)	건위장군建威將軍 국소대형國小大兄 좌장군左將軍·용양장군龍驤將軍 요동태수遼東太守 사지절使持節·동이교위東夷校尉·유주자사幽州刺史	• '13군태수', 계현령薊縣令, 도위都尉 • (막부幕府): 장사[長]史, 사마[司]馬, 참군參軍, 전군典軍, 녹사錄事, ▨조曹, 첨사僉史, 제조諸曹 • (주부州府): 사마司馬, 어사御使, 치중治中·별가別駕	묵서

그런데 이처럼 고구려로 망명한 이후에 칭한 것이 분명한 듯한 관호들 가운데도 2군 고지와 무관해 보이는 지명의 관호가 나타난다. 예컨대 동리의 현도태수는 그가 안치된 2군 고지와는 관계없는 태수호였다. 또 진의 유주자사도 그 치소인 연국燕國의 위치 등을 감안하면 망명 이후에 활동한 지역과 직접 관련되었다고 보기는 어렵다. 이 사례들은 망명인들이 2군 고지에 와서 칭했던 태수·자사호가 자신들이 거주했던 지역을 기반으로 토착화하여 주변에 세력을

과시할 용도라고 보기는 어렵다는 점을 알려준다.[38]

이에 고구려가 옛 군현의 통치 방식과 전통에 익숙한 2군 고지의 토착 한인 사회를 대상으로 중국계 망명인들을 적극 활용한 통치를 진행했으며, 이 과정에서 망명인들에게 일부 중국식 관호를 수여했을 것이라는 의견이 제시되었다.[39] 예컨대 2군 고지에 의제적擬制的 군현을 설정한 뒤 동수 등의 망명인들을 그 상징적 장관으로 임명하는 과정에서 중국식 관호가 활용되었다거나,[40] 동수의 사지절도독제군사는 고구려가 도독제를 차용하여 수여한 것이고,[41] 진의 사지절·동이교위·유주자사 등은 고구려 정권이 개설한 막부의 관호라고 보기도 했다.[42] 이 외에도 고구려가 2군 고지의 토착 세력을 회유하거나 편제하려는 목적으로 고구려의 고유한 관직체계와는 별도로 중국식 관호들을 운영했을 가능성 등이 논의된 바 있다.[43]

동수·진·장무이·동리 등 중국계 망명인들이 2군 고지에서 스스로 자립하여 독자 세력을 구축하기는 어려웠을 것이라는 점에는 동의할 수 있다. 그러나 그러한 정황만으로 이들이 칭한 중국식 관호를 '수여직'이라고 단정하는 것은 좀

---

38 임기환, 앞의 책, 2004, 167~168쪽.

39 이에 대한 상세한 소개와 비판은 이 책의 '서론: 연구 현황과 접근 방법'을 참조.

40 窪添慶文, 앞의 논문, 1981, 44~45쪽.

41 임기환, 앞의 책, 2004, 180쪽.

42 진의 휘하에는 막부幕府의 장사長史·사마司馬·참군參軍과 주부州府의 치중治中·별가別駕 등 막부와 주부가 결합된 조직이 있었는데, 이는 고구려 국왕이 개설한 막부 조직으로서 2군 고지의 세력을 고구려 지배하에 편제하는 기능을 했다는 것이다(임기환, 앞의 책, 2004, 194~196쪽).

43 김미경, 앞의 논문, 1996, 29~49쪽; 이동훈, 『고구려 중·후기 지배체제 연구』, 서경문화사, 2019, 84~101쪽.

더 신중한 판단을 요한다. 더욱이 4~5세기 무렵 고구려는 영토 내에 한인漢人 외에도 다양한 종족을 포함하고 있는 다종족 국가였는데, 굳이 2군 고지의 한계漢系 주민들을 대상으로만 별도의 중국식 관직체계를 만들어서 운영할 필요가 있었을까.

기존 연구에서는 2군 고지에 과거 중국 군현이 오랫동안 유지되면서 정치·문화적으로 선진화되었기 때문에 그 주민들을 고구려 체제하에 쉽게 동화시키기 어려웠을 것이라고 보았다. 이 때문에 고구려가 중국계 망명인을 그곳으로 파견하고 별도의 중국식 관직체계를 활용해 현지인들의 정치적·문화적 충격을 줄이는 가운데 통치했다고 추정했다.[44] 그러나 과거에 중국 왕조의 오랜 지배 영역이었기 때문에 그곳 주민에게 고구려식 지배를 적용하기 어려웠을 것이라는 주장은 다소 막연한 추정이다. 2군보다 훨씬 더 광범위한 지역과 많은 인구를 포괄하고 있으며 더 오랫동안 중국 왕조의 지배하에 있었던 요동 지역을 대상으로는 위와 같은 지배 방식이 적용되었다고 볼 만한 고고학적 근거가 특별히 발견되지 않았다. 게다가 앞서 지적한 대로 2군 고지에서 4세기 초반부터 중반까지 군현 계통의 고분이 지속적으로 발견된 지역은 신천군 일대로 한정되지만, 4세기 중반 이래 중국계 망명인들의 고분이 조영되는 곳은 신천군을 제외한 안악·봉산·평양시·강서구역 등 다양한 지역에 걸쳐 있다. 따라서 망명인들이 안치된 주된 목적을 기존의 군현계 토착 세력과 연관짓는 것은 적절하지 않다.

동수가 칭한 호무이교위, 창려·현도·대방태수 등은 그가 모용황을 배신하고 모용인의 휘하에 들어간 뒤에 받았을 수도 있으나,[45] 이 역시 관련 기록이 남아있지 않은 상황에서 제시된 하나의 막연한 가설에 불과하다. 그 밖에 동수의

---

44 임기환, 앞의 책, 2004, 175쪽.
45 임기환, 위의 책, 159쪽.

낙랑상樂浪相을 고구려 왕이 외교상 책봉받은 낙랑공樂浪公과 연계된 관직으로 보기도 한다. 즉, 355년에 고국원왕이 전연으로부터 낙랑공의 작위를 받을 때[46] 이에 연동하여 동수가 수여받은 하위관으로 본 것이다.[47] 그리고 그 수여의 배경으로 고구려-전연 간의 외교교섭 과정에서 동수의 일정한 역할이 있었다는 추정도 제기되었다.[48]

그런데 355년을 전후하여 동수가 고구려와 전연의 외교 관계에 기여했다는 설 역시 기록에는 전혀 보이지 않는 막연한 추측이며, 과거 모용준慕容儁의 부친인 모용황을 배반했던 전력이 있는 그가 어떤 계기로 다시 양국 간의 교섭에 중개자로 등장할 수 있었는지에 대한 해명도 전혀 이루어진 바 없다. 요컨대 동수의 일부 관호들을 모용씨 세력(전연)으로부터 수여된 것으로 보는 설은 현재로서는 막연한 가설에 불과하다.

또한 동수를 비롯한 망명인들의 중국식 관호들을 고구려로부터 수여받았다고 보는 설도 여러 가지 문제가 있다. 안악3호분이나 덕흥리벽화고분의 벽화에는 묘주의 사회적 지위 및 공적 활동과 관련된 복식과 다양한 의장물이 그들이 칭한 관호와 연계되어 표현되었는데, 그 대부분은 중국 왕조의 제도·법식을 일관되게 따르고 있다.[49] 예를 들어 안악3호분의 묘주도에서 동수는 흑책黑幘 위

---

46 "高句麗王釗 遣使詣燕納質修貢 以請其母 燕主儁許之 …(중략)… 以釗爲征東大將軍 營州 刺史 封樂浪公 王如故"[『資治通鑑』 卷100 晉紀 穆帝 永和 11년(355) 12月].

47 坂元義種, 「金石文(Ⅱ)―朝鮮」, 『考古學ゼミナール』, 山川出版社, 1978, 266쪽; 武田幸男, 앞의 논문, 1989, 30쪽.

48 임기환, 앞의 책, 2004, 160~161쪽.

49 孔錫龜, 「高句麗의 南進과 壁畵古墳」, 『한국고대사연구』 20, 2000, 372~384쪽; 孔錫龜, 「安岳 3號墳 主人公의 節에 대하여」, 『高句麗硏究』 11, 2001, 77~79쪽; 孔錫龜, 「安岳 3號墳의 幢에 대하여」, 『高句麗硏究』 19, 2005, 217~222쪽.

에 무관武冠을 착용한 모습인데, 이는 진대晉代의 무관 계층이 흑색의 평상책平
上幘 위에 무관을 착용했다는 기록과[50] 일치하며, 동시에 묘지의 평동장군平東
將軍이라는 3품 장군호의 신분적 지위에도 부합한다는 지적이 있었다.[51] 이처
럼 동수가 칭한 관호와 함께 벽화의 묘주도에 묘사된 복식은 일관되게 중국 왕
조의 정치·제도상에 부합하는 형태라고 할 수 있다. 만약 동수가 고구려의 관
인이었거나 혹은 그 통제하에 있던 상황에서 중국식 관호를 수여받은 것이라고
가정한다면, 안악3호분의 벽화에 동수와 그 예하 관원들이 착용한 관복과 관모,
심지어 정치적 지위와 관련된 공적 기물들이 대부분 중국식으로 표현된 것은
납득하기 어려운 현상이다.

동수 이외의 망명인들이 고구려에 온 뒤 칭한 것으로 보이는 태수·자사호
들, 예컨대 동리의 한·현도태수, 진의 유주자사 등의 관호들 역시 고구려에서
수여한 것이라고 가정할 경우 풀리지 않는 의문이 여전히 많다. 동리가 고구려
로 망명한 이후에 한·현도태수를 수여받은 이유는 무엇일까. 또 진의 유주자사
가 고구려로부터 수여된 관직이라면 덕흥리벽화고분 내의 벽화에 그와 그 예하
관원들의 관복이 일관되게 중국식으로 표현되고 더 나아가 관할 범위인 유주의
치소가 연국燕國(현 북경北京 인근)임을 굳이 언급한 이유가 분명하지 않다. 이와
같이 고구려 정권의 관인이거나 혹은 그 통제하에 있음에도 불구하고 그들이
수여받거나 칭한 관호는 여전히 중국 왕조의 제도를 기반으로 했거나 그것을
지향하는 표현이 대부분인 것이다.

한편, 중국계 망명인들의 고분 내에 그려진 인물들의 복식과 그들이 칭한 관
호가 고구려 제도와 무관하다는 점에 착목하여, 그것들의 현실성을 부정하는

---

50 『晉書』권25 志15 輿服.

51 孔錫龜, 「安岳3號墳 主人公의 冠帽에 대하여」, 『高句麗硏究』 5, 1998, 189~191쪽.

견해도 제기되었다. 2군 고지 내 망명인들의 과거형 본적지 표기 관행과 함께 그들이 칭한 중국식 관호들 가운데도 과거의 행정지명을 반영한 사례들이 있다 보고, 이러한 표현은 중국 왕조의 질서가 정상적으로 작동했던 후한 또는 서진 초의 이상적인 시대상을 무덤 안에 구현하려는 의도에서 만들어진 허상虛像이라고 본 것이다.[52] 이러한 허상은 현실과 무관한 피장자의 염원, 즉 과거에 중국 왕조의 지배질서가 정상적으로 작동하던 시기를 묘사한 일종의 판타지(fantasy)이며, 이 이상향 속에 표현된 중국식 관호들 역시 현실과는 무관하다고 보았다.

여기서 출신지와 일부 관호 앞의 지명들이 당대 행정지명과 맞지 않음을 지적한 것은 타당하지만, 그것이 과연 과거의 '이상적' 시대(왕조) 속에서 묘주가 가상으로 관직을 역임한 장면을 묘사했는지에 대해서는 재고가 필요하다. 특히 진의 묘지에는 유주자사 등의 중국식 관호 외에도 (국)소대형이라는 고구려의 관등이 나란히 기재되어 있으며, 연대를 표기할 때는 고구려의 '영락永樂' 연호를 표기해놓기도 했다. 판타지 속에서 실제(fact)가 별다른 구분 없이 혼재된 상황이 되는 셈이다. 게다가 2군 고지에 안치된 망명인들의 고분 내에서 나타나는 행정지명과 관호들이 특정 시점이나 특정 왕조의 제도 현황을 '일관되게' 표현했다고 볼 수 있는지도 문제이다.

이와 관련하여 덕흥리벽화고분의 전실 서벽에 그려진 13군 태수의 내조도來朝圖와 유주에 관한 묵서들을 자세히 살펴보자. 이는 진이 칭한 유주자사의 실체를 가장 구체적으로 드러내는 장면 및 그에 대한 기록이다.[53] 13군 태수의 내

---

52 다케다 유키오는 덕흥리벽화고분 속에 표현된 유주 산하 13군 75현이 후한대를 염두에 두고 기술한 것으로 보았으며(武田幸男, 앞의 논문, 1989, 29쪽), 여호규는 서진 초를 배경으로 표현된 것으로 보았다(余昊奎, 앞의 논문, 2009, 177~180쪽·185~188쪽).

53 묵서의 판독은 鄭燦永, 「德興里壁畵古墳の文字について」, 『德興里高句麗壁畵古墳』, 朝鮮畵報社, 1986, 122쪽을 따랐다.

〈그림 4〉 덕흥리벽화고분 전실 서벽의 태수내조도(출처: 朝鮮畵報出版部 編,『高句麗古墳壁畵』,
朝鮮畵報社, 1985)

조도(이하 '태수내조도')는 상단과 하단으로 크게 구분된다. 총 13명의 태수 혹은
내사內史가 그려져 있으며, 도상의 맨 우측 상·하단에는 '통사리通事吏'가 각각
1인씩 묘주 앞에 무릎을 꿇고 있는 모습으로 자리하고 있다.

각각의 태수·내사 인물의 우측에는 노란색 바탕의 네모 칸을 세로로 그려놓
고 그 위에 검은 묵서로 인물의 직명과 더불어 '내조하시來朝賀時', '내논주시來論
州時', '내조시來朝時' 등의 명문이 적혀 있다. 이 그림은 묘주 진의 유주자사 역
임 시 예하 태수들이 찾아와 조회하는 장면을 묘사한 것으로, 그 예하의 군 단위
행정 편제가 구체적으로 어느 시기를 근거로 했는지 살필 수 있는 자료이다.[54]

---

54 이것이 실제로 진의 휘하에 13군 태수(내사)가 존재했음을 입증하는 것인지에 대해서 논

〈표 7〉에서 볼 수 있듯이, 태수내조도 상단의 묵서 가운데 ⓑ에는 유주 산하 13군 75현의 존재와 낙양洛陽을 기준으로 한 유주의 지리적 위치가 기록되어 있고,[55] 또 "주의 치소가 '광계'(광양군廣陽郡 계현薊縣)였는데 지금은 치소가 연국(州治廣薊今治燕國)"이라는 내용도 기재되어 있다.[56] 여기서 '지금(今)'이 가리키는 시점이 언제인지를 둘러싸고 진이 유주자사에 재임했던 시기를 말하는 것인지, 혹은 진이 사망한 뒤에 고분을 조영한 시점을 의미하는 것인지에 대해 논란이 벌어지기도 했다.[57]

란이 있을 수 있다. 이 그림에서는 13군 태수가 의관을 갖추고 나란히 묘주 앞에 도열해 있는데, 이들이 한곳에 모인 장면 자체는 분명 진실이 아닐 수 있으며, 진의 휘하에서 13인이 동시에 태수(내사)라는 직위를 칭했더라도 개중에 일부는 말 그대로 예하 주민이 극소수인 명목상의 것일 수도 있다. 다만 상단의 우측에서 두 번째 인물인 연군태수燕郡太守는 홀로 무관모인 개책을 착용한 가운데 분위장군奮威將軍이라는 장군호를 칭하고 있다. 사료에서도 찾기 어려운 이러한 특수한 사례는 진의 집단에 있었던 실제 현황을 반영한 것으로도 해석될 수 있다. 이처럼 현실과 과장이 일부 뒤섞인 이 그림은 100% 거짓이냐, 참이냐로 단정할 수는 없으며, 먼저 고분에 묘사된 전체 벽화의 서사 속에서 표현 의도를 파악하는 것이 순서라고 생각된다. 이와 관련된 내용은 4장에서 다룰 것이다.

55 태수내조도에 낙양이 기점으로 표기된 배경에 대해서는 후술할 것이다.

56 광양군은 조위 황초黃初 연간에 연군燕郡으로 고쳐졌으며, 이때 주치州治도 연군 계현薊縣이 되었다. 이후 연국燕國이 된 것은 명제明帝 태화太和 6년(232)에 조우曹宇가 연왕으로 봉해진 일이 계기가 되었으며(『三國志』 卷20 魏書 第20 武文世王公傳 第20 燕王宇), 서진대에도 유주의 치소는 연국 계현으로 유지되었다(『晉書』 卷14 志第4 地理上 幽州 燕國). 위 기록에서 "今治燕國"이라고 한 것은 바로 조위대에 행정 명칭이 광양군에서 연국으로 변경되었음을 설명한 것으로 보인다. '연국'을 모용씨가 세운 국가인 후연으로 보는 견해도 있지만(孔錫龜, 1998, 앞의 책, 176쪽), 광양군 계현('廣薊')과 비교된 것으로 보아 주州 치소로서의 연국을 가리킨다는 해석이 더 자연스럽다(武田幸男, 앞의 논문, 1989, 29쪽).

57 묵서를 작성할 당시, 즉 진鎭의 사망 이후를 '今'으로 보고, 진의 재임 시에는 주州의 치소가 광양군 계현이었는데 묵서의 작성 시점(408)에는 치소가 연국燕國이라는 의미로 해석할 수 있다는 견해도 제시되었다(武田幸男, 앞의 논문, 1989, 29쪽).

〈표 7〉 태수내조도에 기록된 묵서

상단

ⓗ	ⓖ	ⓕ	ⓔ	ⓓ	ⓒ	ⓑ	ⓐ
代郡內史來朝▨▨▨	廣寧太守來朝時	上谷太守來朝賀時	魚*1)陽太守來朝時	范陽內史來朝論州時	奮威將軍燕郡太守來朝時	此十三郡屬幽州部縣七十五州 治廣薊今治燕國去洛陽二千三百 里都尉一部幷十三郡	六郡太守來朝時通事吏

하단

ⓟ	ⓞ	ⓝ	ⓜ	ⓛ	ⓚ	ⓙ	ⓘ
[帶方太守]▨▨▨	濼*2)浪太守來▨▨▨	玄兎太守來朝	遼東太守來朝賀時	昌黎太守來論州時	遼西太[守來]朝賀時	[北平]太守來朝賀時	諸郡太守通事吏

* 1) 鄭燦永, 「德興里壁畵古墳の文字について」, 『德興里高句麗壁畵古墳』, 朝鮮畵報社, 1986, 122쪽의 묵서 사진에 의하면 魚자는 다소 희미하지만 아래의 '灬'획 일부를 제외하면 판독하는 데 큰 무리가 없다. 다음 글자는 陽자로 판독된다.

* 2) 社會科學院의 보고서 사진에 의하면 좌측에 '氵'변이 분명하게 확인되므로 '濼'으로 판독한다.

※ 판독은 『德興里高句麗壁畵古墳』, 朝鮮畵報社, 121쪽을 참조했다. ▨은 보이지 않는 글자, [ ]은 보이지 않으나 추독한 부분이다.

ⓑ의 '광계廣薊', 즉 광양군 계현은 후한대까지 존재했으며, 이후 조위曹魏 황초黃初 연간(220~226)에 광양군이 연군燕郡으로 개칭된 뒤로는 다시 이전의 명칭으로 돌아간 적이 없다. 따라서 "주의 치소가 광양군 계현이었다"는 말은 조위 황초 연간보다 이전의 시점을 가리킬 것이다. 또한 ⓒ에는 묘주 진이 유주자사로 활동할 시점에 유주의 치소에 해당하는 군의 지방관이 등장하는데, 그의 직명이 광양태수가 아니라 개칭된 이후의 명칭인 연군태수燕郡太守로 기록되어 있다. 즉, 진의 재임 시점에는 유주의 치소 명칭이 연군[58]으로 표현된 것이다. 그렇다면 일단 ⓑ의 '지금(今)'은 광양군이 연군으로 바뀐 뒤의 시점을 가리킬 것이므로 후한대는 아니며 조위대 이후의 시기일 수 있다.

이러한 점을 염두에 두고 덕흥리벽화고분 속에서 진이 유주자사를 재임한 시기는 3세기 후반인 서진 초의 시대상을 배경으로 했다고 보는 의견도 있었다.[59] 그러나 아무리 과거의 특정 시기를 이상향으로 설정했다고 하더라도 5세기 초반에 만들어진 고분 안에 서진 초 시기를 '지금(今)'이라고 표현한 것은 어딘가 어색하다. 게다가 같은 무덤의 묘지에는 유주자사와 함께 망명 이후 고구려에서 수여받은 '국소대형' 관등이 표현되어 있으며, '영락 18년(408)'이라는 고구려의 연호도 함께 제시되고 있다.

그렇다면 ⓑ에 제시된 유주에 대한 정보는 고분 조영 당시를 기준으로 하여 이를 바라보는 독자에게 어떤 정보를 제공하려는, 지극히 현실적인 의도하에

---

58 북위대에 연국燕國은 유주의 치소인 연군燕郡과 동의어로 쓰이기도 했다. 자세한 내용은 園田俊介, 「北魏時代の樂浪郡と樂浪王氏」, 『中央大學アジア史研究』 31, 2007, 14쪽을 참조.

59 낙양이 수도이면서 평주平州가 설치되기 이전의 시기, 좀 더 구체적으로는 중국이 통일왕조로서 정상적으로 운영되던 서진 초기를 모델로 표현한 것이라고 보았다(余昊奎, 앞의 논문, 2009, 176~188쪽).

작성된 것이 아닌가 하는 생각이 든다. 즉, ⓑ의 '지금(今)'은 묵서를 작성한 시점(408)을 기준으로 했으며, 독자에게 과거의 치소명인 '광계'(광양군 계현)와 작성 당시의 치소명인 '연국'을 함께 상기시키고자 나란히 기재했다고 보는 것이 더 적절하지 않을까. 굳이 전후 시기의 치소명을 모두 제시한 이유는 진이 안치된 지역의 주민집단 기억 속에 유주 치소는 후한 이래의 '광양군 계현'이라는 과거의 지명과 연국(혹은 연군)이라는 현재('今')의 지명이 혼재되어 있었기 때문이라고 생각된다. 다양한 성향의 사람들이 함께 모여 있던 이주집단의 내부에는 유주 치소에 대해 후한대까지 오랫동안 사용되었던 '광양'이라는 과거 지명과 '연국'이라는 현재 지명으로 인식하는 사람들이 공존했던 것이며, 따라서 이들 모두를 위해 기재한 묵서에 두 지명을 시간순으로 나란히 제시했던 것이다.[60] 이는 고분의 묘지에 묘주의 본적지를 종종 과거의 지명으로 표기하기도 했던 2군 고지 망명인들의 관념과도 상통하는 점이 있다.

태수내조도에 보이는 진의 유주자사 재임 시점이 서진 초에 해당한다고 볼 수 없다는 점은 유주 산하 13군의 구성을 통해서도 알 수 있다. 태수내조도에는 유주 산하의 연군·범양·어양·상곡·광녕·대군·북평·요서·창려·요동·현도·낙랑·[대방]의 13군이 나타나는데,[61] 이는 서진 초인 276년에 이미 평주 산하로

---

60 이러한 해석은 정화승, 「4~5세기 樂浪·帶方郡 故地 내 중국계 집단의 문화·전통 지속과 그 배경」, 서울시립대 석사학위논문, 2024, 55~56쪽에 자세히 언급된 바 있다. 한편 고분 속의 묵서가 진의 관하에 있던 이주민들 가운데 고분을 관람하는 사람을 위해 작성했다는 점에 대해서는 이 책 4장의 내용을 참조하기 바람.

61 태수내조도의 상·하단으로 구분된 두 지역 군群은 연국을 중심으로 크게 동서 지역으로 구분된다. 이와 관련하여 태수내조도의 상·하단 두 지역 군이 만리장성을 기준으로 구분되었다고 보는 시각도 있다(김근식, 「德興里 壁畫古墳의 墨書와 圖像 검토를 통해 본 鎭의 國籍」, 『東國史學』 52, 2012, 18쪽). 그러나 하단의 요서군과 북평군이 상단의 다른 군들처럼 만리장성 이동以東에 위치하고 있기 때문에 그렇게 볼 수는 없다. 두 지역군은

편제되었던 다섯 군(창려·요동·현도·낙랑·대방군)까지 모두 포괄한 것이다.[62]

그런데 〈표 8〉에 의하면 태수내조도에 표현된 유주 산하 13군은 후한(11군)이나 서진 초(12군)의 유주 편제와 일치하지 않는다. 후한대에는 연·범양·광녕·창려·대방의 5군이 설치되지 않았으며, 서진 초에도 ⓒ의 어양군은 이미 폐지된 상태였다.[63] 서진 초의 유주보다 이상적인 형태를 구현하기 위해 어양군을 가상으로서 추가했을 것이라는 해명도 있지만,[64] 군이 어양군이 추가되어야만 '이상적인' 유주가 된다는 근거는 불분명하다.[65]

주치州治인 연국을 기준으로 나뉘었다고 보는 것이 타당하다. 또한 상·하단의 각 군은 주치(연국 계현)를 기점으로 거리순(주치州治−군치郡治)에 따라 나열된 것으로 보인다. 상단에는 연국과 바로 인접한 범양군을 제외하면 모두 주치인 연국을 중심으로 한 거리순서(동→서)이며, 하단의 군들도 마찬가지로 연국을 중심으로 가까운 곳(서쪽)에서 점점 먼 거리순(서→동)으로 기재되어 있다(각 군의 위치는 譚其驤 主編, 『中國歷史地圖集(3)―三國·西晉時期』, 中國地圖出版社出版, 1996, 41~42쪽의 幽州·平州 지도를 참조). 이를 통해 태수내조도에서 글자가 분명하지 않은 일부 군명郡名들을 〈표 7〉의 [ ] 속 글자와 같이 추독할 수 있다.

62 "咸寧二年(276) 十月 分昌黎·遼東·玄菟·帶方·樂浪等郡國五置平州 統縣二十六 戶一萬八千一百"(『晉書』卷14 志 第4 地理上 平州).

63 어양군은 조위 명제대(227~239)에 폐지되었고["魏武定霸 三方鼎立 生靈版蕩 開洛荒蕪 所置者十二(新興·樂平·西平·新平·略陽·陰平·帶方·譙·樂陵·章武·南鄉·襄陽) 所省者七(上郡·朔方·五原·雲中·定襄·漁陽·廬江)"(『晉書』卷14 志第4 地理上)], 서진대에도 연국에 합쳐진 형태로 나타난다. 『후한서』 군국지에 나오는 어양군의 속현은 9곳인데, 어양군이 폐지되면서 이 가운데 일부도 같이 폐지되고 4곳(노潞·안락安樂·옹노雍奴·호노현狐奴縣)이 서진대 연국의 속현으로 귀속되었다(『晉書』卷十四 志第四 地理上 幽州 燕國).

64 余昊奎, 2009, 앞의 논문, 186쪽.

65 후한대의 어양군은 서진대에 존재했던 연국 계현보다 동쪽에 위치한다. 태수내조도 상단의 군들이 모두 연국 계현보다 서쪽에 위치한다는 사실을 고려할 때 어양태수의 상단 배치는 예외적인 사례라고 할 수 있다. 아마도 벽화의 묵서 작성자는 어양군이 과거에

〈표 8〉 중국 역대 왕조별 유주幽州·평주平州·영주營州의 군현 구성과 현縣 수

	후한 (25~219)	위*1) (220~265)	서진 (265~316)	후조 (319~352)	전연 (349~370)	전진 (334~394)	후연 (384~408)	덕흥리 고분(408)
광양군廣陽郡	●(5)							
연군(국) 燕郡(國)		●(5)	●(10)	●(5)	●(15)	●(10)	●(10)	●
범양군(국) 范陽郡(國)			●(8)	●(8)	●(8)	●(8)	●(8)	●
탁군涿郡	●(7)	●(7)						
어양군漁陽郡	●(9)	●(5)		●(6)	●(?)		●(?)*2)	●
상곡군上谷郡	●(8)	●(6)	●(2)	●(2)			●(2)	
광녕군廣寧郡			●(3)		●(3)	●(3)	●(3)	
대군代郡	●(11)	●(3)	●(4)	●(4)	●(4)	●(4)	●(5)	
(우)북평군 (右)北平郡	●(4)	●(4)	●(4)	■(4)	●(4)	●(4)	■(7)	
요서군遼西郡	●(5)	●(5)	●(3)	■(4)	▲(4)	▲(4)	■(6)	
창려군昌黎郡		●(2)*3)	▲(2)		▲(5)	▲(5)	▲(5)	
요동군(국) 遼東郡(國)	●(11)	●(8)	▲(8)		▲(13)	▲(13)	▲(13)	●
현도군玄菟郡	●(6)	●(3)	▲(3)		▲(3)	▲(3)	▲(3)	●
낙랑군樂浪郡	●(18)	●(6)	▲(6)		▲(6)	▲(6)	▲(6)	●
대방군帶方郡		●(7)	▲(7)		▲(7)	▲(7)	▲(7)	●
요동속국 遼東屬國	●(6)							
기양군冀陽郡					▲(2)			
성주군成周郡					▲(?)			

	후한 (25~219)	위*1) (220~265)	서진 (265~316)	후조 (319~352)	전연 (349~370)	전진 (334~394)	후연 (384~408)	덕흥리 고분(408)
당군(국) 唐郡(國)					▲(?)		■(?)	
영구군啻丘郡					▲(2)			
총계 주州	1	1	2	2	2	2	3	1
총계 군郡	11	12	12	7	16	11	14	13
총계 현縣	90	60	60	33	76+α	67	75+α	75

●―유주幽州 / ▲―평주平州 / ■―영주啻州 / 괄호 안―현縣 수*4)

*1) 광양군은 태화 6년(232)에 연국으로, 탁군은 황초 7년(226)에 범양군으로, 요동속국은 정시正始 5년(244)에 창려군으로 바뀌었다. 표에서 위대魏代의 군현 상황은 가장 후대의 내용을 반영했음을 밝힌다.

*2) 『이십오사보편二十五史補編』 제3책 「십육국강역지十六國疆域志」에서 후연대後燕代에 어양군을 부입한 것은 전연대前燕代의 기록에 보이기 때문이었다고 한다. 따라서 실제로 후연대에 어양군이 존재했는지는 분명하게 단정하기 어렵다.

*3) 창려군은 조위대인 244년에 요동속국이 설치되면서 그에 속하였다가 20여 년 후인 서진대에 다시 군郡으로 되었다["正始五年(244) …(중략)… 九月 鮮卑內附 置遼東屬國 立昌黎縣以居"(『魏書』 卷4 魏書4 三少帝紀 第4 齊王芳);『晉書』 卷14 志 第4 地理上 平州 昌黎郡].

*4) 역대 유주·평주·영주의 군현 상황은 후한의 경우『後漢書』志23 郡5 幽州條, 위魏는 『二十五 史補編』第3冊「三國郡縣表附考證」第91~96頁(開明書店製版)을 참조했으며, 서진은 『晉書』14 志4 地理 上 幽州·平州條, 後趙·前燕·前秦·後燕은 『二十五史補編』第3冊「十六國疆域志」第 30~32, 36~40, 62~63, 107~110頁을 참조했다.

태수내조도에 나타난 13군 장관의 관직명 역시 역대 왕조의 행정적인 편제(군郡·국國)를 그대로 따랐다고 보기 어렵다. 13군 장관의 우측에는 각각의 직위가 명기되어 있는데, 군의 장관인 태수와 왕국(공국)의 장관인 내사內史가 구분되어 있다.[66] 범양과 대군의 장관만 내사를 칭하고 있으며 나머지는 모두 태수를 칭하고 있는 것이다. 또 이 가운데 범양군은 서진 무제武帝(266~290) 때 범양국으로 바뀌었기 때문에[67] 서진대에는 왕국이었을 가능성이 있다.[68] 그러나 대군 지역은 진대秦代에 설치된 이래로 왕국(공국)이었던 기록이 전혀 보이지 않는다. 즉, 현재 문헌상으로 역대 왕조에서 범양과 대군 지역만 동시에 왕국이었던 시기를 찾을 수 없는 것이다.

그뿐만 아니라 전실 서벽의 상단에 제시된 ⓑ에 의하면 유주 산하에 13군 75현이 있었다고 전하는데, 이때 13군의 명칭과 75현이라는 숫자만 놓고 보면, 후한·서진대의 유주 산하 군 명칭 및 현 수(각각 90개와 60개)와 차이가 크다. 오히려 후연대(384~408)의 유주·평주·영주 산하의 13군 75현 편제[교치한 당군(국)唐郡(國)은 제외]와 꽤 유사하다는 점이 누차 지적되었다.[69] 특히 ⓑ에 제시된 75현

연국에 합쳐졌음을 인지하고서 이를 근거로 연군태수와 같은 위치의 상단에 어양태수를 기록한 듯하다.

66 "諸王國以內史掌太守之任 又置主簿·主記室·門下賊曹·議生·門下史·記室史·錄事史·書佐·循行·幹·小史·五官掾·功曹史·功曹書佐·循行小史·五官掾等員"(『晉書』卷24 志 第14 職官).

67 『晉書』卷14 志 第4 地理上 幽州 范陽國.

68 범양국은 북위대(386~534)에 다시 범양군으로 칭해졌는데(『魏書』卷106上 地形志2上 第5 幽州 范陽郡), 진대晉代 이후 또다시 군으로 개칭된 시기는 명확하지 않다.

69 康捷,「朝鮮德兴里壁画及其有关问题」,『博物馆研究』1986-1, 1986; 武田幸男, 앞의 논문, 1989, 23쪽; 孙进己·孙泓,「公元3~7世纪集安与平壤地区 壁画墓的族属与分期」,『北方文物』2004-2, 2004, 41쪽.

('部縣七十五')이라는 숫자는 서진대보다는 후연대의 행정 편제를 바탕으로 기재했을 가능성이 높다. 즉, 4세기 후반에서 5세기 초반의 상황에 가깝다고 볼 수 있는 것이다.

한편 ⓑ에는 유주 치소(연국)가 낙양을 기점으로 2,300리 떨어져 있다는 기록이 있는데, 이는 곧 낙양을 수도로 했던 후한 혹은 서진 초의 상황을 반영한 것이라는 의견도 있었다.[70] 물론 낙양은 묘주 진의 생존기인 332년부터 408년까지 존재했던 왕조들의 정도定都 현황과는 무관해 보인다.[71]

그러나 태수내조도의 기록은 정사의 기록이 아니라는 점을 상기해야 한다. 앞서 검토한 대로 동수·진 등의 묘지에는 당대의 행정지명이 아닌 자신들에게 좀 더 익숙했던 과거의 주·군 단위명을 본적지로 표기했다. 타지로 이주한 주민들의 기억을 통해 고분 내에 특정 지역의 지리적 위치를 표현하면서 반드시 당시 존재하는 왕조의 수도를 기점으로 거리를 표기해야만 했을 것이라고 단정하기는 어렵다. 한漢 문화권 안에서 자기 집단의 장의 전통과 정치제도상을 공유했던 이주민 집단이 굳이 4세기 이래 명멸했던 이민족 왕조들(후조·전연·전진·후연·후진·북위)의 수도를 기점으로 삼아 특정 지역의 지리적 위치를 표기하는

---

70 余昊奎, 앞의 논문, 2009, 186쪽.

71 낙양은 후한 광무제 유수劉秀가 서기 25년(건무 원년)에 도읍으로 정한 이래 후한의 수도였다. 조위曹魏도 220년(황초 원년) 이후 이곳을 도읍으로 삼았고(『資治通鑑』魏紀1 文帝 黃初 元年), 265년(태시 원년)에 조위를 이어 수립된 서진도 낙양을 계속 도읍으로 삼았다. 이후 317년 서진이 멸망한 뒤 494년에 북위 효문제가 낙양으로 천도하기 전까지 화북에는 여러 세력이 난립했는데 그 오랜 기간에 낙양이 도읍으로 기능한 적은 없었다. 5호 16국 시기의 후조後趙, 전연前燕, 전진前秦, 후연後燕, 후진後秦 등이 낙양을 점령했던 적은 있지만 도읍으로 삼지는 않았고, 다만 전진만 385~386년에 잠깐 낙양을 도읍으로 삼았다. 그러나 그 기간은 2년여로 매우 짧으며, 전진대에 오랫동안 수도로 기능한 곳은 장안長安이었다.

원칙을 고수했을지는 의문이 든다.

낙양은 후한~서진까지 매우 오랫동안 한족 왕조의 전통적 수도로서 기능했으며, 서진의 멸망 이후에도 과거의 정치·역사상에 익숙했던 이주민 사회에서 상징적인 중심지로 기억되고 있었다. 태수내조도의 13군 편제가 낙양에 도읍을 두었던 후한·조위·서진대의 행정적 현황을 그대로 반영했다고 보기 어렵다는 점을 감안할 때, ⓑ의 '낙양'도 특정 왕조의 수도라는 사실 여부와 무관하게 한족 계통 이주민의 상식선에서 유주 치소의 지리적 위치를 표현하는 기점으로 활용되었다고 보는 것이 자연스럽다.

이러한 점들을 종합하면 태수내조도에 묘사된 유주 산하 13군 75현은 특정 왕조, 즉 후한이나 서진 초의 행정 편제에 맞춰서 일괄 표기한 것으로 파악하기는 어렵다. 또 그 외에 2군 고지 망명인들의 고분 내에 기재된 지명과 관호들이 특정 시대상이나 특정 왕조의 제도적 현황을 일관되게 표현했다고 볼 만한 근거도 없다. 무엇보다 현재까지 한·위·진대에 조영된 벽화고분 내에 묘주의 생존 시 모습이 아닌 과거 왕조의 역사상을 구현해 놓았다는 사례가 보고되지 않은 상황에서 섣불리 이를 과거의 특정 시점을 모델로 한 판타지라고 보는 것은 무리한 추정이다.

그러면 동수·진 등의 망명인들이 칭한 중국식 관호는 어떤 배경에서 칭한 것일까. 그리고 그 관호의 앞에 붙은 지명들 가운데 과거의 지명이 표기되거나 실제 중국 왕조에서는 존재한 적 없는 지명이 종종 나타나는 이유는 무엇일까. 이에 대해서는 과거형 본적지의 표기 배경과 마찬가지로 진과 함께 안치되어 있던 이주민 집단의 기억과 관념, 그들의 현실적 상황 속에서 추적해볼 필요가 있다.

이와 관련해 4세기 초반 이래 동진 초까지 황하와 회수淮水 일대의 이주민들이 각지에서 유력 호족을 중심으로 하는 오塢를 이루고, 그 내부에 자체적인 지배질서를 수립한 사례들에 대한 연구가 주목된다.[72] 이에 따르면 당시 오주塢主·행주行主 등으로 불리던 이주민 집단의 영도자는 중국 왕조의 통제 밖에 있는 상황에서 태수·자사호 등의 지방장관직과 장군호를 자칭하며 휘하 주민집단에 지배적 권위를 내세웠다. 이러한 중국식 관호의 자칭은 기존 한족 왕조의 체제를 빌려 예하의 지배 구조를 확립하는 과정에서 이루어졌고, 이주민 집단들이 분포해 있던 화북의 여러 지역에서 보편적으로 발생한 현상이었다.[73]

이때 영도자가 칭했던 태수·자사호 앞의 지명은 주로 주·군 단위로 결집해 있던 예하 주민들의 출신지명을 반영했음은 물론이다.[74] 즉, 기존의 출신 주·군을 중심으로 서로 결속을 유지하고 있던 이주민들의 상황에 맞춘 관호였던 것이다. 또한 동진과 같은 왕조들은 이렇게 결집한 중국계 이주민 집단을 수용하는 과정에서 그들의 관향貫鄉 의식과 출신 주·군을 기반으로 한 결집 형태를 그대로 반영하여 안치했고, 이것이 교주·교군 형태로 이어지기도 했다.

4~5세기에 고구려로 들어온 중국계 이주민들 가운데도 유입될 당시에 출신지(주·군)별로 집단을 이룬 경우가 다수였을 것이며, 이들은 기존의 결집 형태를 가급적 계속 유지하고자 했을 것이다. 2군 고지의 관할지 내에서 동수·동리·장무이·진 등이 칭했던 중국 지명의 자사·태수호는 그 지역명들을 살펴볼 때,

---

72 鄭華升, 앞의 논문, 2024, 10~29쪽.

73 4~5세기에 오주·행주 등이 중국식 관호를 자칭한 사례가 나타나는 지역에 대해서는 鄭華升, 위의 논문, 29쪽의 〈그림 2〉를 참조.

74 "流人塢主張平 樊雅等在譙 演署平爲豫州刺史 雅爲譙郡太守"(『晉書』 卷62 列傳32 祖); "時塢主張平自稱豫州刺史 樊雅自號譙郡太守 各據一城 衆數千人"(『晉書』 卷81 列傳51 桓宣); "蓬陂塢主陳川 自號寧朔將軍 陳留太守"(『晉書』 卷62 列傳32 祖); "初 蓬陂塢主陳川自稱陳留太守"(『資治通鑑』 卷91 晉13 中宗元皇帝中 太興2年). 관련 사례들은 鄭華升, 위의 논문, 12쪽을 참조하였음.

출신 주·군을 단위로 결집해 있던 주민집단을 대상으로 붙인 관호로 보는 것이 타당하다.[75]

4세기 동수의 사례로 살펴보자면, 그는 망명하기 전에 극성棘城(요녕성 금주시錦州市)의 모용황과 평곽平郭(요녕성 개주시蓋州市 부근) 일대의 모용인을 차례로 섬기다가 종국에 모용인 세력이 패망하자 고구려로 망명하였다. 동수는 고구려로 망명한 이후 과거의 활동 경력과 요동 지역에서 성취한 그의 사회적 명망을 인정받아서 2군 고지에 안치된 일부 이주민 집단의 관할을 담당했을 가능성이 있다.

그런데 동수는 중국 왕조의 수많은 지역들 중에서도 왜 군이 요서·요동 지역에 있었던 창려군(요녕성 의현義縣)·현도군(요녕성 무순撫順)의 태수를 칭했을까. 그것은 모용씨 정권에서 활동했던 경력과 요동에서의 지역적 명망을 바탕으로 창려·현도 출신의 지역민과 함께 편성되어, 그들의 대표자로 2군 고지에서 활동했기 때문일 가능성이 높다. 동수처럼 모용 선비 지역으로부터 넘어왔다고 추정되는 동리의 경우에도 그가 칭한 태수호들(요동·한·현도태수) 가운데 한태수를 제외한 요동·현도군은 모두 요동 일대에 존재했던 지역이다. 4세기 중반까지 2군 고지에서 활동했던 동수·동리의 경우, 그들이 칭한 태수호 앞의 지명들은 대체로 고구려에 인접한 요동·요서 일대에 해당한다. 아마도 이 지역의 많은 이주민이 인접한 고구려로 들어와서 2군 고지에 안치되었을 것으로 보이는데, 당시 이들 이주민은 동수·동리와 같은 과거 요동 지역의 명망가를 중심으로 함께 편성되었을 가능성이 높다.

4세기 후반인 385년경에는 요동 지역 외에도 유주와 기주의 주민이 고구려

---

75 임기환, 앞의 책, 2004, 178쪽·188쪽·194쪽에서도 중국 지명의 자사·태수호가 2군 고지의 유이민 집단 관할과 관련 있다는 점을 언급하고 있다.

로 다수 유입되는 등[76] 이주민이 유입되는 범위가 이전보다 확대되는 양상이 나타났다. 더욱이 4세기 후반인 광개토왕대에 고구려는 주변으로 영토를 크게 확장했고, 늦어도 402년 5월경에는 요동 지역을 완전히 장악했을 것으로 보인다.[77] 이처럼 서쪽으로 확대된 영토와 순조로운 발전은 고구려와 인접한 유주 일대의 주민이 다수 유입하는 결과로 이어졌을 것이다.

4세기 후반에서 5세기 전반에 남포시 강서구역 일대에는 덕흥리벽화고분을 비롯하여 한계 석실봉토벽화분이 집중적으로 조영되는데, 이 고분의 조영 집단은 같은 시기 고구려에 들어온 중국계 이주민 집단과 관련 있을 것으로 추정된다.[78] 이와 관련해 덕흥리벽화고분의 묘주인 진의 역임관들이 갖는 의미를 자세히 살펴보자.

▨▨氏鎭 仕位建威將軍 國小大兄·左將軍·龍驤將軍 / 遼東太守·使[持]節·東夷校[尉]·幽州刺史

➡ ▨▨씨 진鎭은 건위장군 국소대형·좌장군·용양장군 / 요동태수·사[지]절·동이교위·유주자사를 역임했다.

[※ 장군호(관품)와 관직을 구분하기 위해 필자가 임의로 '/'를 표시함]

---

76 "燕王垂以農爲使持節都督幽平二州諸軍事幽州牧 鎭龍城 徙平州刺史帶方王佐鎭平郭 農 於是創立法制 事從寬簡 淸刑獄 省賦役 勸課農桑 居民富贍 四方流民前後至者數萬口 先 是幽冀流民多入高句麗 農以驃騎司馬范陽龐淵爲遼東太守 招撫之"[『資治通鑑』 권106 晉 紀28 孝武帝 太元十年(385) 11月].

77 孔錫龜, 앞의 책, 1998, 47쪽.

78 孔錫龜, 위의 책, 177쪽; 姜賢淑, 「古墳을 통해 본 4·5세기대 高句麗의 集權體制」, 『韓國 古代史硏究』 24, 2001, 55~56쪽.

진의 묘지에 나오는 관호는 크게 관품(관등)의 의미를 갖는 장군호와 (국)소대형, 그리고 관직에 해당하는 요동태수 이하의 관직으로 구분되어 각각의 범주에서 역임 순서에 따라 기재된 것으로 보이는데, 이 가운데 (국)소대형은 고구려에서 수여했다는 데 이견이 없다. 진이 (국)소대형을 역임한 구체적인 시점에 대해서는 고구려에 망명한 '직후'로 보는 가운데, 그 이전에 역임한 건위장군과 이에 대응하는 관직인 요동태수는 망명 이전에 실제로 특정 왕조에서 역임했던 실직實職으로, (국)소대형 이후에 보이는 좌장군과 용양장군, 그리고 이에 대응하는 사지절·동이교위·유주자사는 망명한 이후 자칭한 허직으로 구분하기도 한다.[79]

그런데 서진·동진대, 혹은 당시 화북의 여러 왕조 출신의 관인들 묘지에는 관호 앞에 '진고晉故', '진고秦故' 등의 표기를 통해 그 수여 주체가 어느 국가인지를 밝히는 것이 일반적이다.[80] 만약 진이 받은 건위장군(요동태수) 관호가 망명 이전에 중국 왕조로부터 정식 수여된 것이라면, 고구려에 망명한 이후 칭한 좌장군·용양장군과 표기상 아무런 구분을 하지 않은 점은 어색하다. 망명 이전의 실직을 내세우는 것이 자신의 정치·사회적 지위를 과시하는 데 필요하다고 봤다면, 오히려 이후에 자칭한 관호들과 구분하기 위해서라도 '연고燕故', '진고秦故'와 같이 수여 국가명을 기재하고자 했을 것이다.

진의 묘지에서 관명 앞에 모종의 표기를 한 유일한 관호가 있다. 바로 고구

---

79 武田幸男, 앞의 논문, 1989, 19쪽; 余昊奎, 앞의 논문, 2009, 184쪽.

80 條原啓方, 「墓誌文化の傳播と變容」, 『東アジア文化交涉研究』 2, 2009, 320~321쪽. 서진·동진대 묘지에서 묘주의 역임관 앞에 수여 국가를 표기한 사례로는 조범趙氾·유보劉寶·이외李庱·왕강지王康之·고숭高崧·왕기지王企之·왕건지王建之·이집李緝·이찬李纂·이모李摹·사온謝溫의 묘지 등이 있다(판독문은 罗新叶炜, 『新出魏晋南北朝墓志疏証(修订本)』, 中華書局, 2016, 5~32쪽을 참조).

려가 수여한 것이 분명한 '소대형' 관등이다. 소대형 앞에 굳이 '국國'자를 붙인 이유는 위·진대의 묘지에서 관호 앞에 국호를 표기하여 그 출처를 표기하는 관행과 관련 있어 보인다. 요컨대 이때의 '국'은 당시 2군 고지의 통치 주체였던 고구려를 가리키는 것으로,[81] 소대형 관등이 고구려의 수여관임을 분명히 하기 위해 특별히 표기한 것이다.

그렇다면 진의 묘지에서 건위장군과 요동태수를 비롯해 앞에 별도의 표시가 없는 중국식 장군호와 관직들은 고구려에서 수여한 것은 아니라고 판단해볼 수 있다. 사실 서진대의 묘지 형식을 갖추고 있는 안악3호분의 동수 묘지에도[82] 연호나 관호 앞에 '진고晉故'나 '연고燕故' 등의 글자는 없다. 이것은 정식으로 수여받은 관이 아니었음을 드러내는 것이며, 더 나아가 동수가 해당 관호들을 자칭했을 가능성을 보여준다.[83] 이와 비교해 본다면 진의 묘지에 보이는 수여국이 표기되지 않은 중국식 관호들 역시 모두 진의 자칭호였을 가능성이 적지 않다고 생각된다.

한편 진의 묘지에 표기된 건위장군과 요동태수는 (국)소대형을 받기 이전에 역임한 것이므로 고구려로 망명하기 이전에 실제로 특정 왕조에서 역임했던 실직實職으로 보기도 했다. 그러나 진이 고구려로 망명하기 이전부터 중국 일대에서 일정 기간 동안 이주민 집단을 이끌며 관호를 자칭했을 가능성도 배제할 수 없다. 혹은 고구려에 망명한 직후 2군 고지에 안치되어 건위장군·요동태수를 자칭했다가 나중에 고구려 조정으로부터 그간의 공로를 인정받아 소대형을

81　국소대형國小大兄은 고구려 중앙정부('國')에서 수여한 소대형이라는 의미로 보는 견해가 있다(孔錫龜, 앞의 책, 1998, 163~164쪽).

82　條原啓方, 앞의 논문, 2009, 319~320쪽.

83　條原啓方, 위의 논문, 319~320쪽.

수여받았고, 이후 필요에 따라 좌장군과 용양장군을 추가로 자칭했을 수도 있다. 그리고 나중에 여러 지역 출신의 주민들을 추가로 관할하게 되면서 새롭게 동이교위·유주자사라는 관호를 칭한 것으로도 볼 수 있는 것이다. 이처럼 진의 묘지에 보이는 중국식 관호들은 대부분 자칭호일 가능성이 적지 않다. 4세기 후반에서 5세기 전반에 활동했다고 추정되는 진이 4세기 전·중반에 활동했던 동수나 동리 등의 망명인들보다 훨씬 확대된 지역의 장관(유주자사)을 칭했던 것은 그 시기 이주민의 유입 범위가 과거보다 더 광범위하게 확장된 상황과 무관하지 않다고 생각된다.

한편 2군 고지의 망명인들이 칭한 태수·자사호 앞에 붙은 지명들 가운데 당대의 행정 편제에 맞지 않는 지명이 나타난다. 진의 고분에서는 13군을 모두 유주라는 단일한 주의 산하로 기록했는데, 이는 역대 유주의 행정 편제와 부합하지 않는다. 아마도 진이 칭한 유주자사는 특정 시점의 행정 편제를 근거로 했다기보다는 진 본인과 함께 편성된 여러 군 출신 이주민들의 정서와 전통적 관념 등을 반영한 가운데 이들의 대표자로 스스로를 내세우는 과정에서 임의로 칭한 형태였을 것으로 생각된다. 그 주민들은 과거 한·위·진대에 출신 군이 유주의 오랜 행정적 관할하에 있었던 기억을 견지했을 수도 있고, 유주자사의 관할하에 있는 상황에 큰 거부감을 갖지 않았던 존재들로 추정된다. 요컨대 진의 묘지에 표기된 중국식 관호들은 대부분 그가 고구려로 망명하기 이전, 혹은 이후에 이주민 집단의 대표자로서 칭했을 가능성이 높다. 또한 2군 고지의 망명인들이 칭했던 태수·자사호의 중국 지명들 가운데 낙랑군과 대방군을 제외한 다른 지명들은 외부에서 유입된 이주민의 출신지 현황이 반영되었다고 보는 것이 타당하다.

4세기 이후 중국계 이주민들의 고구려 유입은 장기간에 걸쳐서 지속되었을 것이며, 다양한 지역 출신의 개별 집단들이 파상적으로 유입되는 형태였을 것이다. 이와 같이 유입된 이주민 집단들은 기존에 2군 고지에 안치되어 있던 망명인들의 휘하에 추가로 편입되는 경우가 종종 발생했을 것으로 추정된다. 이는 다음에 서술하는 바와 같이 망명인 관할하의 주민 구성에서도 단서를 찾을 수 있다.

동리(353)와 동수(357)는 4세기 중반에 각각 평양시와 안악군 일대에 안치되었는데 모두 현도태수를 칭하였다. 남포시 강서구역 일대에 있다가 50여 년 뒤인 408년에 장례를 치른 진의 휘하에도 현도태수가 있었다. 그러면 동일한 현도군 출신의 이주민 집단이 각각 동리(평양 일대) → 동수(안악군 일대) → 진(강서구역 일대)의 휘하로 차례로 옮겨진 것일까. 하지만 동리와 동수는 사망 시점에 큰 차이가 없는 만큼 두 사람이 각각 현도군 출신 주민들을 거느린 상태에서 동시에 현도태수라고 칭했을 수도 있다. 또한 동수 사후 50여 년 뒤 강서구역에 있던 진의 휘하에 편성된 현도군 출신 주민들 역시 평양시 일원의 동리나 안악 지역의 동수 휘하에 있던 이들과는 별개의 집단이라고 보는 것이 자연스럽다. 그렇다면 현도군 출신의 주민집단들이 각각 다른 망명인의 휘하에 편성된 원인은 무엇일까. 아마도 이는 4세기 이래 현도군 출신의 이주민 집단이 2군 고지에 안치된 것이 단발성으로 끝나지 않고 장기간 수차례에 걸쳐 이루어졌기 때문으로 판단된다.

이와 관련해 중국 동진의 교치僑置 양상을 참고할 만하다. 서진 말 영가의 난 이래 대규모로 이동하기 시작한 화북의 유이민은 일시에 남하한 것이 아니라, 동진의 북방 영역 축소 및 화북의 후조·전진 패망 등을 계기로 크게 6~7차에 걸쳐 대규모 이동을 하였으며, 이는 대략 4세기 초(316~313)에서 5세기 전반(416)에 이르는 오랜 시기에 걸쳐서 이루어졌다.[84]

---

84 譚其驤, 「晉永嘉喪亂後之民族遷徙」, 『燕京學報』 15, 1934, 72쪽; 朴漢濟, 앞의 논문, 1996,

오랜 기간 유이민 집단의 산발적 이주로 인해 같은 군 단위의 주민집단들이 여러 차례로 나뉘어 별개로 남하하기도 하면서 동진의 교치 단위가 중복되는 경우가 발생했다. 화북의 광평군廣平郡 출신 집단이 수차에 걸쳐 제각기 남하함에 따라 동진의 진릉군晉陵郡과 형주荊州 지역에 광평군이 각각 교치되었고, 건강建康과 진릉군 지역에는 각각 하비군下邳郡이 교치되었던 것이다.[85]

고구려의 경우에도 4세기 초반 이래 비교적 인접 지역인 현도군 출신 이주민 집단의 유입이 단 한 차례에만 그쳤다고 단정할 수는 없으며, 시기별로 여러 차례에 걸쳐 유입되었을 가능성이 있다. 이처럼 각각 다른 시기에 들어온 현도군 출신의 이주민 집단들을 2군 고지에 각각 안치하는 과정에서 동수·동리·진 등의 휘하에 개별 편성하였다면, 별개의 망명인 휘하에 현도군 출신 주민집단이 편성되는 것도 결코 어색한 일이 아니다.

한편 2군 고지의 동수·진 등의 망명인 고분에서 벽화와 묵서 등으로 표현된 예하 관원들의 현황 역시 단순히 무덤 내에서만 허구적으로 표현된 것이라고 단정하기 어렵다. 그 사례로 덕흥리벽화고분 전실 서벽의 태수내조도 묵서를 정리한 〈표 7〉의 상단 ⓒ에는 연군태수가 홀로 분위장군奮威將軍이라는 장군호를 함께 지녔으며, 여러 태수들 가운데 홀로 이耳 부분이 갈라지지 않은 무관책을 착용한 것도 눈에 띈다(〈그림 4〉 참조). 이처럼 연군태수가 분위장군을 겸대한 사례는 사료상에서도 찾기 어려운데, 아마도 진의 휘하 인물이 실제로 역임했던 관호의 상황을 그대로 화면畵面에 표현했던 것으로 생각된다. 이 연군태수 및 남벽 동측(왼쪽)에 표현된 계현령薊縣令의 행차 모습과 관련 묵서("薊縣令捉軒弩",

---

5~6쪽; 박수정, 앞의 논문, 1999, 173~175쪽.

85 자세한 사례들은 박수정, 앞의 논문, 1999, 186~193쪽의 〈표 4-(1)〉, 〈표 4-(2)〉, 〈표 5〉를 참조.

〈그림 19〉의 ⓓ참조)를 근거로 '유주자사 → 연군태수 → 계현령'의 상하 계통이 실재했던 상황이 벽화에 표현되었다고 보기도 한다.[86]

봉산군 일대에 안치된 장무이의 고분에서도 대방태수인 묘주의 예하에 실제로 하위 관원이 존재했음을 뒷받침하는 기록을 찾을 수 있다.

> ①·②·③ 대(太)세 무신년, 어양 출신 장무이의 전돌
>
> ④ 슬프도다! 부인夫人이시여, 백성을 갑자기 등지고 가시니, (치하의) 백성이
>   애태우고 슬퍼하여 밤낮으로 평안하지 않았으며, 영원히 현궁(무덤)에 감
>   춰지니 슬픔이 인정을 베는 듯하구나 + 장사군
>
> ⑤ 하늘이 낸 비루한 소인이 감히 용품을 갖춰 군자를 제사지내니, 1천 인으
>   로서 전塼을 만듦에 부모를 장사지내듯이 했다. 이미 좋고 또 견고하니,
>   예법대로 갖추어짐에 기록한다. + 사군使君 대방태수 장무이의 전돌
>
> ⑥ 8월 28일 전塼을 만들었는데 80석주石酒가 들었다. + 장사군의 전돌
>
> ⑦·⑧·⑨ 장사군의 전돌
>
> ⑩ 조주부趙主簿가 전塼 제작을 주관함에 정성스러운 마음에 늡지도 않았다.

장무이의 대방태수 관호는 앞서 논증한 대로 2군 고지에 안치된 이후 칭했을 가능성이 높다. 그런데 ⑩에 의하면 조씨趙氏 성의 주부를 칭한 자가 장무이의 고분 조영을 주관했다. 여기서 명문전의 화자話者로 보이는 조씨가 주부직을 내세우고 있는 점이 눈길을 끄는데, 이 관호가 묘주 장무이와 무관한 것이라면 구태여 그의 무덤 조영과 관련된 기록에 넣을 이유가 없을 것이다. 따라서 일단 주부는 ⑤에서 사군 대방태수로 표현된 장무이 예하의 관직으로 보아도 무리가

---

86 임기환, 앞의 책, 2004, 187~188쪽.

없다.[87] 다시 말해 대방태수 장무이는 생전에 주부 등의 하위 관료를 예하에 두었음을 알 수 있다.

조주부는 대방태수인 장무이와 공적인 직함을 관계로 맺어져 있는 듯이 보이지만, 중국 왕조에서는 보통 태수가 직무 중 사망해도 고향에 귀장되는 것이 일반적인 데다 태수부의 관리(주부)가 사망한 태수의 고분(전돌) 제작을 공식적으로 담당할 이유가 없다. 또한 4세기 중반에는 황해도에 대방군이 존재하지도 않았다. 따라서 조주부는 중국 왕조에서 공식적으로 수여받은 관직이라고 보기 어렵다.

아마도 4세기 중반에 2군 고지에 안치된 장무이는 스스로 대방태수를 칭하고, 몇몇 지배층과 함께 대방군 출신 주민들을 예하에 조직화하는 과정에서 임의로 주부를 두었을 것이다. 이때 주부가 된 조씨는 장무이와 특수한 주종 관계를 형성했을 것이다. 덕흥리벽화고분의 진이 2군 고지에 안치된 이후 관할 주민을 대상으로 유주자사를 자칭하고, 그 산하에 연군태수·계현령을 두었던 것역시 진을 중심으로 한 한정된 집단 내에서 자체적으로 만들어진 위계 조직일뿐, 특정 정권으로부터 정식 수여받은 것이 아니다.

앞서 밝혔듯이 진은 예외적으로 소대형이라는 고구려 관등을 역임했다. 이는 다른 중국식 관호들과는 분명 이질적이며, 고분 내 벽화에도 그와 관련된 직무가 분명하게 드러나지 않는다. 그렇다고 고구려에서 그가 소대형을 임의로 자칭했다고 보기는 어려우며, 이는 정식으로 수여된 관으로 보아야 할 것이다. 또한 진은 명목상 고구려 국왕의 신하로서 2군 고지에 안치되었고, 그의 관할지에서 이주민을 관리하는 일은 어떤 형식으로든 고구려의 의도 속에서 진행되었다.

---

87 사군使君은 한대漢代 이래로 지방장관인 태수太守·목사牧使·자사刺史 등에 대한 존칭으로 사용되었다.

그러면 이를 근거로 동수·진·장무이 등의 망명인들이 2군 고지의 토착주민과 새롭게 안치된 이주민들을 전반적으로 통치하기 위해 고구려가 '파견'한 관리라고 볼 수 있을까. 먼저 짚고 넘어갈 사실은 이들 망명인은 대개 안치된 2군 고지에서 생을 마감하고 고분이 조영되었다는 점이다. 이는 그들이 직임을 마친 뒤에 복귀하거나 귀장될 곳이 별도로 존재하지 않았음을 알려준다. 묘주의 일족과 향인들 역시 2군 고지에 함께 안치되어 거주하였고, 묘주의 사망 이후에도 그 지역에 장기간 머무를 것을 예상하였기에 고분을 조영했을 것이다. 이러한 모습은 동수·진 등의 안치가 관료로서의 '파견'이라기보다는 '이주'의 성격이 강했음을 드러낸다.[88]

[서]읍태수 장군·장무이·동리·동수·진을 비롯한 중국계 망명인의 고분들은 안악군, 봉산군, 평양시, 남포시 강서구역 등 비교적 다양한 지역에 분산되어 있으며(2장의 〈지도 2〉 참조),[89] 이들 중에서 장군(342)·장무이(348)·동리(353)·동수(357) 등 주요 망명인들의 활동 시기는 서로 겹칠 가능성도 적지 않다. 이처럼 산재해 있는 이들의 안치 지역들 가운데 특정 지점을 딱히 2군 고지의 통치 거점으로 파악하기는 어려우며, 개개인이 2군 고지 '전반'에 영향력을 행사했다거나 그에 버금가는 정치적 직무를 수행했다고 보기도 힘들다. 오히려 이 망명인들은 2군 고지 각지에 분산되어 안치된 이주민 집단의 한 일원이자 제한된 지역 내에서만 자기 영향력을 발휘했던 존재일 것이다. 이들은 자신과 함께 편성된 일정한 규모의 이주민 집단을 제한된 범위 내에서 관할하는 정도의 임무를

---

88 이는 주민집단의 자유로운 '이주'가 아닌, 고구려 정권의 통제 속에서 '안치'되었던 상황을 전제한 것이다.

89 4세기 중반에서 5세기 초반에 조영된 중국계 이주민의 고분으로 추정되는 한계 석실봉토 벽화분의 지역적 분포 범위는 순천군 지역까지 확대된다.

부여받았을 가능성이 높다.

4세기 중반에서 5세기 전반에 축조된 안악3호분과 태성리3호분 등의 한계 석실봉토벽화분은[90] 일반적으로 위·진대 요양 일대의 벽화고분 전통과 직접적인 연관이 있다고 여겨지는데, 이는 2군 고지 각지에 집단적으로 안치된 중국계 이주민들의 전통과 문화가 계속 유지된 정황을 보여준다. 또한 고구려는 중국계 이주민 집단을 2군 고지에 안치 및 편성하면서 이들 가운데 종래로 명망이 있던 동수·진 등의 망명인으로 하여금 집단을 통솔하게 한 것으로 보인다. 이들은 상당 기간 고구려의 용인하에 예하에 편성된 주민집단과 더불어 본래의 사회·문화적 전통을 유지했던 것으로 보인다.

그런데 2군이 소멸한 것은 4세기 초반이며, 중국계 망명인들이 2군 고지에서 중국식 관호를 자칭한 현상은 4세기 중반에서 5세기 전반까지 나타난다. 고구려가 2군이 소멸한 뒤 무려 100여 년 가까이 2군 고지를 장악하지 못했다고 볼 수는 없으며, 자기 기반이 없었던 동수 등의 망명인과 이주민 집단에게 사회·문화적 전통의 유지라는 혜택을 베푼 것 또한 그들에 대한 물리적 제어가 불가능했기 때문이라고 이해할 수도 없다. 그렇다면 이주민 집단들 내에서 자체의 전통·문화가 유지되었던 것은 고구려가 이들을 방임한 결과가 아니라, 향후 화북 유이민의 추가 유입을 유도하기 위한 정책의 일환이라고 생각해볼 수 있다. 이런 방책은 궁극적으로 고구려가 4세기 초반 이래 장기간 이어졌던 화북의 유이민 파동에 대응하여 주변국들과 경쟁적으로 이주민을 수용하는 과정에 이행

---

90 안악3호분에 대해서는 金虎兒, 「고구려 안악3호분 재론」, 『韓國古代史研究』 44, 2006, 140~149쪽을, 태성리1호분과 3호분에 대해서는 김인철, 「태성리3호벽화무덤의 축조년대와 주인공문제에 대하여」, 『조선고고연구』 2002-1, 2002, 6~9쪽 및 송순탁, 「태성리3호무덤 및 안악3호무덤의 주인공에 대한 재검토」, 『조선고고연구』 2005-3, 2005, 10~11쪽을 참조.

된 것으로 생각된다.

그 결과 2군 고지에 안치된 이주민 집단 내에서는 중국인 사회 본연의 문화·전통이 장기간 유지되었고, 그런 가운데 동수·진·동리 등 집단 내에서 명망이 있던 인물들은 자체적으로 중국식 관호를 자칭하여 해당 주민들의 대표자를 자임하고 고구려로부터 부여받은 임무를 이행했다고 생각된다. 앞서 설명한 대로 이러한 한인漢人 영도자의 관호 자칭은 어디까지나 4세기 초반 이래 한족 중심의 이주민 집단 내에서 빈번하게 나타났던 자체적 지배질서의 확립과 무관하지 않다.[91]

한편 동수·동리·장무이 등 망명인들이 칭했던 관호들 가운데는 낙랑상·대방태수·한태수 등 2군 고지의 토착민과 관련된 지명도 나타난다. 고구려가 중국계 이주민 집단을 각지에 안치시키면서 그 한정된 지역 내에 원래 거주했던 현지인들도 일부나마 함께 편성했던 정황을 보여주는 근거가 되는데, 이에 대해서는 다음 절에서 자세히 살펴보겠다.

3. 이주·토착민을 포함한 군집群集의 편성과 그 배경

동수·진·장무이·동리 등의 망명인이 고구려로 망명할 당시 거느렸던 주민집단만큼은 온전히 휘하에 둔 상태로 2군 고지에 안치되었는지, 혹은 망명 직후 그들과의 관계가 단절되었는지는 현재로서는 분명히 알 수 없다. 다만 분명한 것은 이 망명인들 중에는 애초 다수의 이주민을 동반하지 않았던 사례도 있을 것이며, 또한 이들 망명인이 2군 고지에 안치될 때 아울러 편성된 주민들 가

---

91 鄭華升, 앞의 논문, 2024, 10~29쪽.

운데는 본래 함께 활동한 적이 없었던 주민도 존재했을 것이라는 점이다.

동수의 경우 모용인 세력이 패망한 직후 고구려로 급히 도주했기 때문에 그 과정에서 요동 지역의 다수 이주민들을 데려올 만한 여건이 되지 못했을 터이다. 또 그가 칭한 관호들 가운데 낙랑상과 대방태수 등 한반도 계통의 지명이 붙은 태수호들, 그리고 호무이교위로 대표되는 비한계非漢系 주민을 대상으로 한 이민족통어관異民族統御官 직책은 망명하기 이전에 대동했을 주민과의 관련성을 상정하기 어렵다.

동리의 경우에도 그가 한태수로서 관할했을 한인韓人은 원래 한반도 지역에서 살고 있었을 것이므로 망명 당시 동반한 이주민들이라고 보기 어렵다. 또한 어양 출신의 장무이가 칭한 대방태수나 무이撫夷라는 이민족통어관, 기주 안평군 출신의 진이 칭한 동이교위 관호도 그들의 출신지를 감안할 때 망명 이전보다는 한반도로 이주해온 이후에 인연을 맺은 주민들과 연관되었을 가능성이 높다. 그렇다면 외래의 망명인들이 칭한 관호들 가운데 한반도 관련 지명이 붙은 태수호나 이민족통어관이 나타나는 배경에 대해 검토해보자.

2군 고지에 안치된 망명인들이 칭했던 관호 가운데는 낙랑상, 낙랑·대방태수, 한태수 등 원래 지역에 거주했던 토착민과 관련된 지명 혹은 종족명이 일부 나타난다. 이는 동수·동리·장무이 등 망명인들의 휘하에 2군 고지의 토착주민으로 이루어진 소집단도 존재했음을 알려준다. 다시 말해 토착주민으로 이루어진 집단들 가운데 스스로를 낙랑이나 대방, 한韓으로 인식하는 주민집단이 존재했으며, 각각의 망명인들이 그들을 대표하는 지위를 내세우는 과정에서 낙랑상 혹은 한태수 등을 자칭했던 것으로 추정된다.

예를 들어 동수는 낙랑상과 대방태수를 칭했는데,[92] 그중 대방태수라는 관호

---

[92] 동수가 자기 세력을 과시하기 위해 중국 관직들을 자칭했을 것이며 또 다른 관호인 낙랑상

는 안악군 일대의 일부 대방군 출신 주민들과 관련된 것으로 생각할 수 있다. 동수와 거의 같은 시기에 활동하다가 348년에 봉산군 일대에 묻힌 장무이도 대방태수를 칭하였다. 이 관호가 장무이의 생전에 칭했던 유일한 태수호라고 단정할 수는 없겠지만, 그가 고구려로 들어와 봉산군 일대에 안치된 이후 그 예하에는 대방군 출신의 주민집단도 존재했다는 것을 알려주는 대목이다.

활동 시기가 서로 비슷한 동수(357)와 장무이(348)가 모두 대방태수를 칭한 배경은 무엇일까. 이는 단순히 대방군 출신 주민에 대한 대표자로서의 권한이 장무이에게서 동수로 넘어갔다기보다는 대방군을 출신 군으로 인식하는 주민들이 안악군과 봉산군 일대 등 여러 지역에 군소 집단의 형태로 존재했던 정황을 보여주는 것이 아닌가 한다.[93] 또한 동수의 낙랑상과 동리의 한태수는 당대의 중국 왕조에서는 사용되지 않았던 관호인데,[94] 이와 같은 관호들은 특정 정권하에서 일관된 기준을 통해 마련된 제도가 아니며, 개별 집단 내 이주·토착 집단의 인식 속에서 자율적으로 만들어진 자칭호일 가능성을 보여준다.

예컨대 동리가 칭했던 한태수의 경우 4세기 중반에 '한韓'이라고 통칭될 만

역시 2군 고지 일대의 낙랑계 잔존 세력을 의식하여 붙인 호칭이라는 견해도 있다(孔錫龜, 『高句麗 領域擴張史 硏究』, 書景文化社, 1998, 137쪽).

93 313년 이후 안악·봉산 지역에는 군현 계통의 토착 세력이 존재했다고 볼 만한 고고학적 근거는 보이지 않는다. 장무이의 휘하에 스스로 대방군 출신이라고 인식하는 주민이 있었더라도 그 비중과 결집도를 과대 해석할 필요는 없다고 생각된다.

94 낙랑상樂浪相의 '상相'은 한대漢代 이래 왕국王國이나 후국侯國에 설치되었던 관직으로서 대체로 군의 태수와 비슷한 직임을 담당했다. 서진대인 무제武帝 태강太康 10년(289)에 이르러 '상'은 '내사內史'로 명칭이 공식 변경되었다["改諸王國相爲內史"(『晉書』 卷3 世祖武帝 炎 太康 10年 11月 甲申)]. 한편 전연을 비롯해 4세기 중반까지 존속했던 모든 왕조에서 낙랑군이 행정적으로 공국公國 또는 왕국이었다는 기록은 보이지 않는다(孔錫龜, 앞의 책, 1998, 112~113쪽). 따라서 낙랑상은 동수가 활동했던 시기의 공식 관호로 보기 어렵다.

한 동이계 집단이 휘하에 존재했음을 의미하는 것으로 볼 수 있다. 한태수가 등
장한 배경에 대해서는 낙랑군이 운영됐던 시기의 주민 사회 구성과 기존 통치
방식을 고려할 필요가 있다. 본래 낙랑군은 고조선 토착 사회를 재편한 것이 아
니라 토착 수장층의 현지 지배력을 활용하여 지배했으며, 일정 영역 안에서 정
치·경제적으로 통일된 기능을 가진 단위집단(또는 단위집단군)을 재편하지 않고
유지시켰을 가능성이 높다.[95] 이를 방증하는 사례로, 낙랑군 초원初元 4년 현별
호구부에는 기원전 45년 각 현 단위 간 호구 수에 극심한 편차가 드러나는데,
이는 한漢이 낙랑군 25현을 중국 내군內郡처럼 호구 수에 따라 획일적으로 분정
한 것이 아니라 종래의 사회 기반을 용인하고 재활용한 결과로 보인다.[96] 즉, 낙
랑군은 기존의 토착 사회 지배질서를 해체하지 않은 채 토착 유력자들을 군현
지배층으로 최대한 포섭하였고,[97] 그 과정에서 읍락 사회 내부는 큰 변동 없이
유지되었던 것이다.[98]

따라서 낙랑·대방군의 주민 대다수가 한대로부터 위·진대에 이르기까지 군
현 통치기구의 긴밀한 지배하에 있었다거나 중국 문화를 향유하는 계층이었다
고 상정하기는 어렵다. 2군 고지의 거주민들 가운데 일부는 군현이 소멸하기

---

95 오영찬, 『낙랑군 연구』, 사계절, 2006, 68~69쪽.

96 尹龍九, 「새로 발견된 樂浪木簡」, 『韓國古代史硏究』 46, 2007a, 261쪽.

97 기원전 1세기대에 활발하게 조영된 대표적 낙랑고분인 목곽묘는 기원전 108년에 낙랑군
이 설치되기 전부터 세형동검문화를 기반으로 한 서북한 일대의 토착 유력자들이 주로
조영했는데, 이들 세력은 고조선 멸망과 군현 설치라는 큰 정치적 격변에도 불구하고 그
사회적 기반을 해체당하지 않은 채 존속하여 낙랑군의 지배 계층이 되었다(오영찬, 앞의
책, 2006, 82~85쪽; 윤용구, 「낙랑군 초기의 군현지배와 호구파악」, 『낙랑군 호구부 연구』,
동북아역사재단, 2010, 176쪽).

98 오영찬, 앞의 책, 2006, 129~130쪽.

이전부터 계속 한인韓人 혹은 예인穢人으로 인식되었을 가능성이 높다. 동리가 칭한 한태수는 2군 고지의 한인韓人으로 대표되는 동이 계통의 원주민 집단을 관할하는 관호라고 볼 수 있다. 본래 동리의 휘하에는 한족漢族 계통 이주민 집단의 문화·전통이 주류를 이루었던 것으로 보이며, 이러한 상황 속에서 편성된 소수의 이민족 집단(韓人)을 대표하는 용도로 '한태수'라는 독특한 관호를 임의로 자칭한 것으로 생각된다.

다른 망명인에게서도 이러한 비한非漢 계통의 이민족 집단을 대상으로 한 관호를 칭한 사례가 보인다. 안악3호분의 동수는 호무이교위를 칭하였으며, 대방태수 장무이의 무이撫夷도 인명이 아니라 성씨에 관명이 결합된 형태일 가능성이 높다.[99] 덕흥리벽화고분의 유주자사 진도 동이교위를 칭하였다.

이 같은 관호들 가운데 먼저 서진대 이래로 동북방의 대표적 이민족통어관이었던 동이교위에 대해 살펴보자. 동이교위가 최초 설치된 시기는 일부 논란이 있지만,[100] 대체로 서진 무제·혜제대에 서이교위(282)·남이교위(284)·서융교

---

99 안악3호분의 묵서에 보이는 동수의 호무이교위를 근거로 대방태수 장무이도 무이교위를 역임했을 것이라 보는 견해도 있으나(岡崎敬, 앞의 논문, 1964, 66쪽), 이는 당대 중국에 무이撫夷와 관련된 여러 직위가 나타난다는 사실을 간과한 해석이다. 무이교위뿐만 아니라 무이호군撫夷護軍(『晉書』 卷60 列傳 第30 閻鼎), 무이장군撫夷將軍(『三國志』 卷60 吳書 15 賀全呂周鍾離傳 第15 鍾離牧), 무이중랑장撫夷中郞將(『華陽國志』 卷4 南中志) 등 중국 왕조에서는 무이와 관련된 여러 가지 직위가 존재했다. 그러므로 장무이의 '무이'를 무이교위로 단정할 필요는 없다(윤용구, 「고대중국의 동이관東夷觀과 고구려」, 『역사와 현실』 55, 2005, 71쪽).

100 『後漢書』 卷30 志 第28 百官5 '護烏桓校尉'조의 주注에는 현재 전해지지 않는 『진서晉書』를 인용하여 "한이 동이교위를 두어 선비를 위무하였다(漢置東夷校尉 以撫鮮卑)"라고 하였으며, 『晉書』 卷14 志第4 地理上 平州조에는 "위가 동이교위를 두어 양평에 거하게 하였다(魏置東夷校尉 居襄平)"라고 기술되어 있다. 다만 실제 임용 사례나 활동 내용은 알 수 없다.

위(289)·남만교위(303) 등과 더불어 3세기 후반~4세기 초에 제도로서 정착되고 실질적인 기능을 담당했을 것으로 추정된다.[101]

본래 동이교위의 역할은 중앙정부를 대표하여 동이 여러 종족의 내부를 관장하고, 각 종족 집단 간의 관계를 조정하거나 반란을 평정하는 일이었다.[102] 근래 연구에 의하면 서진대의 동이교위가 영호領護하던 주요 대상은 선비鮮卑이며, 이 시기 요동군을 비롯한 인근 변군의 협조를 받아 부여·한韓 등의 동이제족도 관할했다고 한다.[103]

서진의 멸망 이후 동이교위는 요서·요동 일대를 장악했던 전연에서 주로 나타난다. 전연의 동이교위 치소는 평주에 있었는데, 이 지역은 본래 여러 이민족이 잡거해 살았으며 부여와 고구려 방면에서 많은 예맥계 주민이 귀부하거나 전쟁포로의 형태로 유입되고 있었다. 이 시기 전연의 동이교위와 동이호군東夷護軍 등은 평주 내에 집단적으로 거주하던 동이계 주민집단과 유력자를 통어하던 직책이었다고 생각된다.[104] 3~4세기에 동이교위가 관할했던 동이제족의 범위는 선비를 비롯해 부여·한·예맥계 주민 등이며, 대개 한·예 등으로 통칭되었을 2군 고지의 비한계非漢系 토착주민도 그 관할 대상에 해당되었다고 볼 수 있다. 서진대 이후 주자사가 이민족통어관을 겸대하면 별도의 통어 대상(구역)이 규정되어 있는 것이 보통이었다.[105] 즉, 예하 주·군·현에 편적된 민과 별개로

---

101 三崎良章,「東夷校尉考」,『西嶋定生博士追悼論文集』, 山川出版社, 2000, 230~231쪽.

102 張國慶,「西晉至北魏時期'護東夷校尉'初探」,『中央民族學院學報』1989-3, 1989, 4~5쪽.

103 윤용구, 앞의 논문, 2005, 79~83쪽.

104 윤용구, 위의 논문, 85~86쪽.

105 교위부校尉府의 예산과 요속僚屬도 자사부와 별도로 관리되었다. 관련 사례에 대해서는 미야자키 이치사다宮崎市定 지음, 임대희 옮김,『구품관인법의 연구』, 소나무, 2002, 203~207쪽을 참조.

파악된 주민(만蠻·이夷)을 대상으로 한 관직이었다는 뜻이다.

'무이撫夷'가 들어가는 다른 관호도 중국 왕조에서 '이夷'를 관할하는 이민족 통어관이었을 것으로 짐작된다.[106] 이를테면 무이호군撫夷護軍은 본래 조위대부터 설치되어 영토 내 핵심지역의 만이蠻夷를 영호하기 위한 전담 관리였다. 동이중랑장東夷中郎將이나 동이교위 등이 모두 4~5세기에 여러 동이 종족의 통어와 관련된 직책이었다는 점으로 미루어[107] 장무이의 '무이'와 안악3호분 동수의 무이교위 역시 그 형태에서는 일부 차이가 있지만 변방의 동이를 관할했던 동이교위와 대체로 유사한 기능의 관호였을 것으로 생각된다.[108]

그런데 보통 서진대 이후 유주자사가 주로 겸대했던 동이제족에 대한 통어관을 동수·장무이·진 등이 망명하기 이전에 정식으로 수여받았다고 보기는 적절치 않으며, 고구려 제도에도 이러한 관직은 존재하지 않았다. 동수·장무이·진 등이 2군 고지에서 칭한 이민족통어관, 즉 동이교위·호무이교위·'무위' 등은 그 휘하에 편성된 비한족 계통의 이민족들을 대표하는 관호가 필요했던 상황에서 중국 왕조의 관제 형태를 빌려 자칭한 관호라고 생각된다.

장무이·동수·진이 2군 고지에 안치된 이후 그 관하에 편성된 주민들 가운데는 낙랑·대방군을 출신지로 인식하는 한화漢化된 주민뿐 아니라 사회·문화적으로 한인韓人 또는 예인穢人으로 분류되는 주민도 있었을 것이다. 이들은 낙랑

---

106 孔錫龜, 앞의 책, 1998, 111~112쪽.

107 윤용구, 앞의 논문, 2005, 72~91쪽 참조.

108 이와 관련해 장무이의 '무이'를 동수와 같은 무이교위로 파악하면서 비슷한 시기에 두 지역의 인물이 동일 관직을 칭하고 있다는 점을 근거로 이 관직들은 실질적인 효용성이 없었을 것이라고 보는 견해가 있다(孔錫龜, 앞의 책, 1998, 112쪽). 그러나 개별집단의 망명인이 자신의 필요에 의해 자칭했다면 여러 곳에서 동시에 나타나지 못할 이유도 없다.

·대방군 출신과는 별개로 사회·문화적 군집을 이루고 있었는데, 2군 고지에 안치된 망명인으로서는 그들을 관할하기 위한 위호가 필요했을 터이다. 이에 중국 왕조의 관제 전통에 의거하여 한태수 혹은 무이(교위)·동이교위와 같은 이민족통어관을 칭하기도 했던 것이다. 다만 이 관호들은 산발적으로 흩어져 있는 망명인들의 지역 내에서 자체적으로 칭했을 뿐이었다. 그 때문에 각 망명인들이 한漢문화의 전통과 제도 형식을 모범으로 삼아 비한계 주민에 대한 관호를 자칭했음에도 각각 동이교위·한태수·무이교위 등 일관되지 않은 형태의 관호가 나타났던 것으로 추정된다. 이처럼 체계적이지 않은 관호들의 난립은 2군 고지 내 각지에 안치된 망명인들이 서로 긴밀하게 왕래하거나 상호 위계를 세울 수 없었던 상황을 반영하는 것이기도 하다.

2군 고지에 안치된 망명인들의 휘하에 망명 당시의 그들과는 관련이 없는 한반도 계통의 주민집단이 함께 편성된 데는 고구려 정권의 의도가 개입되었을 것이다. 이는 전연의 사례를 통해 짐작할 수 있다. 전연 정권에서는 4세기 초반에 외래의 이주민이 유입되었을 때 최초의 영도자와 예하의 주민집단을 분리한 뒤 별도로 4개의 교군(기양·성주·영구·당국)을 편성했고, 그 교군의 태수직을 임명할 때는 본적지 회피의 원칙을 적용하여 해당 이주민 집단과는 출신지가 다른 인물을 임명했다. 전연 정권은 이주해온 주민집단을 강하게 통제한 상태에서 재편했으며, 추후에도 그들의 결집을 막기 위해 서로 인연이 없는 다른 지역 출신의 인물로 하여금 관할하게 했던 것이다.[109] 고구려 역시 이주해온 중국계 이주민 집단을 2군 고지에 안치한 이후 자체 문화·전통을 허용하는 우대 정책과 별개로 그들을 확고한 통제하에 두고자 했을 것이며, 2군 고지에 안치된 고위 망명인들의 독단적인 활동이나 정치적 자립의 여지를 사전에 차단하기 위한

---

109 최진열, 앞의 논문, 2020, 215쪽.

노력을 기울였을 것이다.

동수·동리·진·장무이 등의 망명인이 고구려에 의해 일정한 주민집단을 관할하는 임무를 맡게 된 것은 기본적으로 이들이 망명 이전에 이미 정치·사회적 명망을 갖추고 지위가 비교적 높은 인물이었거나 많은 이주민을 대동했기 때문일 수 있다.[110] 고구려는 이 고위 망명인들을 2군 고지에 안치할 때 그들이 원래 거느리고 왔던 주민집단 외에도 다른 계기를 통해 들어온 이주민 및 2군 고지에 생활 기반을 두었던 토착주민을 일부나마 포함하는 군집을 편성하여 거주하게 했던 것으로 추정된다.

다양한 지역 출신의 주민들을 관할하게 된 결과, 동수·동리·진·장무이 등이 칭한 태수·자사호 앞에는 그들의 출신과 무관한 지역명이 붙거나 이민족통어관 직책이 함께 나타나게 되었던 것이다. 이처럼 서로 관련 없는 출신의 주민들과 함께 편성된 것은 고위 망명인의 일탈이나 그가 독자적인 활동을 벌일 여지를 줄였을 것이다.

요컨대 동수·동리·진 등 망명인들의 개별 관할지 내에는 유주와 요동 등지에서 이주해온 이주민들뿐만 아니라 이들이 안치된 지역의 주변에 원래 거주했던 한인·예인을 비롯하여 낙랑·대방 출신을 표방하는 일부 토착주민까지 함께 편성되었음을 알 수 있다. 토착민까지 일부 포함된 다양한 주민 구성은 고구려에 의해 2군 고지에 안치되었던 개별 망명인들이 임의로 편성한 결과로 보

---

110 비록 6세기 전반의 사례이기는 하나, 영주營州와 평주平州 일대에 토착 기반을 두었던 한상韓詳이 북위 말의 환란을 피해서 그의 종족과 향당 등 주민들을 거느리고 고구려로 귀부했다. 이때 한상은 고구려로부터 대사자 관등을 제안받고 이주민 집단의 대표 지위를 인정받았는데, 이는 그가 데려온 주민 규모가 상당했다는 점과 더불어 망명 이전 그의 정치·사회적 지위가 크게 작용했던 것으로 생각된다(안정준, 앞의 논문, 2015b, 19~21쪽).

기 어려우며, 고구려 정권이 적극 개입한 결과라고 보아야 할 것이다. 또한 동수·진 등 망명인들의 관할지가 2군 고지 내에서도 매우 한정된 지역 범위로 제한되었을 것이라는 점을 고려한다면, 이들은 고구려 중앙이나 왕실의 직접적인 지시를 받고 활동했다기보다는 중·상급 지방관의 통제를 받으면서 관리되었을 가능성이 높다.

4장

중국계 주민집단의 전통과 지향

4장
중국계 주민집단의 전통과 지향

1. 낙랑·대방군 고지의 고분 속에 구현된 대외용 서사와 구성 의도

1) 거마행렬도를 통해 전개된 전기적傳記的 서술

지금까지 낙랑·대방군 고지에 안치된 중국계 망명인들을 분석한 자료는 대부분 고분 내에서 발견된 명문전·묵서·벽화 자료들이었다. 그 내용은 일단 원래 출신 지역의 장의葬儀 문화를 충실히 반영하고 있는데, 이를 단순히 묘주와 그 일족의 사적인 정서와 이상을 자유롭게 표현한 것이라고 단정하기는 어렵다.

일반적으로 중국의 상장례喪葬禮는 망자의 가족과 친족들 외에도 평소 망자와 사회적 관계를 형성했던 여러 계층의 사람들이 참여한 의식이었다. 유교적 이념으로서의 효孝를 국가적·사회적으로 강조했던 한대漢代 이래 이것은 일족들 간의 사적인 정을 펼쳐내는 활동을 넘어 살아있는 자들의 사회적 처신과 욕망이 발현되는 행사이기도 했다.[1]

---

1 정옌鄭岩 지음, 소현숙 옮김, 『죽음을 넘어』, 知와 사랑, 2019, 18쪽.

고분을 비롯해 주변에 설치된 다양한 조형물이나 석상, 기념비의 내용 역시 위와 같은 사회적 효용과 깊은 관련이 있다. 예컨대 후한대에 정형화되는 묘비 및 묘기墓記·묘지 등에 담긴 내용은 단순히 묘표墓表의 성격을 넘어 망자의 명성과 그 가족의 덕행을 외부에 널리 알릴 수 있는 하나의 수단이 되기도 했다. 제주祭主의 효성스러움을 드러내거나, 망자와 정치적 관계가 있는 이의 정성을 드러냈던 사례들 역시 유가적 소양의 표출, 그리고 그를 통한 대외적 명성의 획득이라는 목적과 관련 있다고 보는 것이다.[2]

후한 말인 205년에 내려진 금비령禁碑令의 영향 등으로 고분 외부에 설치하던 묘비나 기념비는 점차 무덤의 내부에 구성되는 방식으로 바뀌었지만, 이후에도 고분은 온전히 망자만을 위한 사적인 공간이 아니며 내부에 벽화와 문자 자료 등을 구성하고 배치한 까닭은 외부 공개를 염두에 두었기 때문이라는 점이 주목되기 시작했다. 즉, 후한~위·진대의 고분 속에 만들어진 벽화와 문자기록(묘지와 방제榜題)들은 외부인에게 보일 용도였으며, 이를 위해 고분 내부가 일정 기간 공개되었다고 본다.

이와 관련하여 안악3호분의 일부 벽화에 대한 분석을 통해 고분의 서측 곁방 안의 묘주상墓主像을 두고 그 입구 좌우에 장하독帳下督의 그림과 묘지를 배치한 것이 관람자의 시선과 동선을 감안한 것이라는 의견이 일찍이 제기된 바 있다.[3] 다만 이 연구는 관람자의 존재에 대한 구체적인 근거를 제시한 것은 아니었다. 그런데 최근 덕흥리벽화고분에서 '관자觀者', 즉 외부 관람자에 대한 기록의 존재가 주목되었다. 이를 통해 고분이 조영된 뒤에는 그 내부가 일정 기간

---

2 우홍巫鴻 지음, 김병준 옮김, 『순간과 영원』, 아카넷, 2001, 449~479쪽; 洪承賢, 「墓碑의 출현과 後漢末 墓碑銘의 정형화」, 『中國古中世史研究』 35, 2015, 288~324쪽.

3 篠原啓方, 「墓誌文化の傳播と變容」, 『東アジア文化交涉研究』 2, 2009, 330~334쪽.

외부인에게 공개되었으며, 고분 속의 벽화들도 외부인의 시선을 고려하여 배치되었을 가능성이 높다고 보았다.[4] 이에 따른다면 2군 고지에 있는 중국계 망명인의 고분벽화가 갖는 제작 의도를 단순히 묘주의 관념과 사후 세계에만 국한해서 바라볼 것이 아니라, 고분을 함께 조영하고 더 나아가 '관람'했을 가능성이 있는 주변 이주민 집단의 정서 및 정치·사회적 처지와 관련하여 재차 검토할 필요가 있다.

이에 먼저 후한대 이래 고분 속에 벽화와 방제榜題[5]를 통한 일종의 대외용 서사敍事가 묘사된 사례를 살펴본 뒤 2군 고지의 고분벽화와 문자 자료들의 작성 배경을 새롭게 접근해보고자 한다. 이를 위해 고분 내의 여러 벽화를 각기 단절적으로 바라봤던 경향에서 벗어나 각 장면의 연속성, 그리고 이를 보는 이들의 동선을 아울러 고려한 배치가 이루어졌을 가능성을 염두에 두며 검토를 진행할 것이다.

본래 중국에서 벽화고분의 조영은 전한 이래로 중원 지역(낙양을 중심으로 하남, 하북 남부, 산서 남부 일대)을 중심으로 성행했다. 그러나 후한 말기 황건의 난과 그 이후 지속된 국가적 혼란, 205년에 내려진 금비령의 영향으로 상장례가 간소화(박장薄葬)되면서 중원 지역의 전통적 상장제도와 풍속은 쇠락의 길을 걸었다. 후한 말~서진대의 고분벽화 전통은 혼란기에 화북의 광범위한 지역에 걸쳐 발생한 유이민 파동과 각지로의 이주 현상에 의해 동북(요양)·북방(내몽골)·하서(감숙) 지역으로 옮겨갔고, 이 지역들이 벽화고분 축조의 중심지가 되었다.[6] 즉,

---

4 김근식, 「덕흥리벽화고분의 '觀者'묵서와 '觀覽者'」, 『韓國古代史研究』 101, 2021, 171~182쪽.

5 방제榜題는 벽화의 내용을 규정하거나 설명하는 목적으로 쓰인 묵서墨書를 가리킨다. 이 장에서는 일괄 '방제'라고 표현하겠다.

6 중국 벽화고분의 흐름에 대해서는 강현숙, 『고구려와 비교해 본 중국 한, 위·진의 벽화

전한과 후한대에 중원 지역을 중심으로 크게 발달한 고분미술의 전통이 3~4세기에 이르러 동북·북방·하서 일대로 옮겨가서 그 지역의 벽화고분 조영에 상당한 영향을 주었던 것이다.

4세기 중반 이래로 고구려의 2군 고지에서 주로 발견되는 중국계 이주민의 고분은 그 구조와 벽화 제재, 묘사된 인물들의 복식과 묘지 등에서 중국의 전통이 강하게 드러난다. 그래서 안악3호분이나 덕흥리벽화고분의 경우 그 고분 문화의 연원을 후한~위·진대에 중국에서 조영된 석실봉토벽화분의 전통에서 찾으려는 시도가 있다. 구체적으로는 고분 구조와 벽화의 제재, 표현 기법 등을 통해 당시 벽화고분의 중심지였던 동북(요동·요서)·북방(내몽골)·하서(감숙) 지역의 조영 전통으로부터 일정한 영향을 받았다고 본다.

요양 지역과 2군 지역은 이미 전한대 이래 정치·군사적으로 밀접한 관계를 맺고 있었으며, 후한 말 공손씨 정권의 통치를 거치는 과정에서 두 지역 간의 관계는 더욱 긴밀해졌다.[7] 4세기 이래로 요동·요서 지역으로부터 많은 이주민들이 2군 고지로 유입되었는데, 이는 요동성총遼東城塚이나 안악3호분 등과 같은 고분의 축조 기술과 벽화 제작 기법 등이 전래된 계기였을 것으로 본다.[8] 또한 감숙성 주천시酒泉市의 정가갑丁家閘 5호분은 벽화 구성 및 제재뿐만 아니라 천장 전체에 펼쳐진 운기문雲氣紋, 운기와 신수神獸의 조합, 묘실 안에 목조가옥

분』, 지식산업사, 2005, 316~317쪽; 정옌, 「魏晉南北朝 古墳壁畵 발견과 연구」, 『美術史論壇』 23, 2006, 86~89쪽; 박아림, 「중국 위·진 고분벽화의 연원 연구」, 『東洋美術史學』 1, 2012, 80~106쪽을 주로 참조하였음.

7 權五重, 『樂浪郡硏究』, 一潮閣, 1992, 93~126쪽; 안정준, 「역사적 공간으로서의 '遼東'과 고구려의 國際秩序 인식」, 『韓國古代史硏究』 95, 2019, 38~45쪽.

8 全虎兌, 「고구려 고분 문화의 起源」, 『강좌한국고대사 (9)』, 가락국사적개발연구원, 2002, 76~78쪽; 전호태, 「고구려 안악3호분 재론」, 『韓國古代史硏究』 44, 2006, 134~150쪽.

구조를 재현한 점, 수렵 장면이나 우마차, 음식 조리 장면 등에서 고구려의 덕흥리벽화고분과 상당한 유사점이 있다고 본다.[9]

이러한 유사성은 후한 말 이후 하서-섬서-산서-내몽골 지역-동북(요서·요동)으로 이어지는 지역들 간의 상호 교류에 기인하며, 구체적으로 4세기 후반 전진前秦과 고구려의 친선 관계 속에서 이루어진 문화 교류 및 유이민 이동 등이 배경이었을 것으로 보고 있다.[10] 4세기 중반 이후 고구려에서 조영된 초기 벽화고분들 가운데 중국계 이주민의 고분들 역시 위의 지역 범위에서 만들어진 고분들과 구조, 벽화 제재, 표현 기법, 기타 장례 문화와 관련된 다양한 전통을 공유하고 있었을 가능성이 높다. 이를 검증하기 위해 대규모 행렬도가 잘 남아 있으며 고구려 2군 고지 벽화고분들과의 유사성으로 주목받은 내몽골의 화림격이신점자和林格尔新店子1호묘 사례를 검토하고자 한다.

화림격이신점자1호묘(이하 '화림격이 고분')는 1971년 9월 내몽골자치구의 중남부에 있는 화림격이현和林格爾縣 신점자향新店子鄉 소판신촌小板申村에서 발견되었는데, 신점자공사에서 서쪽으로 2.5km 떨어진 홍하紅河의 북쪽 언덕에 있다. 이곳은 북으로는 호화호특呼和浩特에 이르고 남으로는 대동大同에 이르는 고대 남북 교통로의 요충지로서 후한 말기 이후 한족과 선비족의 주요 분쟁지였다. 현재 무덤의 봉토는 없지만 원래 봉토분이었을 것으로 추정되며, 묘도와 전실·중실·현실, 그리고 3개의 측실로 구성되어 있다. 규모는 동서 길이가 19.85m, 높이는 전실 3.8m, 중실 4m, 현실 3.6m인 대형 고분이다.[11]

---

9 박아림, 앞의 논문, 2012, 102~104쪽.

10 강현숙, 앞의 책, 2005, 372~377쪽; 박아림, 위의 논문, 104쪽; 박아림, 「고구려 고분벽화와 북방문화」, 『高句麗渤海硏究』 50, 2014, 299~304쪽.

11 이 고분에 대한 기본적인 정보는 內蒙古文物工作隊·內蒙古博物館, 「和林格爾發現一座

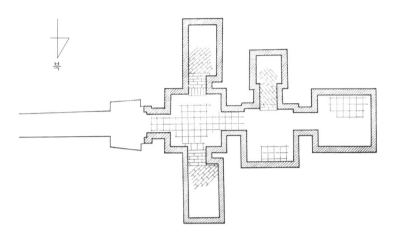

북

〈그림 5〉 화림격이 고분의 평면도(출처: 內蒙古自治區文物考古硏究所 編,『和林格爾漢墓壁畫』, 2007, 3 쪽의 圖3)

이 고분의 제작 시기는 명확하지 않지만 대체로 후한 말의 특정 시기로 좁혀 볼 수 있다. 우선 후한 후기 양식인 사엽사봉문四葉四鳳紋 동경銅鏡(환제桓帝대, 147~155 제작 추정)이 부장되어 있다. 고분 내의 묵서에 따르면 서하군西河郡의 치소가 '이석성離石城'으로 되어 있는데 후한대에 서하군의 치소는 영화 5년(140) 에 평정平定에서 이석으로 옮겨졌으므로,[12] 이 고분은 140년 이후에 조영되었다 고 볼 수 있다. 또한 후한이 선비 단석괴檀石槐 세력의 발흥으로 인해 희평熹平 6년(177)에 내몽골 지역을 상실했으므로 화림격이 고분의 축조 연대는 대략 영

重要的東漢壁畫墓」,『文物』1974-1, 1974; 盖山林,『和林格爾漢墓壁畫』, 呼和浩特: 內蒙 古人民出版社, 1978; 內蒙古自治區文物考古硏究所 編,『和林格爾漢墓壁畫』, 北京: 文物 出版社, 2007에 제시되어 있으며, 국내에서는 최근 금창인, 「중국 내몽고 화림격이 벽화 고분의 벽화 주제와 구성 연구」,『東洋美術史學』12, 2021에서 상세히 다뤄졌다.

12 "丁亥 徙西河郡居離石"(『後漢書』卷6 孝順孝沖孝質帝紀 第6 順帝 劉保紀 永和5年).

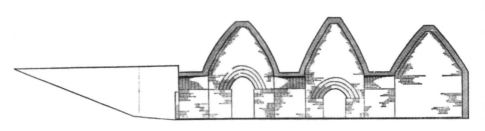

〈그림 6〉 화림격이 벽화고분의 측면도(북쪽 → 남쪽) (출처: 內蒙古自治區文物考古硏究所 編, 앞의 책, 2007, 3쪽의 圖4)

화永和 5년(140) 이후부터 170년대 이전의 어느 시점으로 상정할 수 있다.[13]

이 고분이 학계의 주목을 끈 이유는 내부에 보존 상태가 양호한 벽화가 많이 남아있고 그 벽화의 내용을 설명한 방제들이 발견되었기 때문인데, 벽화는 대규모 출행도를 비롯해 막부幕府, 인물고사人物故事, 장원莊園 생활, 경사經史의 고사故事, 충효, 상서祥瑞 등의 주제로 구성되어 있다. 전실과 중실(일부)에서는 묘주의 관력과 부임지에 관련된 벽화들이 나열되어 묘주의 공적 경력을 보여주고 있으며, 현실에서는 묘주 부부도와 대규모 장원도 등을 통해 묘주의 사적인 가거家居 생활 모습을 보여준다. 여기서 특히 눈길을 끄는 것은 전실과 중실의 벽면 상단에 묘주의 주요 경력(관력)과 관련하여 그려진 거마행렬도(이하 '행렬도'라고도 지칭)이다.[14]

문헌 기록에는 보이지 않지만 고분 내의 방제에 기록된 바에 따르면, 묘주는 생전에 효렴으로 천거된 이후 낭중郞中 → 서하장사西河長史 → 행상군속국도위

---

13 內蒙古自治區文物考古硏究所 編, 앞의 책, 2007, 10쪽.

14 화림격이 고분에 보이는 행렬도의 형식은 중원(하남과 하북 지역)에서 나타나기 시작하여 동북 지역(요양)과 내몽골 지역 등으로 전파된 결과라고 보고 있다. 한편 다양한 연회도와 적색의 목조가옥 구조, 운기문 장식 등은 집안의 고구려 벽화와도 관련이 있다고 본다(박아림, 앞의 논문, 2012, 91쪽).

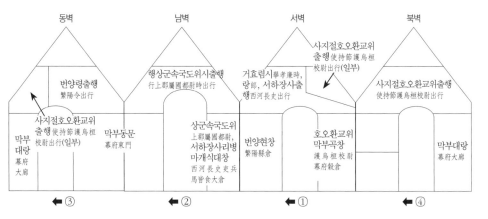

동벽 | 남벽 | 서벽 | 북벽

사지절호오환교위
출행使持節護烏桓
校尉出行(일부)

번양령출행
繁陽令出行

행상군속국도위시출행
行上郡屬國都尉時出行

거효렴시擧孝廉時,
랑郎, 서하장사출
행西河長史出行

사지절호오환교위출행
使持節護烏桓校尉出行

사지절호오환교위
출행使持節護烏桓校
尉出行(일부)

막부동문
幕府東門

상군속국도위
上郡屬國都尉,
서하장사리병
마개식대창
西河長史吏兵
馬皆食大倉

번양현창
繁陽縣倉

호오환교위
막부곡창
護烏桓校尉
幕府穀倉

막부
대랑
幕府
大廊

막부대랑
幕府大廊

← ③ | ← ② | ← ① | ← ④

〈그림 7〉 화림격이 고분 전실의 벽화 배치와 순서(출처: 금창인, 「중국 내몽고 화림격이 벽화고분 연구」, 숙명여대 석사학위 논문, 2020, 16쪽의 그림 3 참조)

行上郡屬國都尉 → 번양령繁陽令 → 사지절호오환교위使持節護烏桓校尉를 순서대로 역임했다.[15] 흥미로운 것은 이 고분의 전실과 중실(일부)에 그려진 행렬도의 진행 방향을 따라 위의 관직들이 역임했던 순서대로 배열되고 있다는 점이다.

화림격이 고분의 전실로 들어가는 동쪽의 출입문을 통과하면 맞은편인 서벽의 벽화들이 먼저 시선에 들어온다. 이 벽면의 상단 전체에는 묘주가 등장하

---

15 본래 진대秦代 이후 전한前漢 초기까지 속국과 군은 동급의 행정단위였기 때문에 속국도위屬國都尉가 현령縣令(번양령)보다 이전의 역임관이라는 데 의문이 들 수 있다. 무제武帝 원수元狩 3년(120)에 흉노족의 대거 내항을 계기로 다섯 군데의 속국을 설치하면서 기존의 속국 장관인 '속국' 외에 도위都尉·승丞·후候·천인千人을 두었다. 이 시기 속국도위는 행정 업무를 담당하는 치민관治民官이 아니라 군사적 기능을 담당하는 도위로서 속국민을 병사로 징발하여 군사적 업무를 수행했다. 한漢 조정으로서는 이동 생활을 하면서 자기들의 풍속을 유지하는 이민족을 내군內郡의 군현민과 동일하게 대우하기 곤란했고, 이에 증설된 속국들은 현급으로 격하시켜 군의 하위 기관으로 만들었다(김병준, 「秦漢帝國의 이민족 지배」, 『歷史學報』 217, 2013, 132~145쪽). 행상군속국도위行上郡屬國都尉에서 속국이 상군上郡 예하에 속해 있는 것, 속국도위가 번양령의 이전 관직(직급이 낮은 관)으로 기재된 것도 바로 그러한 이유일 것이다.

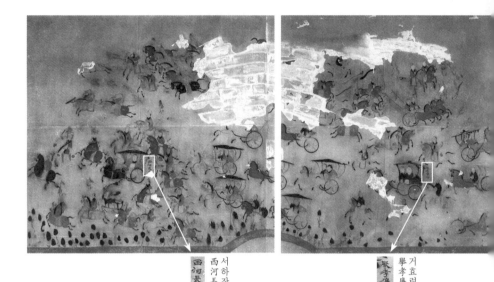

西河長史 / 西河長史 / 서하장사

擧孝廉時 / 擧孝廉時 / 거효렴시

〈그림 8〉 화림격이 고분 전실 서벽(상단)의 행렬도(출처: 陳永志·黑田彰·傅寧 主編, 『和林格爾漢墓壁畫孝子傳圖摹寫圖輯錄』, 文物出版社, 2015)

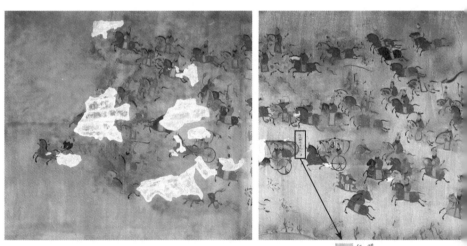

行上郡屬國都尉 / 행상군속국도위

〈그림 9〉 화림격이 고분 전실 남벽(상단)의 행렬도(출처: 陳永志·黑田彰·傅寧 主編, 위의 책)

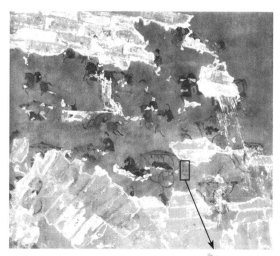

繁번
陽양
令령

〈그림 10〉 화림격이 고분 전실 동벽(상단) 행렬도
(출처: 內蒙古自治區文物考古硏究所 編, 앞의 책, 2007)

別駕從事별가종사   功曹從事공조종사

使사
持지
節절
護호
烏오
桓환
校교
尉위

〈그림 11〉 화림격이 고분 전실 북벽(상단) 행렬도
(출처: 陳永志·黑田彰·傅寧 主編, 앞의 책, 2015)

는 행렬도가 그려져 있는데, 그 우하부가 시작점으로서 그곳에 작은 수레에 타고 있는 묘주의 그림과 더불어 '거효렴시擧孝廉時'라는 묵서 방제가 보인다〈그림 8〉. 최초 효렴으로 천거되었을 시기의 모습이다. 이때 묘주가 탄 수레는 좌측을 향하고 있는데, 그 진행 방향에 따라 시선을 돌리면 행렬도의 중앙부에 다시 수레에 타고 있는 묘주가 등장하며 그 옆에 묵서로 '낭郞'이라고 쓰여 있다(낭중 역임 시의 모습).[16] 묘주의 수레가 향하는 대로 계속 좌측을 따라 시선을 이동하면 또다시 수레에 타고 있는 묘주가 나타나며, 그 옆에 '서하장사'라는 방제가 쓰여 있다(서하장사 역임 시의 모습). 이처럼 거마 행렬이 전체적으로 좌측을 향하는 가운데 묘주는 '거효렴' → '낭(중)' → '서하장사'로 관직이 점차 오르고 있으며, 수레 주변에서 묘주를 호위하는 인물도 대체로 증가하고 있다.

계속해서 서벽의 행렬도는 좌측인 남벽 상단으로 연결된다. 여기는 서벽에 비해 행렬의 규모가 더 크고 묘주는 더욱 많은 호위 인원들을 대동한 모습이며, '행상군속국도위시'(행상군속국도위를 역임할 때의 모습)라는 방제가 적혀 있다〈그림 9〉. 남벽의 행렬도가 향하는 좌측 방향을 따라 동벽 상단에 이르면 다시 한번 묘주가 탄 수레와 함께 '번양령'이라는 그의 다음 역임관명이 기재되어 있다〈그림 10〉. 묘주가 각각의 관직을 역임했던 시기는 일정한 시간적 격차가 있었을 터인데 여러 행렬도의 장면들은 마치 단일한 시점에 쭉 늘어서 있는 일종의 파노라마(panorama)처럼 묘사되어 있다.

행렬도는 좌측으로 계속 이어져서 최종적으로 동벽의 좌측 일부와 북벽 전체, 그리고 서벽의 우측 일부까지 차지하는 대형 행렬도와 만나는데, 여기에는

---

16 전실 서벽의 중층中層 중앙부에 '郞'이 쓰여 있다는 것은 필자가 벽화의 묵서를 직접 확인한 것은 아니며, 內蒙古自治區文物考古硏究所 編, 앞의 책, 2007, 11쪽의 내용을 참고했다.

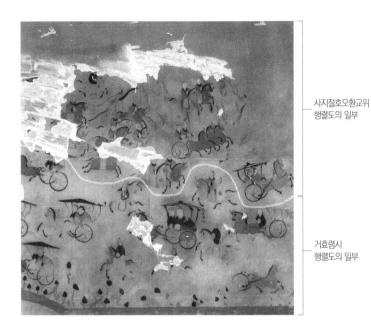

사지절호오환교위
행렬도의 일부

거효렴시
행렬도의 일부

〈그림 12〉 화림격이 고분 서벽 상단 우측의 행렬도 일부. 그림 중간의 흰색 선은 필자가 표시
(출처: 陳永志·黑田彰·傅寧 主編, 앞의 책, 2015)

묘주의 최고위직이었던 '사지절호오환교위'라는 관명과 함께 화려한 수레에 탄 묘주의 모습이 그려져 있으며, 그 앞을 인도하는 '별가종사別駕從事'·'공조종사 功曹從事' 등의 하부 관원 및 말을 타고 있는 수많은 호위 인원들도 보인다〈그림 11〉.[17] 이 '사지절호오환교위'의 행렬도만은 특이하게도 좌측이 아니라 우측을 향하고 있는데, 이는 행렬이 처음 시작되는 지점이 서벽의 '거효렴시' 행렬 장면과 상하로 겹치기 때문에 화면상에서 양측 행렬을 구분 짓기 위해 의도적으로 반대 방향을 향하는 모습으로 묘사한 것이 아닌가 생각된다〈그림 12〉 참조).

---

17 內蒙古自治區文物考古研究所 編, 앞의 책, 2007, 5쪽.

요컨대 전실의 상부 그림은 대체로 행렬도의 흐름을 중심으로 묘주의 관력, 즉 주요 관직의 변천을 표현하고 있다. 행렬도를 이용해 승진 과정을 표현한 이유는 수레의 형태와 의장 거마, 호위관들의 규모 등을 통해서 묘주의 관직 등급과 정치적 지위를 효과적으로 나타낼 수 있었기 때문으로 추정된다.[18] 비슷한 사례로, 후한대에 조영된 하북성 형수시衡水市 안평현安平縣의 녹가장동한벽화묘逯家莊東漢壁畫墓의 대규모 행렬도에서도 수레 규모를 통해 묘주의 관직 등급을 표현했다. 이 고분은 중실 상단의 사방 벽면과 천장에 행렬도가 위아래 4단에 걸쳐 그려져 있는데, 각 단에는 묘주의 네 차례에 걸친 출행 모습이 각각 묘사되어 있다. 여기에 그려진 수레들의 형태와 행렬 규모는 묘주의 관직 고하에 따라 차이를 보인다.[19] 화림격이 고분의 행렬도에서 묘주의 관직이 올라감에 따라 행렬의 규모와 호위관들의 숫자가 점차 증가하고 수레의 형태가 바뀌는 것도 위의 사례와 무관하지 않을 것이다.[20]

화림격이 고분에서 묘주의 공적인 경력을 고분 속의 그림을 통해 전기傳記적으로 구현한 것은 마치 묘지를 통해 묘주의 살아생전 주요 정치적 활동을 서술하는 행위를 연상케 한다.[21] 또한 그림을 통해 서사가 이루어지는 과정에서 내용이 정확하게 전달되지 않는 것을 보완하기 위해 벽화 곳곳에 일종의 해설문인 방제를 기재하여 오해가 없도록 세심하게 배려했는데, 이는 이 고분의 벽화

---

18 리송李松 지음, 이재연 옮김, 『중국미술사 1』, 다른생각, 2011, 446쪽.

19 河北省文物研究所,「安平 逯家庄 東漢 壁畫墓 发掘简报」,『文物春秋』1989-Z1, 1989, 74~75쪽; 금창인,「중국 내몽고 화림격이 벽화고분 연구」, 숙명여대 석사학위 논문, 2020, 85~86쪽.

20 금창인, 위의 논문, 94쪽.

21 巫鸿 著, 施杰 譯,『黃泉下的美术: 宏观中国古代墓葬』, 生活·讀書·新知三聯書店, 2010, 182쪽.

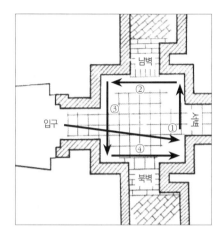

〈그림 13〉 화림격이 고분 전실 벽화의
전개 순서

와 방제들이 외부의 시선, 즉 관람자를 의식하여 제작되었음을 보여준다.

2) 고분의 관람자와 전시 의도

화림격이 고분의 전실에 그려진 행렬도는 출입문의 맞은편인 서벽 상단에서 시작하며, 시계 반대 방향으로 순차적으로 전개되는 것을 알 수 있는데(〈그림 13〉 참조), 이는 마치 고분에 들어온 사람의 시선과 동선을 감안한 배치 같다. 이러한 배치 방식은 중실에서도 나타난다.

전실에서 서벽에 있는 문을 통해 중실로 들어가면 가장 먼저 맞은편에 있는 중실 서벽의 벽화가 눈에 들어온다. 이 중실 서벽의 통로문 상단에는 소규모의 행렬도가 그려져 있는데 중실의 전체 행렬도는 여기서부터 시작한다. 이 그림은 '일곱 여자가 부친을 위해 복수하다(七女爲父報仇)'는 문구와 함께 수레와 말을 탄 인물들이 다리를 건너는 내용이다. 여기에 '위수교渭水橋'와 '장안령長安令'이라는 방제가 쓰여 있어서 배경이 장안임을 암시하고 있다. 즉, 이 그림은 묘주

동벽   남벽   서벽

사군종번양천도관시使君從繁陽遷度關時

서하장사소치이석성숙사西河長史所治離石城宿舍

칠녀위부보구도七女爲父報仇圖(위수교渭水橋)

영성막부寧城幕府   번양현성繁陽縣城   행상군속국도위시소치토군성숙사行上郡屬國都尉時所治土軍城宿舍

〈그림 14〉화림격이 고분 중실의 서·남·동벽 벽화 구성과 모사도(출처: 崔雪冬, 『图像与空间(和林格尔东汉墓壁画与建筑关系研究)』, 辽宁美术出版社, 2017, 90쪽의 圖2-17)

가 직접 등장하지는 않지만 장안이라는 장소를 배경으로 일종의 고사를 보여주면서, 동시에 남벽으로 이어지는 행렬도의 공간적 출발 지점이라는 사실을 알려주고 있다(〈그림 14〉 참조).[22]

좌측을 향하는 '칠녀위부보구'의 거마 행렬은 남벽의 행렬도(중부)와 역사고사도(상부)의 등장인물들을 통해 이어지는 가운데 계속 같은 방향으로 전개된다. 남벽의 행렬도 아래에 있는 통로문의 좌우에는 성곽 형태의 그림들이 보이는데, 우측의 상부에는 묘주가 서하장사西河長史를 역임했던 시절의 치소인 이석성離石城의 숙사宿舍가 그려져 있으며, 그 하부에는 행상군속국도위 재임 시절의 치소였던 토군성土軍城의 숙사가 그려져 있다. 또한 통로문의 좌측에는 묘주의 번양현령 시절의 치소인 번양현성이 그려졌다. 즉, 우측에서 좌측으로 이어지는 행렬도의 진행 방향에 맞춰 그 하단에 묘주의 부임지 세 군데를 역임 순

---

22 금창인, 앞의 논문, 2021, 170~171쪽.

〈그림 15〉 화림격이 고분 중실 서벽 통로문(상단)의 칠녀위부보구도七女爲父報仇圖(출처: 陳永志·黑田彰·傳寧 主編, 앞의 책, 2015)

〈그림 16〉 화림격이 고분 중실 동벽 우측(상단)의 "사군종번양천도관시使君從繁陽遷度關時"(출처: 陳永志·黑田彰·傳寧 主編, 앞의 책, 2015)

서에 따라 배치했는데 묘주가 각 치소에서 활동하면서 관리나 빈객들을 접견했던 모습이 상세히 묘사되어 있다.

남벽의 거마 행렬은 좌측으로 계속 전개되어 동벽 통로문의 위로 향하는데, 여기에는 맞은편인 서벽의 행렬도('칠녀위부보구七女爲父報仇')처럼 수레와 말을 탄 사람들이 아치형 다리를 건너는 장면이 그려져 있다. 이 행렬도에는 '사군종번양천도관시使君從繁陽遷度關時'와 '거용관居庸關'이라는 방제가 상하에 기재되어 있다. 이를 통해 묘주가 번양현에서 다음 부임지인 영성寧城으로 이동하는 길에 거용관을 지나던 모습을 묘사했음을 알 수 있다. 이 행렬은 최종적으로 동벽 좌측 하단으로 이어져서 호오환교위의 치소인 영성에 닿는다. 이렇듯 중실 상단의 벽화도 전실처럼 행렬도의 진행 방향을 따라 전개되면서 묘주의 각 부임지가 그려졌는데, 이는 부임 순서와 각 부임지 치소의 공간적 위치를 고려하여 배치된 것이다.[23]

중실의 북벽과 서벽(우측)의 상단에는 더 이상 거마 행렬이 이어지지 않고, 그 대신 묘주의 유교적 가치관을 드러내기 위한 효자전도孝子傳圖·공자제자도孔子弟子圖·열녀전도列女傳圖가 그려져 있다. 이 그림에는 주로 고사에 등장하는 인물들이 그려져 있는데, 대체로 행렬도의 진행 방향과 마찬가지로 좌측을 향하여 늘어선 모습이다.[24]

이처럼 중실 상단의 벽화들은 서벽(좌측)을 시작점으로 하여 전체적으로 좌

---

23 崔雪冬, 『图像与空间(和林格尔东汉墓壁画与建筑关系研究)』, 辽宁美术出版社, 2017, 90~92쪽; 금창인, 앞의 논문, 2021, 170~172쪽.

24 효자전도에서 고대 전설상의 천자인 순제가 서벽의 왼쪽 끝에 있다는 점을 근거로 그림의 전개를 좌→우의 방향으로 보는 견해도 있지만(금창인, 위의 논문, 49쪽), 여러 '효자' 인물들이 향하는 방향은 우→좌로 향하고 있다. 또한 아래의 공자제자도와 열녀도의 인물들 역시 대부분 좌측을 향하고 있는 점과도 비교된다.

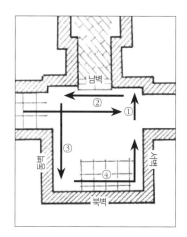

남벽

②

①

동벽

③

서벽

④

북벽

〈그림 17〉 화림격이 고분 중실 벽화의 전개 순서

측을 향해 전개되며, 위에서 바라보면 시계 반대 방향으로 이어진다(〈그림 17〉 참조). 이는 전실 상단의 벽화 전개 방향과 일치한다. 또한 중실의 벽화들은 각기 단절적으로 배치되지 않고 연속되는 장면 배치를 통해 이야기가 전개되는 방식, 즉 일종의 서사가 이루어지고 있다.[25] 전실에 이어서 중실에서도 일정한 내용을 담은 벽화들이 순차적으로 배치되어 있으며 그 표현 의도를 쉽게 알아보도록 곳곳에 방제를 적어두었다. 이 역시 누군가가 관람할 것을 의식한, 그들의 동선과 시선을 고려한 세심한 기획이 이루어진 결과라고 생각된다. 이같이 당시 고분 속의 벽화와 방제들이 완성된 이후 외부의 누군가에게 보여질 것을 감안해 만들어졌다면, 묘주 일가가 고분의 내부를 일정 기간이나마 외부에 공개한 이유는 무엇일까. 또 이를 통해 관람한 사람들에게 기대했던 바는 무엇이었을까.

---

25 巫鴻 著, 施杰 譯, 『黄泉下的美术: 宏观中国古代墓葬』, 生活·讀書·新知三聯書店, 2010, 181~182쪽.

한대 이래로 한족 왕조들은 유교 이념을 토대로 지배체제를 갖추고 유교의 핵심 덕목인 효와 충을 사회 운영의 기본 원리로 강조했다. 이 시기에 효는 단순히 가족 내부의 사적인 덕목으로서가 아닌 사회적으로 중요한 공적 의무로 여겨지기도 했다. 후한대 이래로 대규모 묘실을 갖춘 고분이 조영된 것은 지주 경제의 발전과 동시에 유교를 정치·사회적으로 가장 중요한 이데올로기로 인식했던 풍조에서 비롯되었다. 이 시기에 고분을 조영한 뒤에는 능묘 제사가 치러졌는데, 이는 가족과 종족을 비롯해 빈객 등이 참석하여 이루어지는 큰 행사로서 종족을 결합하기 위한 목적과 함께 공동체 안에서 정치적 영향력을 확인 또는 확대하는 목적도 갖고 있었다.

고분 조영을 포함한 상장례 관련 행위가 대외적으로 공개되는 과정은 자연히 묘주 일족 혹은 상장례를 후원한 사람이 주목받는 계기가 되었을 터다. 상장례가 진행되는 동안 고분 주위나 내부에 표현된 각종 회화 및 문자 등은 묘주의 자식들이나 제주祭主들이 자신들의 효행 등 유교적 소양을 친지뿐만 아니라 다수의 외부인에게 과시하는 효과적인 수단이 되었을 것이다. 이렇게 볼 때 장례 기념물들은 묘주 일족이 장차 향촌의 여론에 영향을 미칠 것을 기대하는 가운데 제작되었다고 할 수 있다.[26]

한대 이래 사당 내부의 제기題記나 무덤의 화상 내지 벽화를 관람했던 외부인들을 '관자觀者'라고 칭한 기록이 있는데, 이 '관자'는 곧 관람자라는 의미로서 한대 화상석뿐만 아니라 위·진대 벽화고분 내의 묵서·제기 등을 통해서도

---

26 우홍 지음, 김병준 옮김, 『순간과 영원』, 아카넷, 2001, 588쪽; 洪承賢, 「墓碑의 출현과 後漢末 墓碑銘의 정형화」, 『中國古中世史研究』 35, 2015, 306~307쪽; 홍승현, 「효성과 명성, 그리고 가족법의 기념비」, 『돌의 문화사』, 신서원, 2018, 60~63쪽.

지속적으로 나타난다.[27] 이는 바로 고분을 방문했던 다수의 관람자가 존재했다는 추정을 뒷받침한다.

실제로 후한대에 조영된 섬서성 순읍현旬邑縣의 백자촌한대벽화고분百子村漢代壁畵古墳에서는 고분으로 들어가는 통로의 동쪽과 서쪽 벽에 각각 "여러 관람자는 모두 신발을 벗어야 들어갈 수 있다(諸觀者皆解履乃得入)", "(무덤 내부를) 보고자 하는 사람은 모두 마땅히 신발을 벗어야 들어가서 이를 볼 수 있다(諸欲觀者皆當解履乃得入觀此)"라는 묵서가 기재되어 있다.[28] 무덤 내부로 들어온 관람자들을 대상으로 적힌 이 명문은 후한대 이래의 고분을 순수하게 묘주의 사적인 공간으로만 단정할 수 없게 하며, 벽화의 완성 이후 최종 하장下葬하기 전까지 일부 묘실을 방문객들에게 공개했음을 알려주는 근거라고 할 수 있다.[29]

후한대에 조영된 화림격이 고분에서 전실과 중실의 행렬도를 배경으로 하여 나타난 묘주의 공적인 경력 및 그에 덧붙여 세세하게 설명한 방제들은 이미 묘주에 대한 상세한 정보를 알고 있었을 집안사람들이나 평소 묘주를 가까이했던 측근들을 대상으로 기재되었다고 보기는 어렵다. 아마도 묘주의 신상이나 관력에 대한 정확하고 구체적인 정보가 충분하지 않았던 이들을 대상으로 했을 것으로 추정된다. 이러한 전통은 후한대 이래로 긴밀한 문화적 교류를 주고받았던 하서-섬서-산서-내몽골 지역-동북(요서·요동)-고구려로 이어지는 지역의 고분벽화가 구성되는 방식과 전시 내용을 검토할 때 반드시 감안해야 할 부분이다.

---

27 金秉駿, 「漢代 聚落 分布의 변화」, 『中國古中世史硏究』 15, 2006, 60쪽.

28 김병준, 앞의 논문, 2004, 60쪽; 정옌 지음, 소현숙 옮김, 앞의 책, 2019, 175~177쪽; 김근식, 앞의 논문, 2021, 176~177쪽.

29 정옌 지음, 소현숙 옮김, 앞의 책, 2019, 171~178쪽; 김근식, 앞의 논문, 2021, 173쪽.

2. 고분 속에 보이는 정치·사회적 지향

1) 고분 내 벽화와 문자 자료의 배치

내몽골 지역의 화림격이 고분 속 벽화에 나타난 서사와 관련하여 평안남도 남포시 강서구역에서 발견된 덕흥리벽화고분이 주목된다. 이 고분은 남쪽으로부터 연도-전실-통로-현실의 구조로 이루어졌는데, 고분의 동서 길이는 총 7.8m 정도이다. 이는 전실(곁방 2)·중실(곁방 1)·현실 구조에 동서 길이가 19.85m에 달하는 화림격이 고분의 규모와 비교할 때 매우 작은 편이며, 그만큼 벽화가 그려질 공간도 한정되었을 것이다.

덕흥리벽화고분의 전실 북벽에 기재된 묘지에 의하면 묘주는 안평군 신도현 도향 중감리 출신으로 밝힌 ▨▨씨 진이라는 중국계 망명인이다. 묘주의 출신 외에도 고분 속 벽화의 공적 영역에 나타난 중·상급 이상의 관인들이 대부분 중국식 복식과 관모를 착용하고 있다는 점,[30] 묘주를 비롯한 관인들의 정치적 지위와 권위를 중국식 위신재威信材(당·절) 등을 통해 표현하고 있다는 점[31] 등은 이 고분이 중국 이주민의 문화·전통 속에서 조영되었음을 보여준다.

이 고분의 전실에는 묘주의 주요 공적인 활동이 기록되어 있는데, 특히 전실 하단의 벽화들이 행렬도를 중심으로 일정한 방향으로 진행되고 있다는 특징이 있다. 이 역시 화림격이 고분과 마찬가지로 일정한 서사를 갖고 전개되는 것이

---

30 이경희, 「평양지역 고구려 고분벽화에 보이는 묘주복식의 성격」, 『韓國古代史研究』 56, 2009, 258~262쪽.

31 孔錫龜, 「안악3호분 主人公의 節에 대하여」, 『高句麗研究』 11, 2001, 78쪽; 「안악3호분의 幢에 대하여」, 『고구려연구』 19, 2005, 217~223쪽.

라면, 그 서사가 시작되는 지점이 있을 것이다. 필자는 고분의 출입문 맞은편인 북벽 상단의 묘지가 있는 지점에서 시작된다고 보는데, 그 근거는 다음과 같다.

첫째, 묘지에 기재된 묘주의 출신지·이름·관력 등의 정보는 관람자들이 전실의 벽화와 방제의 내용을 보기에 앞서 먼저 제시되었을 가능성이 높다는 점이다. 이에 대해서는 안악3호분의 분석을 통해 묘주(동수)의 묘지를 기입한 위치는 무덤에 들어온 관람자가 묘주상을 대면하기 전에 발견하여 읽을 수 있는 자리일 것이라는 점이 지적된 바 있다.[32] 덕흥리벽화고분의 경우에도 전실과 현실에 구현한 장면들을 보게 될 관람자에게 가장 먼저 묘주(진)에 대한 기본적인 신상 정보를 제공했을 가능성이 높다고 생각된다.

예컨대 관람자가 고분으로 들어왔을 때 전실의 사방에서 발견할 수 있는 벽화의 내용은 서벽의 13군 태수내조도, 남벽 서측(오른쪽)의 막부관리도, 그리고 동벽으로부터 남벽의 동측(왼쪽)으로 이어지는 행렬도이다.[33] 이 그림들에는 묘주인 진의 자사직과 관련된 막부의 속관들과 예하 태수들의 모습이 등장하며, 그 옆에는 이들의 관명이 묵서로 기록되어 있다. 또한 유주의 예하 13군이 행정적으로 유주에 속하며 그 부속된 현의 수가 몇인지, 주州의 치소와 더불어 낙양

---

[32] 안악3호분에는 동수의 묘주상이 서측실에 존재하는데, 관람자가 이를 보기 전에 서측실로 들어가는 입구의 좌측에 바로 동수의 묘지가 기재되어 있다. 특히 동수의 묘지는 묘주(동수)에게 내방자를 안내하는 역할을 했던 장하독의 인물도 윗부분에 기재되어 있으며, 이는 곧 장하독이 내방자에게 묘주의 신분을 밝힌 후 그에 상응하는 예절을 요구했던 생전의 모습을 고려하여 배치한 것으로 파악된다고 한다(條原啓方, 앞의 논문, 2009, 333~334쪽).

[33] 동벽 행렬도에는 '鎭▨▨史司馬', '御使導從時', '[治]中別駕', '使君出[遊][時]'라는 묵서가 보인다. 행렬에서 진을 시종하는 인물들에 대한 묵서 가운데 ▨史·司馬는 남벽 서측에 진의 막부 속료로 소개된 장사長史와 사마司馬를 가리킬 가능성이 높다. 치중治中과 별가別駕는 모두 전한 원제元帝대 이래로 주자사州刺史의 속관屬官이었다(『漢官儀』 卷上 孝武元封 4年; 『宋書』 권40, 百官志).

묘지

현실로 통하는
출입문

묘주도

〈그림 18〉 덕흥리벽화고분 전실
북벽(출처: 동북아역사넷http://
contents.nahf.or.kr/)

과의 거리가 얼마나 떨어져 있는지 등이 기록되어 있다.[34] 결국 관람자가 전실
의 여러 벽화와 묵서의 내용을 이해하기 위해서는 사전에 묘주 진이 유주자사
를 역임했음을 알고 있어야 한다.

그런데 정작 전실에는 묘지 이외에 묘주가 유주자사를 역임했다는 점과 유
주자사가 그의 최종관이었음을 명시한 묵서가 보이지 않는다. 게다가 후한 말
의 금비령(205) 이후 무덤 밖에 묘비를 별도로 세우지 않는 관행이 일반화되었
음을 고려하면, 이 고분의 내부에 들어왔을 누군가가 묘주에 대한 가장 기본적
인 정보, 즉 본적, 이름, 관력, 사망 나이, 장례일자 등을 안내받을 수 있는 유일
한 지점은 전실 북벽의 통로문 위에 기재된 묘지가 있는 곳이다. 따라서 덕흥리

---

34 "此十三郡屬幽州 部縣七十五 州治廣薊今治燕國 去洛陽二千三百里 都尉一部幷十三
郡"(덕흥리벽화고분 전실 서벽)

벽화고분의 전실 관람 순서도 이 묘지가 있는 곳에서 처음 시작할 것이라고 추정할 수 있다.

둘째, 그렇다면 진의 묘지는 출입문을 통해 전실에 들어온 사람의 위치에서 가장 먼저 시선이 가는 곳에 배치되었을 것이다. 그런데 이 묘지는 묘주에 관한 기본 정보를 담고 있음에도 묘주상의 바로 위쪽이 아니라 북벽의 우측으로 치우친 출입문 위쪽에 기재되어 있다(〈그림 18〉 참조). 이곳은 남쪽에 있는 출입문의 맞은편 상단으로서 내부로 들어오는 사람의 시선이 제일 먼저 향하는 지점이다. 이러한 배치 방식은 화림격이 고분에서 전실과 중실의 행렬도가 시작되는 지점이 출입문의 바로 맞은편인 서벽 통로문 상단이었다는 점과도 결코 무관하지 않다.

덕흥리벽화고분의 행렬도는 진의 묘지(〈그림 19〉의 ⓐ)가 적힌 북벽의 통로문 우측 하단(ⓑ)에서 시작하여 오른쪽의 동벽으로 이어진다. 동벽에는 행렬도가 하단 전체로 확대되면서 많은 인물들이 등장하는 진의 출행도를 구성한다(ⓒ). 이 행렬은 계속 우측 방향으로 향하며 남벽(좌측)까지 이어지는데 행렬의 선두에는 진의 하위관인 계현령薊縣令이 말을 타고 나아가는 모습도 보인다(ⓓ). 그런 다음 남벽(우측)의 막부관리도(ⓔ)로 이어지는데 여기서는 일부 관원들이 서로 마주보고 논의하는 모습도 있지만, 곧이어 서벽에 이르면 상·하단에 그려진 13군 태수들이 나란히 우측을 향해 서 있는 모습(ⓕ)으로 연결된다. 이들의 시선이 향하는 곳을 따라가면 최종적으로 북벽 통로문 좌측에 앉아있는 묘주의 좌상에 이른다(〈그림 19〉 참조).

요컨대 덕흥리벽화분의 전실은 관람객이 최초 남벽의 출입문을 통해 들어올 경우 제일 먼저 시선이 가는 맞은편 북벽의 통로문 상단에 묘지를 배치했으며, 이후 시계 방향으로 북벽 우하단의 행렬도→동벽의 행렬도→남벽 통로문 좌측의 행렬도→남벽 통로문 우측의 막부관리도→서벽의 13군 태수내조도→북벽

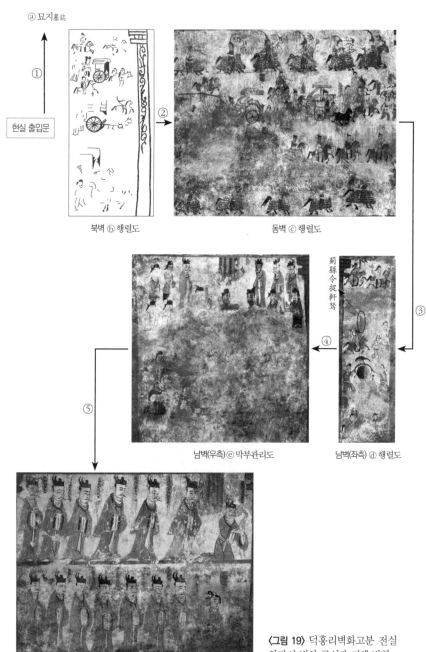

ⓐ 묘지墓誌

①

현실 출입문

②

북벽 ⓑ 행렬도

동벽 ⓒ 행렬도

薊縣令提軒駕

③

④

⑤

남벽(우측) ⓒ 막부관리도

남벽(좌측) ⓓ 행렬도

서벽 ⓕ 13군 태수내조도

〈그림 19〉 덕흥리벽화고분 전실
하단의 벽화 구성과 진행 방향

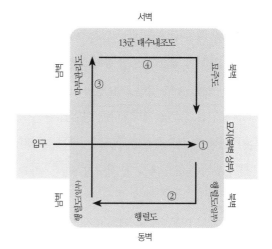

서벽

13군 태수내조도

④

③

북벽 ｜ 묘주도

묘지(묵서 상부)

입구 → ①

②

행렬도

남벽 ｜ (묵서 하부)

행렬도

동벽

〈그림 20〉 덕흥리벽화고분 전실의
관람 순서

출입문 좌측의 묘주도 순으로 이어지는 것이다(〈그림 20〉 참조).

묘주가 생전에 역임했던 여러 관직을 표현한 화림격이 고분과 비교해 볼 때, 덕흥리벽화고분의 전실에 묘사된 벽화는 유주자사 재임 시절의 내용으로만 국한된다는 차이가 있다. 덕흥리벽화고분이 화림격이 고분에 비해 규모가 훨씬 작기 때문에 다양한 경력을 묘사하는 장면을 구현하는 데 일정한 한계가 있었을 것이다. 하지만 행렬도를 중심으로 공적인 경력을 표현했다는 점, 일정한 방향으로 벽화의 내용이 진행된다는 공통점을 감안하면, 덕흥리벽화고분 역시 화림격이 고분과 마찬가지로 무덤 내부로 들어온 관람자를 의식하여 벽화와 방제들을 구성하고 배치했을 가능성을 생각해볼 수 있다.

이와 관련해 덕흥리벽화고분 안에서 발견된 '관자觀者'라는 묵서에 주목할 필요가 있다.[35] 고분의 전실로 들어오는 통로문의 서벽에 "기유년(409) 2월 2일

---

35 덕흥리벽화고분의 '관자' 묵서에 대해서는 김근식, 앞의 논문, 2021에서 최초로 소개하여 자세히 검토한 바 있다.

신유일에 이 무덤의 문 닫는 일을 마치니, 크게 길하고 좋을 것이다."[36]라는 묵서가 기록되어 있는데, 이를 통해 고분을 최종 폐쇄한 날짜를 알 수 있으며, 진의 묘지에서 408년 12월 25일 을유乙酉일에 무덤을 완성하여 안장했다고 하니 대략 40일간 고분을 개방했다는 사실을 알 수 있다.[37] 또한 통로문의 동벽에는 "童⬚⬚曉所遊觀者[莫][不]服嘆"이라는 묵서가 있는데,[38] 비록 앞부분이 불분명하지만, "(童⬚⬚曉所遊) 관람자(觀者)가 마음으로 따르고 찬탄하지 않을 수 없었다" 정도로 해석할 수 있을 것이다. 이는 해당 벽면의 그림들과는 어울리지 않는 별개의 기록으로서 '관자'(관람자)들이 고분을 관람한 뒤의 반응을 기록하여 남긴 것으로 본다.[39] 즉, 덕흥리벽화고분의 벽화와 방제는 완성 이후 일정 기간 외부 관람자들에게 보여질 것을 고려해 제작되었다.

이 관람자의 존재는 덕흥리벽화고분에 기재된 여러 방제들의 작성 의도를 명확하게 보여준다는 점에서도 주목할 만하다. 이 고분에는 56군데에 걸쳐 벽화의 중간에 노란색 네모 칸을 마련하여 총 600여 자에 달하는 많은 묵서를 적어두었는데, 대체로 벽화 내용의 이해를 돕기 위한 의도로 기재했을 것으로 추정된다.

특히 전실 서벽에 〈그림 21〉과 같이 벽화와 방제들을 배치한 것이 눈에 띈다. Ⓐ는 상·하단에 걸쳐 모두 우측을 향해 도열해 있는 13군 태수의 모습이다. 이들 각각의 머리 부분 우측에는 "○○태수(혹은 '내사')가 와서 조하朝賀했을 때

---

36 "太歲在己酉二月二日辛酉成關此塼戶大吉良". 이는 사회과학원, 『덕흥리고구려벽화무덤』, 과학백과사전출판사, 1981, 94~95쪽의 내용을 기본으로 하면서 사회과학원, 『조선단대사 (5)』, 과학백과출판사, 2008, 203쪽을 반영하여 판독한 것이다.

37 孔錫龜, 「德興里 壁畵古墳의 主人公과 그 性格」, 『百濟研究』 21, 1990, 358쪽.

38 손영종, 『고구려사(3)』, 과학백과사전종합출판사, 1999, 204~206쪽.

39 김근식, 앞의 논문, 2021, 171~175쪽.

〈그림 21〉 덕흥리벽화고분 전실 서벽의 13군 태수내조도 모사도(출처: 社會科學院, 『德興里高句麗壁畵古墳』, 朝鮮畵報社, 1986, 56쪽의 그림을 이용해 제작)

(혹은 '와서 논주論州했을 때)"라는 명문이 적혀 있다. 이는 곧 유주자사 진에게 '조하'하거나 '논주'하기 위해 온 13군 태수들의 모습과 그들의 직함을 적은 것이다. 그런데 13군 태수가 나란히 우측을 향해 도열한 가운데 상단 제일 우측의 Ⓑ 네모 칸에는 다음과 같은 묵서가 적혀 있다.

> 이 13군은 유주에 속하며 부현은 75군데이다. 주의 치소가 광계(광양군 계현)였는데, 지금은 치소가 연국이며 낙양으로부터의 거리가 2,300리이다. 도위 1부 및 13군이다.[40]

---

40 "此十三郡屬幽州 部縣七十五 州治廣薊今治燕國 去洛陽二千三百里 都尉一部并十三郡". 이 묵서에서 '都尉一部并十三郡'이라는 구절에 대해 기존에는 "도위都尉는 1인이며 13군을 아울러 통솔한다"라고 해석하는가 하면(정찬영, 『덕흥리고구려벽화고분』, 1981, 85쪽), "도위가 다스리는 1부와 아울러 13군이다"라고 해석하기도 했다(李仁哲, 「德興里壁

묵서의 첫머리에 '이 13군은 유주에 속한다'라는 표현이 나온다. 여기서 '이 13군(此十三郡)'은 Ⓐ에 나오는 13인 태수들의 부임지를 가리킨다. 이러한 방제의 배치는 앞에서 논의한 대로 벽화가 좌측에서 우측의 방향으로 전개되고 있다는 점, 더 나아가 벽화를 관람하는 사람의 동선과 시선의 움직임(좌→우)을 고려한 배치가 이루어졌다는 사실을 뒷받침한다.

이처럼 벽화와 묵서가 외부 관람자들에게 보여질 것을 고려해 제작되었다면, 그 관람자는 어떤 사람들이었을까. 우선 Ⓑ에서 유주의 치소인 연국의 지리적 위치에 대해 낙양을 기점으로 한 거리로 설명한 부분을 주의 깊게 보아야 한다. 낙양은 후한에서 서진 초까지 오랫동안 한족 왕조의 전통적인 수도로서 기능했지만, 진진(鎭)이 살아있던 332년부터 408년까지 명멸해간 왕조들의 도읍을 고려한 서술로 보기는 어렵다.

역사적 상황이 이러함에도 왜 굳이 낙양을 기점으로 하여 유주 치소의 위치를 표현했던 것일까. 이는 중국의 역사·지리적 상황에 익숙했던 중국계 이주민 사회에서 낙양이 정치·사회적으로 매우 상징적인 중심지로서 여전히 기억되고 있었기 때문일 것이다. 즉, 특정 왕조의 수도라는 사실과 관계없이 다수 관람자들의 상식선에서 그 지리적 위치와 역사적 위상이 널리 알려진 낙양이라는 곳을 기준점으로 삼아서 유주의 치소 위치를 설명하려고 했던 것으로 이해할 수 있다. 이로써 생각건대 덕흥리벽화고분의 관람자 대부분은 중국 계통의 주민이었을 것이며, 이는 고분의 구조를 비롯하여 전실의 벽화에 등장하는 인물들이 착용한 복식이나 관(冠)·책(幘) 등이 대부분 중국의 문화·전통을 드러내고 있다는

畵古墳의 墨書銘을 통해 본 고구려의 幽州經營」, 『歷史學報』 158, 1998, 10쪽). 그러나 도위가 유주 전체에 해당하는 13군 지역을 아울러 통솔한다는 해석은 역대 도위의 통상적인 직무를 고려할 때 다소 무리한 설정이다. 따라서 도위와 태수의 관할 범위 및 직무를 구분하여 "도위 1부 및(#) 13군이다"로 해석하는 것이 타당하다.

점과도[41] 상통한다.

또 한 가지 주목할 점은 덕흥리벽화고분의 벽화와 묵서에 기재된 정보의 상세함이다. 〈그림 21〉의 Ⓐ에는 진의 예하에 있었다고 전하는 13군 태수들(일부는 내사)의 직명이 일일이 기재되어 있으며, Ⓑ에는 13군이 유주에 속한다는 점과 함께 13군의 속현이 총 75군데에 달한다는 점, 그리고 주의 치소가 예전에는 '광계'(광양군 계현)였으나 진이 유주자사로 재임하던 시점에는 연국이 되었다는 변천사 등이 기록되었다. 이것은 아마도 관람자들에게 진이 역임했던 유주자사가 어느 정도의 지위와 권한을 토대로 한 관직이었는지에 대한 정보를 제공하려는 의도로 기재되었을 것이다.

묘주인 진은 실제로 중국의 유주 지역에서 복무했던 것은 아니며, 고구려로 망명한 이후에 유주자사를 칭했던 것으로 보인다. 그러나 적어도 그가 유주자사직을 칭할 당시에는 해당 관직의 치소와 관리 범위, 권한 등에 대해 꽤 많은 정보를 갖고 있었을 것이다. 또한 묘주의 일족이나 평소에 묘주를 모셨던 주변 인물들 및 하위 관원들 역시 이미 유주자사라는 관직에 대한 일정한 정보가 있었을 것이다. 따라서 굳이 그들을 위해 벽화의 적지 않은 부분을 할애해서 세세한 설명을 할 필요는 없었을 듯하다. 결국 Ⓐ·Ⓑ의 묵서들은 묘주 일족이나 주변의 측근들을 대상으로만 작성된 것이 아니라, 외부에서 초청되어 무덤을 관람하러 왔던, 평소 묘주의 경력에 대한 정보가 그리 많지 않았던 이들을 포함한 독자들을 위해 기재되었을 가능성이 크다.

2군 고지에서 덕흥리벽화고분을 조영하고 고분 내부에 벽화와 묵서를 배치한 이들은 도대체 무슨 의도로 이러한 정보를 외부에 보이고자 했던 것일까. 더 나아가, 이 지역으로 이주해온 중국계 이주민 집단 내에서 진이라는 유력한 망

---

41 孔錫龜, 「高句麗의 南進과 壁畵古墳」, 『韓國古代史研究』 20, 2000, 350~384쪽.

명인의 상장례가 갖는 사회적 기능은 무엇이었을까. 이제부터는 그 점을 살펴보겠다.

2) 이주민 사회의 현실과 지향

후한대 이래로 무덤 주위에 묘비 등 기념비를 세운 주체는 자식들을 비롯하여 가문의 일원이거나 문하생, 옛 하위 관리인 고리故吏 등이었다. 특히 그중에서도 문생이나 고리가 입비立碑를 주도하는 것은 지방관의 추천에 의한 관리 임용 방식과 예禮의 실천을 중시하는 예교주의가 작용했을 것으로 생각된다.[42] 이는 상장례가 자신의 충절이나 예의를 선전하는 하나의 수단으로 이용되었던 사례이기도 하다. 이 때문인지 무덤 속의 문자기록에는 이전에 모셨던 상관(舊君) 또는 자신을 추천했던 고장故將에 대한 은의恩義의 마음을 표현한 사례도 나타난다.

> ㉮ 元康三年四月六日 盧江太守東明亭侯主簿高勅作[43]
>
> ➡ 원강 3년(293) 4월 6일, 노강태수이자 동명정후(인 묘주)의 주부였던 고칙이 만들었다.
>
> ㉯ 咸康七年歲在辛丑七月十日▨▨將軍上庸太守▨ / [楊]▨造作塼甓(白)

---

42 도미야 이타루富谷至 지음, 임병덕 옮김, 『목간과 죽간으로 본 중국 고대 문화사』, 사계절, 2005, 62~64쪽; 홍승현, 앞의 책, 2018, 64~65쪽.

43 이 전돌의 명문은 谷豊信, 「中國古代の紀年塼」, 『東京國立博物館紀要』 34, 東京國立博物館, 1999, 208쪽에 작성된 표(129번)에 실려 있으며, 같은 논문의 184쪽에서도 간략하게 소개되어 있다.

工都梁向賢(2행전)[44]

➡ 함강 7년(341) 신축년 7월 10일 ▨▨장군·상용태수▨ / [양]▨가 전벽塼甓
을 만들었는데, 백공白工은 도량현의 향현向賢이다.

위의 ㉠는 강소성 오현吳縣 사자산전실묘獅子山塼室墓에서 발견된 전돌에 새
겨진 명문으로 서진대인 원강 3년(293)의 묘기이다. 보통 묘기류에는 '누가', '누
구(묘주)를 위해', '누구를 고용하여', '얼마의 비용으로', '무엇을 만들었는가' 하
는 내용 등이 포함되기 마련인데, 이러한 내용의 묘기가 유행한 것은 후한 중기
이후 능묘 제사가 실시되는 과정에서 그 기록이 외부 사람들에게 노출된 것이
주된 계기라고 본다.[45]

㉠ 역시 '누가', '누구(묘주)를 위해' 만들었다는 내용이 담긴 것으로 보아 외
부인이 관람할 수 있다는 점을 고려해 작성되었다고 추정해볼 수 있다. 명문에
따르면 노강태수盧江太守(동명정후)가 피장자이며, 그의 예하에 주부로 있던 고
칙高勑이라는 인물이 고분을 조영했거나 전돌의 제작을 관장한 듯하다. 양자의
관계가 관직으로만 표현되었으므로, 두 사람은 가족 관계가 아닌 관계官界상 인
연을 갖고 있었던 경우로 보인다. 즉, 주부 고칙이 자신의 이전 상관이었거나
관계 진출에 도움을 준 바 있는 묘주에 대한 은의의 마음으로 그의 무덤 조영에
관여했을 것으로 짐작된다.

㉡의 함강 7년명전은 동진대인 341년, ▨▨장군이자 상용태수上庸太守인 묘

---

44 이 명문전은 호남성湖南省 소양시邵陽市 금칭시공사금원대대고묘군金稱市公社金元大隊古墓
群에서 채집된 것으로, 黎旭 主編, 『中國磚銘全集(9)─東晉(有紀年)』, 上海書畫出版社,
2020, 185쪽에 탁본 사진이 실려 있다.

45 洪承賢, 「漢代 墓記·墓碑·墓誌의 출현과 상호 관련성」, 『中國古中世史硏究』 42, 2016,
305~309쪽.

주를 위해 [양]▩가 전돌 제작 혹은 고분 조영을 주관했으며 그의 휘하에서 제작에 참여한 장인(白工)은 도량현都梁縣[46] 출신의 향현이라는 인물이라고 소개하고 있다. 전돌 제작 혹은 고분 조영을 주관한 [양]▩라는 인물은 묘주와 혈연관계가 드러나지 않는 것으로 보아 가족으로는 보이지 않으며, ▩▩장군·상용태수로 표현된 묘주와 어떤 공적 직무를 통한 인연이 있었던 것으로 추정된다. 아마도 그는 옛 상관에 대한 도리를 중요시하는 당시의 사회적 분위기를 의식하여 고분 조영을 책임졌을 것이다.

이와 같이 ㉮·㉯의 내용은 옛 상관에 대한 도리를 중요시하는 사회적 예교와 관련이 있음을 알 수 있다. 그런데 이와 유사한 경향을 2군 고지에 조영된 대방태수 장무이전(348)을 통해서도 볼 수 있다.

① 趙主簿令塼勲意不臥
➡ 조주부趙主簿가 전塼 제작을 주관함에 정성스러운 마음에 눕지도 않았다.

② (2行塼)哀哉夫人奄背百姓子民憂感/夙夜不寧永側玄宮痛割人情 + 張使君 (小口)
➡ 슬프도다! 부인夫人이시여, 백성을 갑자기 등지고 가시니, (치하의) 백성이 애태우고 슬퍼하여 밤낮으로 평안하지 않았으며, 영원히 현궁(무덤)에 감춰지니 슬픔이 인정을 베는 듯하구나. + 장사군

③ (2行塼)天生小人供養君子千人造塼以葬/父母旣好且堅典齋記之 + 使君帶方太守張撫夷塼 (小口)
➡ 하늘이 낸 비루한 소인이 감히 용품을 갖춰 군자를 제사지내니, 1천 인으로서 전塼을 만듦에 부모를 장사지내듯이 했다. 이미 좋고 또 견고하니,

---

예법대로 갖추어짐에 기록한다. + 사군使君 대방태수 장무이의 전돌

④ [八]月卄[八]日造塼日八十石[酒] + 張使君塼 (小口)

➡ 8월 28일 전塼을 만들었는데 하루 80석주石酒가 들었다 + 장사군의 전돌

황해북도 사리원시 일대에서 348년에 조영된 것으로 보이는[47] 장무이묘의 내부에서 위와 같은 전명들이 발견되었는데, 각각의 명문을 조합해보면 서로 연관성을 갖는 문구들로 이루어져 있다. 우선 ①은 조씨 성의 주부를 칭한 자 (이하 '조모')가 '영전令塼', 즉 장무이의 고분 조영에 관여하였음을 전하고 있다. 조모가 주부직을 칭했다는 점, ②·③·④의 소구명小口銘에서 묘주를 '장사군', '사군 대방태수' 등의 존칭으로 썼다는 점 등으로 미루어 조모와 묘주 장무이는 혈족 관계로 보기는 어려우며, 양자는 공적인 직함으로 맺어진 관계라고 생각된다.

그러나 장무이전이 실제로 조영된 348년에 황해도에는 대방군이 정식으로 설치되어 있지 않았다. 장무이가 4세기 중반에 2군 고지에 들어와 거주했던 여러 중국계 망명인들 가운데 하나였을 것이라는 견해에 따른다면,[48] 조모는 곧 대방태수라는 관호를 칭한 장무이의 예하에서 주부라는 관호를 지니고 활동했던 인물일 것이며, 두 사람은 중국 왕조의 정식 태수부와는 다른 특수한 상황 속에서 주종 관계를 형성했을 가능성이 높다.[49] 또한 ①~④의 명문을 보면 고분을 조영하면서(또는 전돌을 만들면서) '정성스러운 마음에 눕지도 않았다', '슬

47 정인성, 「대방태수 張撫夷墓의 재검토」, 『韓國上古史學報』 69, 2010, 61~65쪽; 안정준, 「高句麗의 樂浪·帶方郡 故地 지배 연구」, 연세대 박사학위논문, 2016a, 57~58쪽.

48 孔錫龜, 『高句麗 領域擴張史 研究』, 書景文化社, 1998, 94~95쪽.

49 안정준, 앞의 논문, 2016a, 57~58쪽.

프도다', '슬픔이 인정人情을 베는 듯하구나' 등 묘주의 죽음에 절절한 슬픔을 표현하고, 더불어 그에 대한 정성과 충심을 과시하는 문구를 써넣었다. 이 문구들의 화자는 곧 ①에서 전塼 제작을 주관했다고 일컫은 조주부라는 인물이다.

③과 ④에는 고분 조영에 동원된 인부 수(1천 명), 인부들에게 제공한 양식(하루 80석주)이[50] 각각 기록되어 있다. 이는 덕흥리벽화고분의 묘지 말미에 "무덤을 만드는 데 만 명의 공력이 들었으니, 매일 소와 양을 잡았으며 술과 고기와 쌀은 가히 다 먹을 수 없을 정도였다. 아침밥의 염시鹽豉는 한 창고 분량이나 먹었다."[51]라고 하여 고분을 축조할 때 일한 역부들의 규모와 이들에게 제공한 양식의 분량을 기록한 내용과도 비교된다.

여기서 중요한 것은 이러한 문구들이 고분 조영을 발주(또는 감독)한 자의 정성을 드러내기 위한 상투화된 표기였다는 점이다. 조모가 옛 상관의 죽음을 슬퍼하면서 그의 무덤을 조영하는 데 조력한 행위는 한인 사회의 전형적인 예교주의 전통과 관련 있다. 이 점을 염두에 두면, 명문의 문구는 장무이의 무덤을 방문하거나 장례 행사에 참여하는 이들에게 조모 본인의 지극한 정성을 알리려는 의도로 작성되었을 것이다.

4세기 중반에 황해북도 사리원 지역은 중국 왕조의 영향력이 미치는 곳이 아니었으므로 조모가 중국 조정에서 출세하기를 바라고 이런 행위를 했다고는 볼 수 없다. 다만 그가 이주하여 살아온 지역은 주로 중국계 이주민 집단이 거

---

50 '석주石酒'라는 표현은 고전에서 따로 용례를 찾기 힘들다. 다만 위·진대 전명塼銘이나 묘지에서 동원된 인부 수 뒤에 이들에게 제공한 양식의 수량을 표현하는 사례가 많이 등장하는데, 장무이의 전돌에 기록된 '80석주' 역시 80으로 헤아려지는 곡식(石)과 술(酒), 혹은 80석의 술(酒)을 의미할 것이라고 짐작된다.

51 "造藏萬功 日煞牛羊 酒宍米粲不可盡攢旦食鹽豉食一椋. 記之後世寓寄▨絶"(덕흥리벽화고분의 전실 북벽)

주하는 지역으로서 한인 사회의 전통적인 규범과 의례를 중시해왔을 가능성을 생각해야 한다. 중국인 사회의 전통과 그들이 견지했던 가치관이 지배적인 분위기에서 조모 역시 옛 상관의 장례를 치르며 자신이 망자에게 지켜야 할 도리를 다했음을 전돌의 명문을 통해 적극 알리고자 했을 것이다. 이처럼 2군 고지 내에서는 중국인 사회의 전통에 따른 장의 문화가 나타나고 있었으며, 이는 이 지역에 안치된 이주민 집단의 정서와 문화적 성향으로부터 비롯되었다고 추정할 수 있다.

다만 앞서 언급했듯이 후한대 이래로 자식과 부모의 관계, 고리故吏와 옛 상관의 관계가 공적인 평가의 대상이 되기도 했기 때문에 당사자의 사회적 지위와 주변의 시선을 고려한 공리적·타산적 행위가 뒤따르는 경우도 종종 발생했다. 그뿐만 아니라 고분의 벽화와 문자들은 묘주 일족이나 제작자의 가치관과 지향점을 내보이는 수단으로 이용되는 과정에서 가장 이상적으로 생각하는, 혹은 지향하고자 하는 가치를 극대화하는 형태로 제작되기도 했다. 따라서 전돌의 명문에 드러난 효성이나 은의의 감정, 유교적 가르침의 지향 등을 사실 그 자체로 받아들이기는 어렵다.[52]

고분 내 벽화와 문자 등으로 표현된 내용이 현실 그 자체를 묘사하고 기록한 것으로 보지 않는다면 묘주 일족과 관람자들이 함께 공유했던 정서나 그들이 지향했던 가치관을 반영했다는 차원에서 접근해볼 필요가 있다.[53] 이와 관련하

---

52 도미야 이타루 지음, 임병덕 옮김, 앞의 책, 2005, 64쪽.

53 화림격이 고분의 중실 북벽과 서벽 상단에는 묘주의 유교적 가치관을 드러내기 위한 효자전도·공자제자도·열녀전도가 그려져 있다. 이는 주변인들이 고분을 제작하면서 묘주의 공적功績과 도덕성에 대한 찬양을 함축적으로 담아낸 것일 수 있으며(巫鴻 著, 施杰 譯, 앞의 책, 2010, 182쪽), 묘주나 그의 가문 사람 등이 평소 추구하던 이념과 가치관을 관람자들에게 보이는 동시에 서로 함께 공유하고자 했던 의도로도 풀이할 수 있다. 이와 관

여 재차 상기해야 하는 것이 바로 덕흥리벽화고분의 전실에 기재된 유주자사에 대한 묵서 내용이다.

진의 유주자사는 고구려에 의해 2군 고지에 안치된 이후 자칭한 것으로 보인다. 그런데 덕흥리벽화고분 전실 서벽의 방제에는 "유주의 치소가 연국이며, 낙양으로부터의 거리가 2,300리"라고 하여 중국 땅에 있는 유주의 치소(지금의 북경北京 부근)를 소개하고 있다. 진이 실제로 관할했던 이주민들은 2군 고지에 거주했을 텐데 그가 칭한 유주자사의 관할구역을 마치 중국 땅의 유주를 근거로 한 것처럼 소개한 이유는 무엇일까. 그것은 아마도 고분 제작을 주도했을 묘주 일가의 정치·사회적 처지, 그리고 그들이 벽화와 묵서를 통해 예하 주민들에게 내비치고자 했던 지향 및 가치와 관련이 있을 것이다.

고구려는 요서의 전연·후연 정권 등과 경쟁하는 과정에서 적극적으로 화북 유이민들을 유치했다고 생각된다. 그리고 지속적인 이주를 유도하려는 목적으로 이주민들을 2군 고지 일대로 옮겨서 집주시키는 한편, 중국 출신의 고위 망명인에게는 일부 이주민 집단의 통솔을 위임하고 그가 중국식 관호를 칭하여 이주민들의 대표자로서 권위를 내세우는 행태도 일부 허용하거나 묵인했던 것으로 추정된다.

련해 후한 말기의 대신大臣이자 경학자經學者였던 조기趙岐(108~201)의 사례를 살펴볼 수 있다. 조기의 열전에 기록된 바에 따르면 그는 살아있을 때부터 자신의 무덤을 만들었는데, 본인의 초상 옆에 네 명의 유명한 역사적 인물(계찰季札·자산子産·안영晏嬰·숙향叔向)을 손님처럼 그리도록 했다고 한다["先自爲壽藏 圖季札·子産·晏嬰·叔向四像居賓位 又自畫其像居主位 皆爲讚頌 勅其子曰 我死之日 墓中聚沙爲牀 布簟白衣 散髮其上 覆以單被 即日便下 下訖便掩"(『後漢書』卷64 吳延史盧趙列傳 第54 趙岐)]. 이처럼 자신이 좋아하는 장면이나 모티브를 장례 기념비에 그려 넣음으로써 자신의 정신적·정치적 가치나 이념을 주변에 드러내기도 했던 것이다(우홍 지음, 김병준 옮김, 앞의 책, 2001, 526~528쪽; 정옌 지음, 소현숙 옮김, 2019, 앞의 책, 178쪽).

진이 2군 고지에서 활동할 즈음인 385년에는 유주와 기주의 이주민이 고구려로 다수 유입되었는데,[54] 이때 유주 산하의 여러 군 단위 주민들도 2군 고지에 들어온 것으로 추정된다. 진과 함께 2군 고지에 거주했던 중국계 주민들의 상당수는 탈脫고향인으로서 이역異域에 머물고 있는 신세지만 언젠가는 자신들의 근거지로 돌아가겠다는 강고한 신념을 가진 집단이었다. 진이 고구려에 망명한 이후 최종적으로 자칭한 유주자사는 당시 유주 일대에서 고구려로 건너온 이주민들을 통솔하는 일과 무관하지 않았을 것이다. 다시 말해 유주자사는 2군 고지에 안치된 중국계 이주민들이 타지에서도 자신들의 본적과 이를 기반으로 한 사회적 연고를 그대로 유지하려는 습성이 반영된 관호였다고 할 수 있다.[55]

2군 고지의 고위 망명인이었던 묘주 진이 사망한 후 그의 일족은 장례 과정에서 중국의 상장례 전통을 따라 고분의 내부를 일정 기간 외부에 공개했던 것으로 보인다. 그 내부에 표현된 벽화와 묵서들은 주로 진의 통솔하에 함께 지내 왔던 중국계 주민들을 대상으로 제작되었을 터인데, 앞에서 살펴보았듯이 가장 많은 비중을 차지하고 있는 내용은 바로 묘주가 망명한 이후에 칭했던 유주자사라는 관호에 대한 것이었다.

아마도 진의 일족은 고분에 전시된 내용을 통해 묘주의 정치적 지위를 과시하고, 그가 칭했던 유주자사가 의제적으로나마 이주민들의 원래 고향인 중국 유주 지역을 기반으로 했음을 주변에 재차 각인시키고자 했던 것 같다. 이를 통해 이역에서 본래의 사회·문화적 전통을 공유하며 살아가는 주민들과 더불어 서로의 지연地緣 및 동질감을 확인하는 동시에 상위 계층의 사회적 지위 확립과 집단 내부의 결속을 다지는 주요 수단으로 활용했을 것이다. 다시 말해 중국

---

54 『資治通鑑』卷106 晉紀28 孝武帝 太元 10年(385) 11月.

55 이 책의 3장을 참고.

전통과 문화에 기반을 둔 묘주 일가의 정서·지향을 같은 처지인 휘하의 이주민들과 공유함으로써 궁극적으로 묘주 일가의 정치·사회적 지위와 영향력을 유지하고 강화하려는 의도로 벽화와 묵서를 제작 및 배치했던 것으로 추정된다.

요컨대 4세기 중반~5세기 초반 2군 고지에 안치된 중국계 이주민 집단 내에는 기존의 장의葬儀 전통이 유지되었다. 고분 내에 표현된 벽화·묵서·명문전 등 외부에 공개된 다양한 전시물은 이주민 집단의 문화적 성향을 드러낼 뿐만 아니라 그들이 공유했던 정서와 이념·지향도 반영했던 것으로 추정된다. 이는 묘주 일가가 예하 이주민 집단과 정서·지향을 공유하는 가운데 서로 간의 결속을 강화하려는 목적과 관련이 있다. 그리고 이러한 현상은 고구려가 당시 2군 고지에 안치한 이주민 집단에게 그들의 자체적인 사회·문화와 전통을 상당 기간 용인했던 상황 속에서 유지될 수 있었을 것이다.

3. 이주집단의 신앙·가치관과 '칠보행사도'

1) 그림의 공간적 배치와 전거 문제

북한 학계에서는 덕흥리벽화고분을 발굴한 직후부터 이것이 전형적인 고구려 고분이며, 묘주 진을 비롯한 등장인물들이 대부분 고구려인임을 일관되게 강조해왔다.[56] 이러한 견해에 따라 내놓은 초기 보고서에 실린 판독안과 벽화

---

56 朱榮憲,「德興里壁畵古墳の主人公について」,『德興里高句麗壁畵古墳』, 朝鮮畵報社, 1986, 85~103쪽; 손영종,「덕흥리 벽화무덤의 주인공의 국적 문제에 대하여」,『력사과학』 1987-1, 1987, 13쪽; 손은철,「덕흥리벽화무덤과 관련한 그릇된 견해에 대한 비판」,『조선고고연구』 2006-4(142호), 사회과학원고고연구소, 2006, 12쪽.

분석은 이후 묘주 진과 고구려 중앙정권의 관계를 주목해온 연구자들에 의해 세심한 검증 없이 그대로 수용된 측면이 있다. 덕흥리벽화고분의 현실 동벽 우측에 그려진 이른바 '칠보행사도七寶行事圖' 및 그것과 관련된 묵서들 역시 그동안 묘주 진과 고구려 정권의 정치적 관계를 뒷받침하는 자료로 주목되었다. 그러나 고분 내에 이 벽화가 그려진 의도를 비롯하여 각 장면과 관련 묵서의 의미에 대해서는 아직 충분한 검토가 이루어지지 못한 편이다.

칠보행사도는 묘주와 관련된 불교 행사의 장면을 재현한 그림인데, 단순히 실제 벌어진 행사 장면을 그대로 묘사한 것이 아니라 당대의 불경 내용 혹은 당대인들의 불교 신앙을 일정하게 투영한 것일 수 있다. 최근에 불교사적 접근을 통해 칠보행사도에서 구현하고자 했던 불교적 이상이 특정한 전거典據를 가지고 있으며, 그 사상(이념)이 각 장면과 관련 묵서의 내용에도 일정하게 반영되었다는 견해가 제기되었다.[57] 이와 같은 연구는 그동안 합리적으로 이해하지 못했던 해당 벽화·묵서의 의미를 정확하게 파악하는 데 얼마간 도움이 될 것으로 생각된다.

여기에서는 먼저 고분의 전체 구조 속에서 칠보행사도의 위치를 검토하고, 이후 도상의 묵서 판독과 해석, 그리고 그림의 등장인물들이 갖는 특징들을 자세하게 검토해보고자 한다. 특히 칠보행사의 종교적 의미를 관련 경전의 내용을 통해 밝히고, 이 그림이 중국 위·진대의 고분벽화들과 같이 묘주 자신의 신앙적 지향을 드러내려는 의도와 관련 있다는 점도 제시하고자 한다.

먼저 덕흥리벽화고분 현실 동벽의 벽화들을 두루 살펴보자(〈그림 22〉와 〈그림 23〉 참조). 동벽의 벽화는 크게 좌우로 나뉘는데, 좌측에는 붉은색의 큰 연꽃 두 송이가 피어오른 모습이며, 그 아래쪽은 원래 그림이 없었던 듯하다. 이 연

---

57 관련 연구에 대해서는 후술할 것이다.

꽃들을 우측의 칠보행사도와 관련지어 아미타정토의 칠보 연못에서 피어오른 것이라고 간주하기도 하지만,[58] 연꽃 아래에 빈 곳은 사실 묘주의 관이 놓인 자리(관대棺臺)이며 관이 들어갈 자리 위에 연꽃 도안을 그려 넣은 것일 수도 있다. 즉, 이 연꽃들이 우측의 칠보행사와 직접 관련된 것인지, 아니면 현실의 다른 장소(남벽의 출입문 좌우)에 그려진 그림처럼 단순한 장식도안의 성격인지는 현재로선 단정하기 어렵다.

동벽의 우측은 다시 상단과 하단으로 나뉘어 그림이 있는데, 상단에는 중앙의 큰 나무를 중심으로 하여 좌우에 각각 3인의 인물이 서 있다. 이들 중 나무 바로 우측에서 평상에 앉은 채 두 손을 앞으로 내밀고 있는 인물이 가장 눈에 띈다. 이 인물은 담황색 겉옷에 머리에 착용한 관모에는 두 갈래로 갈라진 개책 介幘이 보이며, 주변의 인물들보다 상대적으로 크게 그려졌다.

이 인물의 우측에는 비교적 작은 크기의 2인(남성)이 두 손을 소매 속에 넣은 채로 나란히 서 있다. 이들은 평상에 앉은 인물을 보좌하는 역할로 추정된다. 이 3인의 우상부에는 직사각형 모양의 칸에 '此人爲中裏都督典知 / 七寶自然音樂自然 / 飮食有▨之燔▨▨▨▨'(3행 27자)라는 문구가 적혀 있다.

덕흥리벽화고분의 그림은 다른 고구려 고분벽화들처럼 묘주와 예하 인물들의 위계 차이를 나타내기 위해서 대상의 크기를 달리 표현한 경우가 많은데,[59] 칠보행사도의 상단에도 개책을 착용하고 평상에 앉아있는 인물의 크기가 주위의 다른 인물들보다 좀 더 큰 편이다. 바로 이 사람이 우상부의 묵서에

---

58 문명대,「덕흥리 고구려 고분벽화德興里 高句麗 古墳壁畵와 그 불교의식도(淨土往生七寶儀式圖)의 도상의미와 특징에 대한 새로운 해석」,『강좌미술사』 41, 2013, 234쪽.

59 전호태,「회화」,『한국사 8 — 삼국의 문화』, 국사편찬위원회, 1998, 181~182쪽; 전호태,「고구려 덕흥리벽화분 연구」,『역사와 경계』 95, 2015, 7~19쪽.

〈그림 22〉 덕흥리벽화고분 현실 동벽의 연화도와 칠보행사도(모사 1)(출처: 동북아역사넷http://
contents.nahf.or.kr/) 우측의 그림은 〈그림 24〉에서 좀 더 크게 볼 수 있다.

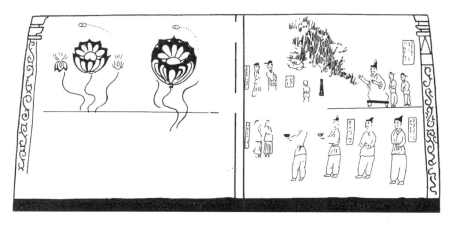

〈그림 23〉 덕흥리벽화고분 현실 동벽의 연화도와 칠보행사도(모사 2)(출처:『德興里高句麗壁畵古墳』,
朝鮮畵報社)

'중리도독中裏都督'이라고 표현된 인물로서 행사를 주재했다고 보아도 별 무리가 없다.

상단 중앙부의 나무 바로 좌측에는 작은 크기의 동자童子로 보이는 인물이 공수拱手한 채로 서 있으며, 그 좌측에는 남성 1인과 여성 1인이 나란히 서 있다. 이들의 각 좌측에도 묵서가 적혀 있는데, 묵서 내용은 일단 차치하고 인물의 크기나 착용한 의복만 놓고 판단해보더라도 이 인물들의 사회적 지위나 행사에서 차지하는 비중이 컸다고 보기는 어렵다.

하단에도 역시 6인의 인물이 묘사되어 있다. 우선 그림의 중앙부에는 손에 그릇을 받쳐 들고 서 있는 남성 2인과 그 우측에 무언가를 지키고 서 있는 듯한 남성 2인이 나란히 그려져 있다. 양손으로 그릇을 받쳐 든 남성 2인은 "此二人持菓☒食時"라는 묵서로 보아 행사에 쓰일 과자菓子 또는 실과實果를 든 것으로 보이며, 우측의 남성 2인은 "此二人持刀侍[衛] / 七寶☒時"라는 문구로 미루어 칼을 차고 행사의 시위侍衛를 담당했을 것으로 추정된다.

하부 그림의 맨 좌측에는 치마 차림의 두 여인이 공손한 자세로 화면 중앙부의 남성들을 바라보고 있다. 그 좌측의 묵서는 현재 판독이 불가능한 상태다. 칠보행사도는 현실 내부의 다른 벽화들에 비해 전반적으로 등장인물들의 생동감이 떨어져서 다소 정적인 느낌을 자아내는데, 이는 아마도 칠보행사 자체가 경건한 불교 의식이라는 점을 감안한 화공의 의도가 작용했을 듯싶다.

칠보행사도에 대해서는 벽화의 구도와 도안, 그리고 불교 행사로서 갖는 특징을 미술사적 관점에서 접근한 연구도 있었으며, 벽화에 등장하는 '중리도독'과 '대묘작식인大廟作食人'의 존재를 통해 묘주 진과 고구려 중앙의 관계를 규명하는 정치사적 관점의 연구도 이루어졌다. 그러나 정작 도상에 묘사된 행사와 '칠보'의 성격이 무엇인지에 대해서는 여전히 논자마다 의견이 제각각이다.

구체적으로 칠보행사의 성격에 대해서 12월 8일에 칠보죽을 먹는 의식으로

〈그림 24〉 덕흥리벽화고분 현실 동벽의 칠보행사도 모사도
(출처: 동북아역사넷 http://contents.nahf.or.kr/)

보거나,[60] 4월 8일에 일곱 가지 보물(칠보)로 꾸민 불상을 안치한 대좌臺座나 거여車輿를 모시고 행렬하는 의식으로 보기도 하였다.[61] 그러나 이러한 의식이 덕흥리벽화고분이 만들어진 5세기대에 행해졌다고 볼 만한 전거는 없으며, 칠보행사도에 묘사된 정경 및 묵서 내용에도 부합하지 않는다.[62]

다른 한편, 현실 동벽의 좌측에 있는 거대한 두 개의 연꽃 그림, 그리고 우측

---

60   町田章,『古代東アジアの裝飾墓』, 同朋舍, 1987, 231쪽.

61   齊藤忠,『壁畵古墳の系譜』, 學生社, 1989, 266~267쪽.

62   深津行德,「고구려 고분벽화를 통해서 본 종교와 사상의 연구」,『高句麗硏究』 4, 1997, 411~415쪽.

의 행사도에서 나무와 음식 및 등장인물들에 주목하여 칠보행사도는 곧『대선
견왕경大善見王經』에 나오는 전륜성왕轉輪聖王의 거처인 '구사파제성拘舍婆提城'
을 묘사한 것이라는 견해도 있다.[63] 이에 따르면 나무 왼쪽의 작은 동자 같은 인
물이 곧 벽화의 주인공인 전륜성왕으로서 묵서의 칠보는 바로 전륜성왕이 갖고
있다는 일곱 가지 보물인 윤輪·상象·마馬·주珠·여女·거사居士·병兵·사士이며,
평상에 앉은 중리도독은 전륜성왕을 근시하는 의미의 관직이라고 보았다.

이는 구체적인 불경 속의 전거를 바탕으로 벽화와 묵서 내용을 해석했다는
점에서 주목된다. 그런데 묵서의 해석 문제에 대해서는 후술하겠지만 나무 왼
쪽의 인물은 묘사된 크기나 외양만으로도 행사의 주인공이자 전륜성왕이라고
보기는 어렵다. 또한 중리도독이라는 관명을 지닌 자가『대선견왕경』속에 등
장하는 전륜성왕을 근시한다는 해석도 부자연스럽다.[64] 그 밖에도 도상에는
"此二人持菓▨食時", "此二人持刀侍[衛]七寶▨時"와 같이 '모종의 작업을 했
을 때'라는 묵서의 글귀로 등장인물들의 행동을 설명했는데, 이러한 표현 형태
는 경전 속의 설화적 장면을 묘사한 문투라기보다는 실제 행사 현장의 인물들
을 설명한 형태에 가깝다.

칠보행사도에 묘사된 현실적인 상황, 즉 행사를 주재하는 관원이 있고 그의
직명(중리도독)이 구체적으로 기재되어 있는 점, 그 휘하에서 행사를 보조하는
낮은 지위의 인물들이 여럿 등장한다는 점 등을 고려할 때, 이 그림은 묘주의
생애 동안 실제로 치러졌던 행사를 묘사했을 가능성이 높다. 이러한 관점에서
도상의 칠보행사는 고구려 국왕의 주도로 측근 신료인 중리도독을 앞세워 평

---

63 深津行德, 위의 논문, 429~430쪽.

64 李文基,「高句麗 德興里古墳壁畵의 '七寶行事圖'와 墨書銘」,『歷史敎育論集』25, 1999,
214쪽.

양 지역에 사원을 창건하는 과정에서 열렸던 행사이며, 당탑堂塔의 건립에 앞서 지신地神을 진압하기 위한 불교 의례(지진제地鎭祭)의 성격을 띤다는 주장이 제기되었다.[65] 이는 결국 2군 고지에 안치된 묘주의 집단과 고구려 중앙의 긴밀한 관계 속에서 칠보행사도의 상황을 풀이한 것으로 보인다.

그러나 칠보행사도에는 불탑佛塔이 존재하지 않고 상단 중앙의 큰 나무가 부각될 뿐이므로 이 행사가 지진제의 성격을 갖고 있는지 불분명하다. 또한 후술하겠지만 행사에서 몇 안 되는 등장인물들 가운데 여성 3인과 어린 동자가 존재할 뿐만 아니라 나머지 행사를 보조하는 인물들의 신분적 지위도 그리 높아 보이지는 않는다. 즉, 전반적인 장면과 등장인물들의 비중으로 볼 때 과연 고구려 중앙의 주도로 실행된 공식 행사를 묘사했다고 볼 수 있을지 의문이 생길 수밖에 없다.

덕흥리벽화고분에 칠보행사도가 그려진 의도를 파악하기 위해서는 먼저 이 그림이 어떤 공간에 배치되었는지를 살펴보아야 한다. 고분은 구조상 남쪽에서부터 연도–장방형 전실前室–통로–정방형 현실玄室로 이루어져 있다. 크게 전실과 현실로 구분하며, 벽화의 주제도 이러한 구조에 따라 두 가지로 나뉜다.

전실은 서벽의 13군 태수내조도를 비롯해 동벽에서 남·북벽 일부로 이어지는 행렬도, 남벽의 막부관리도, 북벽의 묘주 정무도政務圖 등 주로 묘주의 공적인 영역을 표현한 공간이다. 여기에 등장하는 인물들은 대부분 공복公服 차림이다. 북벽에 앉아있는 묘주 진도 정무를 보는 모습이며, 그 주변에도 관모官帽를 쓴 관원들이 주로 등장한다.

전실에서 통로를 거쳐 현실로 들어가면 진의 거주지(일상 공간)를 중심으로 한 주변 정경이 그려져 있다. 현실 북벽에는 묘주가 평상에 앉아있는 모습을 중

---

65 李文基, 위의 논문, 217~218쪽.

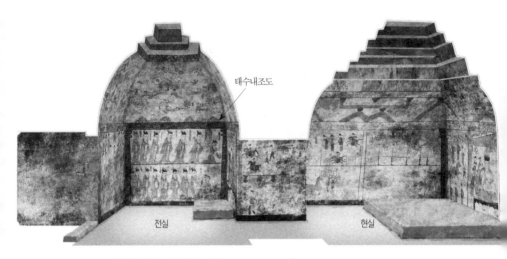

태수내조도

<그림 25> 덕흥리벽화고분 투시도(서측)(출처: 동북아역사넷 http://contents.nahf.or.kr/)

전실

현실

심으로 그 주변에 평상복 차림의 남녀 시종들과 우마가 이끄는 수레가 그려져 있다. 서벽 우상부의 고상高床 건축물 2동은 창고로 보이며, 서벽 좌상부에 그려진 마사희도馬射戱圖 역시 공무公務와는 관련 없다. 특히 마사희도에는 "此爲西薗中馬射戱人"이라는 묵서가 기록되어 있다. 여기서 '서원西薗'은 고유 지명일 수도 있지만, 그보다는 진의 저택을 중심으로 한 '서쪽 동산' 정도의 의미로 생각된다. 따라서 이 그림은 저택의 서쪽에 실제로 있던 마사희 장소 및 그 광경을 묘사한 셈이다. 마사희도의 아래에는 나무에 묶인 말과 시종이 그려져 있는데, 이 역시 진의 저택 주변 정경을 묘사했을 것이다. 또한 현실의 남벽 우측 상단에는 작은 규모의 마구간이, 하단에는 빈 수레를 뒤에 둔 외양간이 보인다. 마구간 뒤편에는 나이 어린 동자들이 일을 하고 있는데, 이 장면도 진의 일상 생활공간(사적 영역)을 중심으로 그 정경을 묘사한 것이다.

이와 같이 덕흥리벽화고분의 벽화 주제는 크게 공적 영역(전실)과 일상 영역(현실)으로 구분된다(이 책 276쪽 〈별첨〉 참조). 그렇다면 현실 동벽 우측에 그려진 '칠보행사도'도 진의 일상적인 공간, 혹은 그 주변에서 열렸던 행사일 가능

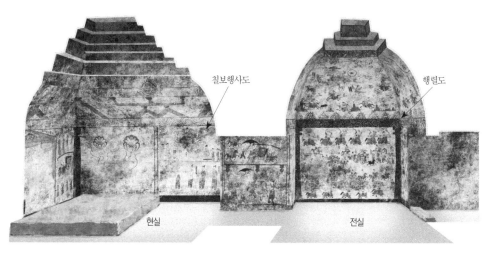

《그림 26》 덕흥리벽화고분 투시도(동측)(출처: 동북아역사넷 http://contents.nahf.or.kr/)

성을[66] 가장 우선적으로 고려해야 한다. '칠보행사'가 묘주인 진의 일상 영역에서 개최되었던 행사라면, 이 행사의 불교적 의미와 도상에 나타난 주변 인물들의 역할을 기존과 다른 관점에서 생각해볼 필요가 있다. 이와 관련해 칠보행사도의 묵서에 등장하는 '자연음악自然音樂', '자연음식自然飮食'이라는 표현에 관심을 갖고 칠보행사의 사상적 근거와 묵서의 의미에 접근한 연구가 주목된다.

이 연구에서는 '자연自然'이라는 용어가 불경에 출현한 빈도 및 용례들을 주목했고, 이를 바탕으로 덕흥리벽화고분의 칠보행사도와 관련 묵서들도 5세기 초반 이전에 한역漢譯된 『무량수경無量壽經』의 저본 내용을 토대로 이해할 수 있다고 보았다.[67] 이에 따르면 『무량수경』에 자주 표현된 '자연'은 한역 과정에

---

66 이는 묘주인의 일상생활 속에서 불사佛事가 이루어졌음을 의미하며, 또한 이 같은 행사는 현세 구복뿐 아니라 내세생來世生의 관련 아래 행해졌다고 보기도 한다(전호태, 「5세기 高句麗 古墳壁畵에 나타난 佛敎的 來世觀」, 『韓國史論』 21, 1989, 26~27쪽).

67 門田誠一, 『高句麗壁畵古墳と東アジア』, 思文閣出版, 2011, 153~162쪽.

서 나타난 도교적 표현(無爲自然)이지만, 동시에 대승大乘의 반야般若 사상을 표현하는 대표적인 용어이기도 하다.[68] 이 '자연'은 아미타불국阿彌陀佛國, 즉 정토淨土를 표현할 때 자주 사용되는데,[69] 곧 '미타정토彌陀淨土'의 덕상德相을 나타낸 것이며, "인위人爲를 필요로 하지 않는 자동적인 움직임으로서의 자연"을 의미한다고 한다.[70]

덕흥리벽화고분의 칠보행사도에 쓰인 '자연음악', '자연음식', '칠보구생七寶俱生'과 같은 묵서 표현도 초기 『무량수경』에 높은 빈도로 나오며, 이들의 용례는 모두 '아미타의 불국토', 즉 정토 사상과 관련된 표현으로 사용되고 있다.[71] 『무량수경』에 따르면, 불국토(정토)는 금, 은, 유리, 산호珊瑚, 호박琥珀, 차거硨磲, 마노瑪瑙의 일곱 가지 보물로 이루어진 곳이며, 여기에는 또 칠보로 만들어진 나무숲이 있는데 바람이 불면 나무숲에서 묘한 음악이 저절로 연주된다고 한다. 그뿐만 아니라 정토의 궁전 좌우에 있는 연못은 바닥의 모래까지도 칠보로 이루어졌는데, 이 연못은 씻고 싶다고 생각하면 저절로(自然) 씻어지고, 무량한 음악을 듣고자 하면 저절로 미묘한 음악이 연주된다. 또 궁전이나 의복, 음식도 저절로 나타나서 만약 먹으려 하면 저절로 칠보 밥그릇이 나타나고, 백미음식百

---

68 德永道雄,「自然法爾の系譜(1·2)」,『佛教文化研究所研究紀要』9·10, 京都女子學園佛教文化研究所, 1979·1980.

69 '自然'이라는 표현은 초기 『무량수경』에 집중적으로 나타나며, 그 다수가 아미타불국, 즉 정토에 관한 내용이라는 지적이 있다(末木文美士,「第四章自然」,『佛教一語葉の思想史』, 岩波書店, 1996).

70 森三樹三郎,「無量壽經の漢吳魏三譯に見える"自然"の語について」, 坪井俊映博士頌壽記念會編,『佛教文化論攷』, 佛教大學, 1984.

71 門田誠一, 앞의 책, 2011, 158~162쪽. 金基雄,『韓國의 壁畵古墳』, 同和出版公社, 1982, 266쪽에서도 칠보행사도 중앙부의 나무에 칠보七寶가 걸렸을 것이며, 이는 정토를 형상화하는 의미라고 언급했다.

味飲食이 저절로 채워져서 먹었다고 생각하면 저절로 배가 부르다고 한다.[72]

칠보행사도에 등장하는 화면 중앙부의 나무와 '칠보'라는 표현, 그리고 '자연음악', '자연음식', '칠보구생'의 표현들 역시 『무량수경』에 묘사된 정토의 정경과 무관하지 않은 것 같다. 다시 말해 칠보행사는 『무량수경』에 기록된 '정토'의 정경을 구현하는 행위와 관련 있을 것으로 생각된다. 이같이 추론해보면 도상에 적힌 불경의 표현인 '자연음악', '자연음식', '칠보구생' 등의 문구들도 이 칠보행사의 취지와 구현하고자 하는 이상을 어느 정도 인지하고 있었던 인물에 의해 기록되었을 가능성이 높다.

도상에 등장하는 인물들의 움직임이 다소 정적으로 표현된 것 역시 행사 자체가 경건한 종교의식이기 때문일 수도 있고, 정토 세계의 이상에 의거해 인물들의 인위적 행위와 관련된 묘사 자체를 의도적으로 기피했던 결과일 수도 있다. 요컨대 도상의 묵서와 인물들의 실제 행위를 이해하기 위해서는 칠보행사의 사상적 근간인 『무량수경』의 정토 세계가 갖는 이상을 고려할 필요가 있다.

2) 행사 진행 인물들의 특징과 칠보행사의 성격

칠보행사도의 상황과 행사의 성격을 구체적으로 파악하기 위해서는 중리도독 외에도 그를 보좌하는 행사 보조원들의 신분과 역할을 살펴보아야 한다. 이를 위해 관련 묵서뿐만 아니라 벽화에 등장하는 인물들의 외양 및 움직임을 종합적으로 검토해야 할 것이다. 도상에는 총 6종의 묵서가 쓰여 있으나, 현재 판독이 가능한 것은 5종이다. 이를 상단 좌측부터 시계 방향으로 나열한 것이 〈그림 27〉이며, 판독문은 다음과 같다.

---

72 문명대, 앞의 논문, 2013, 232~233쪽 참조.

㉮ 此二人大[a]⁷³作食人也 (1행 9자)

⑭ 此人与七寶 / 俱生 是故 / 僉⁷⁴▨⁷⁵知之 (3행 13자)

㉰ 此人爲中裏都督 典知 / 七寶 自然音樂 自然 / 飲食 有▨之燔▨▨▨

(3행 27자)

㉱ 此二人持刀侍[衛]⁷⁶ / 七寶▨⁷⁷時 (2행 11자)

㉲ 此二人持菓▨⁷⁸食時 (1행 8자)

이 가운데서 행사의 성격을 이해하는 데 가장 핵심이 되는 것은 상단에 있는 ㉮·⑭·㉰ 3종의 묵서와 등장인물들이다. ㉮부터 순서대로 원문과 해석을 제

---

73 최초 보고서에서 [a]를 '廟'자로 판독한 이래로(鄭燦永,「德興里壁畵古墳の文字について」,『德興里高句麗壁畵古墳』, 朝鮮畵報社, 1986, 127쪽), 지금까지 이에 대해 이견이 없었다. 그러나 이 책에서는 '廚'로 판독한다. 자세한 내용은 후술한다.

74 기왕에는 이 부분에 있는 글자를 '僸'의 고자古字로 판독하거나(鄭燦永, 앞의 논문, 1986, 127쪽), 미상으로 처리하였다(深津行德, 앞의 논문, 1997, 411쪽). 그러나 이는 전실 남벽의 막부관리도에 있는 묵서 가운데 '僉'의 이체자와 동일한 글자로 생각된다(李文基, 앞의 논문, 1999, 205쪽).

75 정찬영은 ▨을 '喫'으로 판독했지만(鄭燦永, 1986, 앞의 논문, 127쪽), 후카쓰 유키노리深津行德는 확실하지 않다고 보았다(深津行德, 앞의 논문, 1997, 411쪽). 이문기는 글자의 윗부분이 '艹'가 분명하고 아래에 'ㅁ'가 보이므로 '若'으로 판독할 수 있다고 했다(李文基, 앞의 논문, 1999, 205~206쪽). 이 책에서는 명확한 판단을 내리기 어려워서 미상으로 둔다.

76 판독이 어렵긴 하지만 문맥상 '衛'로 추독하는 것이 일반적이다(鄭燦永, 앞의 논문, 1986, 127쪽; 손영종,『고구려사(3)』, 과학백과사전종합출판사, 1999, 205쪽).

77 맨 위의 '罒' 형태만 보이며 아래쪽은 보이지 않는다. 손영종, 위의 책, 205쪽에서는 '奠'으로 판독했다.

78 '薦'으로 보기도 하지만(손영종, 앞의 책, 1999, 205쪽), 현재로서는 불분명하다고 판단되어 빈칸으로 둔다.

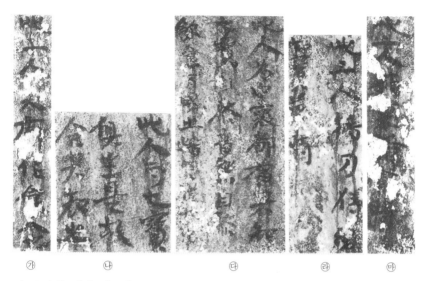

㉮   ㉯   ㉰   ㉱   ㉲

〈그림 27〉 칠보행사도의 묵서(출처: 社會科學院, 『德興里高句麗壁畵古墳』, 朝鮮畵報社, 1986)

〈그림 28〉 칠보행사도에서 ㉮～㉲ 묵서의 위치

시하면 다음과 같다.

㉑ 此二人大ⓐ作食人也

➡ 이 두 사람은 대ⓐ의 음식을 만드는 사람들이다.

그림의 가장 왼편에는 남녀가 각각 1인씩 서 있고 그 좌측에 묵서가 기재되어 있다. 북한의 정찬영이 ㉑를 "此二人大廟作食人也"로 처음 판독한[79] 이래로 지금까지 그 판독에 별다른 이견이 없었다. 여기에서 '대묘大廟'는 고구려 왕실의 종묘宗廟를 가리키며, '작식인作食人'은 음식을 만들고 제공하는 자를 가리킨다고 파악했다.[80] 그래서 '대묘작식인'이란 본래 고구려 왕실의 종묘 제사에 필요한 음식을 준비하는 자들이며, 이들의 존재는 중리도독과 더불어 이 행사가 고구려 중앙에서 주도했던 공적인 불교 행사라는 점을 뒷받침한다고 보았던 것이다.[81]

그러나 현실에 그려진 내용은 묘주의 실내 생활도를 비롯하여 마사희·창고·마구간 등 묘주 진의 가내家內 및 내정內庭과 관련한 일상적인 모습이 대부분이다. 또한 고구려 왕실 종묘의 작식인이 평양 일대에서 치러진 지진제에 파

---

79 鄭燦永, 앞의 논문, 1986, 127쪽.

80 '작식인作食人'이라는 용어는 6세기 신라의 '천전리서석川前里書石'에 새겨진 원명原銘과 추명追銘 외에 중국 사서에도 사례가 있다["國中呼內左右爲直眞 外左右爲烏矮眞 曹局文書吏爲比德眞 檐衣人爲樸大 眞 帶仗人爲胡洛眞 通事人爲乞萬眞 守門人爲可薄眞 僞臺乘驛賤人爲拂竹 眞 諸州乘驛人爲咸眞 殺人者爲契害眞 爲主出受辭人爲折潰眞 貴人作食人爲 附眞"(『南齊書』卷 57, 列傳 第38 魏虜)].

81 칠보행사는 고구려 국왕의 주도로 측근 신료인 중리도독을 앞세워 평양 지역에 사원을 창건하는 과정에서 개최된 행사며, 당탑의 건립에 앞서 지신地神을 진압하기 위한 불교 의례(지진제地鎭祭)로 보기도 한다(李文基, 앞의 논문, 1999, 217~218쪽).

〈그림 29〉 '大ⓐ作食人' 2인(출처: 『(증보판) 평양일대 고구려 유적』, 고구려연구재단, 2005)

〈그림 30〉 'ⓐ'자의 확대 사진

견되어 음식을 만들었던 이유가 분명하게 해명되지 못하였다.

　게다가 '대ⓐ작식인' 묵서가 있는 곳의 맨 왼쪽에 있는 여성은 관모도 착용하지 않은 민머리 모양이므로 낮은 지위의 인물일 것이다(〈그림 29〉 참조). 이 여성의 우측에 있는 남성 역시 전체적인 차림새와 원정교각모圓頂翹脚帽라 불리는 모자를 착용한 모습으로 보건대 높은 지위의 인물은 아닐 것이다. 평상에 앉아있는 중리도독을 우측에서 보좌하고 서 있는 두 사람도 동일한 모양의 모자를 착용했는데(〈그림 31〉의 왼쪽 그림), 중리도독에 비해 작게 그려진 데다 폭이 좁은 바지를 착용한 것을 보면 신분적 지위가 매우 낮았을 것으로 판단된다.

　현실 서벽 상단의 마사희도에서 말을 타고 활을 쏘는 궁사들과 시합의 결과를 기록하고 있는 인물(사희주기인射戲注記人)도 같은 모자를 착용했는데(〈그림 31〉의 오른쪽 그림), 저택의 서쪽 동산(西薗中)에서 마사희를 즐겼던 그들이 특별히 고구려 조정의 파견인이라고 볼 만한 정황은 전혀 드러나지 않는다. 그뿐만

〈그림 31〉 현실 서벽 칠보행사도에서 중리도독의 보좌인들(좌)과 현실 서벽 상단의 마사희도에서
'사희주기인射戲注記人'(우) (출처: 『(증보판) 평양일대 고구려 유적』, 고구려연구재단, 2005)

아니라 이 같은 형태의 모자를 착용한 사례는 2군 고지에서 안악3호분, 약수리
벽화고분, 팔청리벽화고분, 대안리1호분 등에서도 발견된다. 이 고분들의 벽화
에서 해당 인물들은 대개 악기 연주자, 사냥꾼, 수레를 모는 사람, 곡예사, 시종
등으로 나타난다.[82] 즉, 그들은 각종 기예나 잡무를 담당하는 인물들로서 행사
에서 크게 비중이 있거나 정치적으로 의미 있는 존재라고 보기 어렵다.

이러한 까닭에 '대ⓐ작식인'의 의미는 다시 검토해야 한다. 일단 묵서의 판
독을 다시 살펴보면 '대ⓐ작식인'의 ⓐ는 정찬영이 최초 판독할 때부터 '广' 안
쪽의 획이 잘 보이지 않는 불완전한 상태였다.[83] 그가 ⓐ를 '廟'로 판독한 것은
남아있는 자획을 통한 추정이었다. 이러한 추독推讀은 글자의 형태를 통해 판

---

82 鄭春穎, 「高句麗壁画墓所绘冠帽研究」, 『社会科学战线』 2014-2, 2014, 118~119쪽.

83 鄭燦永, 앞의 논문, 1986, 126~127쪽의 묵서 사진 참조. 이 책에서는 〈그림 27〉의 ㉑, 〈그
림 30〉에 확대된 사진으로 제시했다.

단한 것이지만, 그에 더해 묘주인 진을 고구려 출신의 귀족 관료로 보고자 했던 북한 학계의 관점과도 무관하다고 할 수는 없을 것 같다.

그러나 [a]를 자세히 보면 '广' 아래의 우측에 내려온 세로획이 매우 굵고 왼쪽의 자획과 근접해 있음을 알 수 있다(〈그림 30〉 참조). 이를 '月'의 우측 세로획으로 보기에는 좌측에 자획이 들어갈 공간이 너무 좁다. 특히 이 세로획의 상부 우측에 가로획이 일부 보인다는 점도 간과할 수 없다. 그 때문에 [a]를 묘廟 자로 판독하기는 적절치 않으며, 해당 문구에서 형태와 의미가 통할 수 있는 다른 글자를 생각해보아야 한다.

현재 남아있는 [a]의 자획과 형태상 가장 유사하고, 뒤에 이어지는 '작식인'이라는 용어에도 의미상 자연스럽게 이어지는 글자는 '廚'(부엌 주)자가 가장 합당하다. '주廚'는 기본적으로 부엌·주방을 가리키며, '주인廚人'·'주리廚吏' 등 음식 만드는 일을 맡아보던 사람을 가리키는 용례로 자주 나온다.[84] 또한 '대주大廚'와 '작식인作食人'의 결합도 전혀 어색하지 않다. '대주작식인'은 곧 큰 저택이나 관아의 주방에서 음식을 만드는 사람 정도로 풀이할 수 있다.

이렇게 판단한다면 칠보행사도 상단 왼쪽의 2인은 '대주작식인'이고, 따라서 이들을 고구려 중앙에서 파견된 인물로 볼 이유가 없다. 현실의 사방에 표현된 벽화들의 배경이 진의 저택을 중심으로 한 주변 풍경이라는 점을 감안할 때 별도의 수식어가 붙지 않은 '대주'는 국가 관청의 주방이라기보다는 진의 사저에 딸린 큰 주방(大廚)을 가리킬 가능성이 높다. 이에 근거하여 '대주작식인'은 진

---

84 "與代王飲 而陰告廚人曰 即酒酣樂 進熱歠 即因反斗擊之"(『戰國策』 燕策1); "在都旦臨公事 廚人進食 誤覆之 去而登車 竟朝不飯 亦弗之誚也"(『南史』 卷 52, 梁宗室傳下 安成康王秀傳); "遠歸於廚吏 入貢於腊人"(南朝 梁 劉孝威, 『謝東宮賚鹿脯等啟』); "自穎川邯鄲淳〈裴松之注〉乃命廚宰 酒炙交至 坐席默然 無與优者"(『三國志』 卷21, 魏書 21 王衛二劉傳 傳第21 王粲).

의 사저에 부속된 주방의 일원이거나 칠보행사의 음식을 담당하는 주방 구성원을 가리킨다고 보는 것이 합리적이다. 그래야 남녀 각 1인씩 그려졌다는 점과 비교적 낮은 신분에 해당하는 그들의 지위에도 부합할 것이다.

　　ⓓ 此人与七寶俱生 是故僉▨知之

　　➡ 이 사람은 '칠보구생'에 참여하였다. 이러한 고로 첨▨하고 주관한다.

　　상단 중앙의 커다란 나무(보리수) 좌측 아래에는 동자로 보이는 인물이 공손히 두 손을 모은 듯한 모습으로 서 있다. 이 인물은 행사의 음식을 담당하는 2인(대주작식인大廚作食人), 그리고 중리도독의 우측에서 보좌하는 2인보다 더 작게 그려진 점으로 보아 매우 낮은 신분이었을 것으로 추정된다. 또한 이 인물은 다른 남자들과 달리 모자를 쓰지 않았으며, 둥그스름한 얼굴에 수염도 없다. 머리 모양은 미성년의 두발 형태인 장발長髮을 하고 있는데(〈그림 32〉 참조),[85] 같은 고분에서 전실 동벽의 행렬도, 통로 동벽의 상단에서 수레를 끄는 인물들과 머리 모양이 동일하다(〈그림 33〉 참조). 이들은 모두 수염이 없는 얼굴이므로 혼인 이전의 어린 연령일 것이며, 맡은 임무로 보아 낮은 지위의 가동家僮 또는 시동侍童 정도로 파악할 수 있다.

　　기존에는 위 ⓓ의 묵서에서 "此人与七寶俱生"을 '칠보와 더불어 산다'고 해석했다.[86] 그리고 이어지는 "是故僉" 다음의 글자는 '若'으로 판독한 뒤 이를 난

---

85 張相烈·金宗赫·朴晋煜,「德興里壁畵古墳發掘報告」,『德興里高句麗壁畵古墳』, 朝鮮畵報社, 1986, 80쪽.

86 鄭燦永, 앞의 논문, 1986, 127쪽; 深津行德, 앞의 논문, 1997, 411쪽; 李文基, 앞의 논문, 1999, 206쪽.

〈그림 32〉 칠보행사도 상단 중앙의 나무와 동자(출처: 朝鮮畵報
出版部 編, 『高句麗古墳壁畵』, 朝鮮畵報社, 1985)

야蘭若, 즉 사찰로 이해하여 "이로 말미암아 모든 사찰(若)의 일을 담당한다(是故
僉若知之)"라고 해석했다. 그러면서 나무 왼편의 인물은 평상시 사찰에서 칠보
행사의 가장 중요한 기물인 칠보를 관리하고 각종 잡사도 담당했을 것이라 보
았다.[87]

그러나 칠보행사도 그 자체뿐 아니라 주변의 벽화에도 사찰로 추정할 만한
건물은 보이지 않는다. 게다가 과연 이 동자가 불교 행사에 쓰일 귀중한 기물들
의 관리자로서 그려졌을까도 의문스럽다. 설사 평상시 기물 관리를 담당했다고
하더라도 그러한 임무만 맡겨진 낮은 지위의 동자를 군이 행사도의 중앙에 그
려둘 만한 이유가 될 수 있을지도 의문이다.

한편 앞서 지적했듯이 칠보행사의 배경은 '무위無爲'의 정토 세계를 구현하

---

87 李文基, 앞의 논문, 1999, 206~207쪽.

〈그림 33〉 왼쪽부터 차례로 '수레를 끄는 시동'(통로 동벽 상단), '양산을 든 시동'(통로 동벽 상단), '행렬 대열의 동자'(전실 남벽 입구 동측)(출처: 『(증보판) 평양일대 고구려 유적』, 고구려연구재단, 2005)

는 것이었고, 그 이념에 의거하여 벽화와 묵서에서도 인위적 행위의 묘사를 의도적으로 피한 정황이 나타난다("自然音樂 自然飲食"). 그런데 흥미로운 사실은 『대아미타경大阿彌陀經』과 『평등각경平等覺經』에 칠보와 관련해 '칠보구생七寶俱生'이라는 동일한 표현이 등장한다는 점이다.[88] 그렇다면 ㉯의 "여칠보구생与七寶俱生"이라는 표현도 '정토'라는 이상향을 배경으로 한 불교적 수사일 가능성이 있으며, 바로 이런 이유로 문장의 해석만 가지고는 이 동자의 임무를 온전히 파악하기 어렵다.

본래 『무량수경』에는 여래의 국토(정토)에 많은 보배나무(寶樹)가 있으며 이

---

[88] "阿彌陀佛講堂精舍 及諸菩薩阿羅漢 所居舍宅中 內外處處 皆復有自然流泉浴池 皆與自然七寶俱生 金銀水精琉璃虎珀車渠 轉共相成"(『大阿彌陀經』304頁上段); "無量 淸淨佛講堂精舍 及諸菩薩阿羅漢所居 七寶舍宅中外內處處 皆復自然流泉水浴池 其浴池者 皆復以自然七寶 七寶俱生金銀水精琉璃虎珀車渠轉共相成也"(『平等覺經』283頁中段). 이에 대해서는 門田誠一, 앞의 책, 2011, 160~162쪽을 참고.

가운데 칠보七寶로 이루어진 것이 있다고 하였다.[89] 또한 『대아미타경』과 『평등각경』에 나오는 표현, 그리고 도상의 내용 등을 종합할 때 중앙의 나무는 정토에서 칠보가 저절로 열린다는 칠보수七寶樹를 구현한 것이며,[90] 나무 왼편의 동자는 행사를 위해 나무를 칠보(혹은 그에 준하는 귀한 기물)로 꾸미는 일에 참여했을 것으로 추정된다. 『대아미타경』과 『평등각경』에 나오는 "與自然七寶俱生", "七寶俱生"은 "자연히(저절로) 칠보가 모두 갖추어졌다"는 의미인데, ㉯의 "与七寶俱生"이라는 구절 역시 도상의 나무가 칠보수처럼 꾸며진 모습과 연관된 표현일 것이다.

앞서 검토한 대로 나무 왼편의 동자는 나이가 어리고 지위가 매우 낮은 인물이다. 아마도 진의 사저에서 일하던 시동 또는 가동 정도의 인물로서 행사에서도 그다지 비중 있는 직임을 담당했다고 보기는 힘들다. 이 동자가 상단의 중앙에 배치된 까닭은 그 사회적 지위나 행사에서 차지하는 비중 때문이 아니라 중앙의 나무와 관련된 모종의 작업을 수행했기 때문으로 보는 것이 타당하다. 아마도 그 작업은 동자의 신분적 지위 및 작은 체구에 기인했을 가능성이 높다. 추정컨대 행사의 중심인 나무를 '칠보수'로 꾸미거나 그 작업을 보조하는 수고로운 업무가 아니었나 싶다.

그런데 『대아미타경』과 『평등각경』에 표현된 '(내세)정토'에서는 칠보수가 자

---

89 "彼如來國 多諸寶樹 或純金樹·純白銀樹·琉璃樹·水晶樹·琥珀樹·美玉樹·瑪瑙樹 唯一寶成 不雜餘寶 或有二寶三寶 乃至七寶 轉共合成 或有二寶三寶 乃至七寶 轉共合成 根莖枝幹 此寶所成 華葉果實 他寶化作 或有寶樹 黃金爲根 白銀爲身 琉璃爲枝 水晶爲梢 琥珀爲葉 美玉爲華 瑪瑙爲果 其餘諸樹 復有七寶互爲根幹枝葉華果 種種共成 …(중략)… 清風時發 出五音聲 微妙宮商 自然相和 是諸寶樹 周徧其國"(『無量壽經』 講記7 寶樹遍國 第14)

90 문명대, 앞의 논문, 2013, 233쪽.

연스럽게 생겨나는 것이므로 고분 안의 그림과 묵서에 이를 인위적으로 꾸미는 장면을 묘사하는 것은 기피했던 것 같다. 이에 동자는 나무 옆에 공수한 채 서 있는 모습으로 표현되었고, 칠보수를 꾸미는 인위적 행위는 '여칠보구생'이라는 불교적 수사로 대체된 듯하다.

도상 인물의 지위와 상황 해석 등을 전반적으로 검토해보면 나무 왼편의 동자는 고구려의 국가적 제의에 참석하거나 관련 기물을 담당할 만한 인물로 상정하기 어렵다. 이 행사가 '대주大廚'를 비롯한 진의 일상 공간에서 크게 벗어나지 않는 범위에서 열렸다고 본다면, 이 인물도 평상시 진의 저택에 거주했다고 보는 것이 자연스럽다. 이처럼 칠보행사도에 그려진 행사 보조원들의 신분적 지위와 그들의 역할을 고려할 때도 이 행사는 진의 사적인 영역 내에서 이루어졌을 가능성이 높다.

3) 중리도독과 묘주 진의 관계

현실 동벽의 우상부에는 평상에 앉은 인물이 양팔을 벌리고 주변에 지시하는 듯한 모습으로 있으며, 그 우측에는 보좌역으로 추정되는 인물 두 명이 그려져 있다. 맨 우측 인물의 위에 묵서가 기재되어 있는데, 도상에서 다른 묵서들에 비해 상대적으로 높은 곳에 위치한다.

> ㉷ 此人爲中裏都督 典知七寶 自然音樂 自然飮食 有▨之燔▨▨▨▨
>
> ➡ 이 사람은 중리도독이 되어 칠보행사를 맡아 주관한다. 자연히(저절로) 음악이 되고, 자연히(저절로) 음식이 되며, (이후 해석 불가).

묵서에 표현된 "自然音樂 自然飮食"은 일반적인 한문 어순으로는 자연스러운 해석이 어렵다. 다만 이는 앞서 언급했듯이 『대아미타경』·『평등각경』·『무량수경』에 내세정토來世淨土 사상과 연관된 불교적 수사로서 자주 등장하는 표현이다.[91] 『무량수경』의 내용에 따르면 "거주하는 궁전, 의복이나 음식, 향과 꽃, 깃발, 덮개와 장엄하는 도구들은 마치 제6천의 것처럼 저절로(自然) 나타나는 것이다. 만약 먹고자 할 때는 칠보 밥그릇이 저절로 앞에 나타난다. 생각만 해도 백미음식百味飲食에 이르게 되고 저절로 채워지니, 이 음식이 있음에 비록 실제로 먹지 않은 자라도 다만 색을 보고 향을 맡으면서 생각건대 '먹었다'고 여기면 저절로(自然) 배가 부르고 만족하게 된다."[92]라고 하였다. 또한 "맑은 바람이 불어오면 (보배나무에서는) 다섯 가지 음성이 나오나니 미묘한 궁宮·상商의 음이 저절로(自然) 조화롭게 울린다. 이 모든 보배나무들이 그 (여래의) 나라에 널리 퍼져 있다."[93]라고도 하였다.[94] 칠보행사는 그 자체로 이러한 내세의 정토(무위의 세계)를 구현하는 것이었으므로 "자연음악 자연음식"이라는 표현은 행사의 주재자인 중리도독의 '인위적' 행위, 즉 음악과 음식을 주관하는 행위를 종교적 수사로 대체한 형태라고 볼 수 있다.

평상에 앉은 인물은 다른 인물들과 크기를 비교할 때 행사원들 가운데 가장 지위가 높을 것이며, 묵서의 표현을 통해서도 이 행사를 주관했음이 분명하다.

---

91 『대아미타경』, 『평등각경』, 『무량수경』에 표현된 "自然音樂"과 "自然飲食", 그리고 기타 "自然"에 관련된 구체적 용례에 대해서는 門田誠一, 앞의 책, 2011, 153~162쪽을 참조.

92 "所處宮殿衣服飲食 衆妙華香莊嚴之具 猶第六天自然之物 若欲食時 七寶應器自然在前 …(중략)… 金銀琉璃車磲瑪瑙珊瑚虎珀明月真珠 如是衆缽 隨意而至百味飲食 自然盈滿 雖有此食 實無食者 但見色聞香 意以爲食 自然飽足"(『佛說無量壽經』卷上 之11).

93 『無量壽經』講記7 寶樹遍國 第14.

94 『무량수경』에 나타난 정토장엄 관련 기록들에 대해서는 문명대, 앞의 논문, 2013, 231~233쪽을 참조.

일반적으로 이 인물을 칠보행사의 주재자인 중리도독으로 파악하고 있다.[95] 중리도독은 진의 묘지에 기재된 역임관 중에는 보이지 않는다. 또한 ㉰에서 중리도독을 가리킬 때 '차인此人(이 사람)'이라고 표기했는데, 이는 전실 동벽의 행렬도에서 묘주를 가리켜 '진鎭' 또는 '사군使君'이라고 표현한 것과 차이가 있으며 제3자를 가리킬 가능성이 높다.[96]

현재까지 발견된 고구려의 '중리中裏' 관련 직위는 주로 관등 앞에 관칭하고 있는 형태이다. '중리'는 이내裏內 혹은 금중禁中의 의미를 지닌 고구려 특유의 관칭으로서, 국왕 직속의 근시近侍 업무를 수행하는 관료군을 가리킨다고 보는 것이 일반적이었다.[97] 덕흥리벽화고분의 중리도독은 뒤에 도독이라는 외관직外官職이 붙은 형태이지만, 기존의 연구는 2군 고지에서 국왕의 막부를 관장했던 진에게 수여된 관직으로 보고 고구려 국왕의 측근에서 각종 근시봉공近侍奉供 업무를 담당하는 최고위 근시직으로 파악했다.[98]

그러나 중리가 관칭되는 관등은 중리소형中裏小兄부터 중리태대형中裏太大兄까지 다양한 층위를 보이며, 중리가 관칭된 관등들의 담당 직책도 일관된 형태로 규명되었다고 보기 어려운 상황이다. 예컨대 「고을덕묘지명高乙德墓誌銘」에서는 중리소형의 관등으로 남소도사南蘇道史나 귀단도사貴端道史 등 외관직을

---

95 武田幸男, 「六世紀における朝鮮三國の國家體制」, 『日本古代史講座』 4, 學生社, 1980, 56~57쪽.

96 余昊奎, 「4세기 高句麗의 樂浪·帶方 경영과 中國系 亡命人의 정체성 인식」, 『韓國古代史研究』 53, 2009, 190쪽.

97 武田幸男, 「六世紀における朝鮮三國の國家體制」, 『日本古代史講座(4)』, 學生社, 1980, 56~57쪽; 李文基, 「高句麗 中裏制의 構造와 그 變化」, 『大丘史學』 71, 2003, 2~3쪽.

98 李文基, 앞의 논문, 1999, 223~225쪽.

칠보행사도의 중리도독   전실 서벽의 13군 태수도   전실 남벽(우측)의 막부관리도

〈그림 34〉 덕흥리벽화고분의 등장인물들이 착용한 개책(출처: 『(증보판) 평양일대 고구려 유적』, 고구려연구재단, 2005)

역임한 사례가 발견된다.[99] 이러한 사례에 비춰 중리 관련 직위를 국왕의 근시 관련 업무에만 한정지을 수는 없으며,[100] 기존보다 좀 더 넓은 범위의 직위를 포괄하는 범칭의 성격으로 이해할 필요가 있다.

진과 중리도독이 서로 다른 인물일 것이라는 점은 앞서 이미 언급했다. 그리고 적어도 칠보행사도에 등장하는 중리도독은 고구려 중앙에서 파견한 관인으로도 보기 어렵다고 생각한다. 여기에는 몇 가지 특징이 있기 때문이다. 우선 평상에 앉은 인물(중리도독)이 쓴 관모의 책幘은 덕흥리벽화고분에 등장하는 태

---

99 葛繼勇, 「신출토 入唐 고구려인 「高乙德墓誌」와 고구려 말기의 내정 및 외교」, 『韓國古代史研究』 79, 2015, 315~316쪽.

100 「고을덕묘지명」에 나타난 사례들을 통해 '중리'는 각 귀족 가문에서 신분과 정치적 위상을 승계할 자제에게 수여한 관등이었으며, 이들 가운데 국왕 근시나 궁중 사무 등 왕실 업무를 담당할 관원이 선발되었다고 보는 견해가 있다(여호규, 「新發見 〈高乙德墓誌銘〉을 통해 본 高句麗 末期의 中裏制와 中央官制」, 『百濟文化』 54, 2016, 262~267쪽).

수나 현령, 막부幕府 및 주부州府의 속관들이 착용한 개책介帻과 형태가 동일하다(〈그림 34〉 참조).[101] 이는 요서·요동 지역과 연결되는 대표적인 중국식 관모 형태다.[102] 현재까지 집안 지역에서 발견된 고구려 고분벽화에서 고구려의 관인이나 귀족이 착용한 관모에 개책이 있는 사례는 찾지 못했다. 덕흥리벽화고분의 인물들이 착용한 관모는 대개 그 관직의 계통과 위계에 따라 엄격히 구분되어 나타난다는 점 등을 감안할 때 '중리도독'이라고 표현된 이 인물을 고구려 중앙에서 파견한 관인으로 보기에는 미심쩍다.

중리도독이 맡은 직무에 대해서도 재고할 필요가 있다. 묵서에서 중리도독은 칠보행사를 주관한다고 기술되어 있는데, 이 행사 그림이 진의 일상 영역을 다룬 현실에 그려져 있다는 점에 주의를 기울여야 한다. 칠보행사도에서 '대주작식인' 2인과 칠보수 좌측에 서 있는 동자의 신분, 그리고 행사가 벌어지는 장소 등을 감안할 때 이를 고구려 중앙에서 주관한 행사라고 보기는 어렵고, 오히려 진의 저택 주변에서 개최한 소규모의 사적 행사였을 가능성이 짙다. 이러한 이해는 현실 주변의 다른 그림들이 진의 저택을 중심으로 한 '서쪽 동산(西園中)'의 마사희와 창고의 정경(서벽), 외양간·마구간과 빈 수레(남벽)를 세워둔 모습 등으로 표현된 정황과도 상통한다.

칠보행사도에 묘주인 진이 표현되지 않았다는 점도 이 행사를 주관한 중리도독이 과연 진의 상급자라고 볼 수 있는지에 대해 의문을 품게 만든다. 실제로 고분 전실과 현실에 그려진 모든 인물이 진의 하위 관원들이다. 그뿐만 아니라

---

101 중리도독의 관모가 전실의 태수내조도·행렬도·막부도·주부도州府圖에 나타나는 문관모(진현관)의 개책과 유사하다는 점에 대해서는 孔錫龜, 「高句麗의 南進과 壁畵古墳」, 『한국고대사연구』 20, 2000, 366쪽을 참고.

102 孔錫龜, 위의 논문, 367~387쪽.

전실에 그려진 진의 화려한 예하 관원들과 행렬도의 모습에 비해 칠보행사도에 나오는 중리도독은 진의 일상 영역에 거주하는 인물들을 지휘하는 역할에 머물고 있다. 특히 행사 주관자의 주된 역할로 묵서에 기재된 내용은 음식과 음악을 주관하는 행위, 행사에 쓰일 요리('有▨之燔')에 관여하는 정도에 불과하다.

2군 고지에서 중국계 망명인 예하의 중국인 관원이 상급자의 일상 영역에서 벌어진 행사를 주관했던 전례는 없지 않다. 예컨대 황해북도 봉산군 일대에서 발견된 대방태수 장무이의 묘는 348년에 조영된 것으로 보이는데, 이 무덤의 명문전에 따르면 조씨 성의 주부를 칭한 자가 태수 장무이의 고분 조영을 관장했다. 이때 조모趙某는 자신의 주부직을 내세우면서 묘주의 무덤 조영에 조력했음을 밝혔는데, 이는 그가 장무이가 이끄는 망명집단의 예하 속관으로서 묘주와 사적인 결속하에 고분 조영의 일에도 관여했음을 보여주는 것이다.

덕흥리벽화고분의 칠보행사도에서 중국식 개책(문관모)을 착용하고 평상에 앉아있는 인물(중리도독)도 진의 관할지에 상주하는 중국인 관속屬官 가운데 한 사람으로서 진의 관하에서만 활동했다고 보는 것이 자연스럽다. 설령 그가 고구려에서 '중리'가 붙은 일정한 직위를 수여받았다고 가정할지라도 그의 복식이나 참여한 행사의 성격 등을 감안한다면 이 행사를 고구려 정권의 직접적인 통치 행위와 관련된 것으로 해석하기는 어렵다. 그의 중리도독직은 묘주 진이 고구려 정권으로부터 받은 '소대형'처럼 2군 고지에서 활동한 경력을 근거로 받은 명예직의 성격으로 보는 것이 타당하다. 또 다르게 추론한다면 당시 진이 망명 이후 고구려에서 수여받은 소대형이라는 고구려 관등을 근거로 그의 예하 일부 중국인 관원에게 고구려 직함을 사가私假했을 수도 있고, 직접 수여한 뒤 고구려 중앙에서 추인받는 과정을 거쳤을 가능성도 배제할 수 없다.

요컨대 덕흥리벽화고분 현실 동벽의 칠보행사도에는 이 행사를 전반적으로 주관했던 진의 속관(중리도독)을 비롯해, 진의 저택 내(대주)에서 일하던 작식인

2명과 칠보수를 구현하는 작업에 종사했던 가동 등이 그려진 것이라고 생각된다. 행사를 준비하고 진행한 인물들의 소속이나 지위 등으로 헤아려보건대, 이는 고구려 중앙정부의 개입하에 개최된 공적인 행사라기보다는 지위나 재산이 어느 정도 있는 인물의 일상적인 공간(또는 그곳에서 멀지 않은 곳)에서 열린 사적인 성격의 행사였을 가능성이 높다.

이러한 내용을 종합적으로 판단할 때 기존 연구에서 칠보행사도를 고구려 중앙과 묘주(진)의 밀접한 정치적 관계를 드러내는 자료로 해석해왔던 시각은 재고할 필요가 있다. 고분 내에 칠보행사도를 그려서 전시한 배경은 진의 공적 경력이나 고구려에서 그의 정치적 지위를 보여주기 위함이 아니라 그의 독실한 신앙과 그에 기반하여 개최했던 사적 행사의 모습을 과시하려는 의도라고 생각된다.

고분이라는 한정된 공간 안에 굳이 묘주 진의 사적 공간에서 열린 행사를 표현한 데는, 이를 통해 고분의 관람자들에게 묘주의 신앙과 가치관을 강조하려 했던 의도가 깔려 있을 것이다. 보통 한대 이래로 장례 구조물이나 고분 내에 전시할 벽화·묵서의 내용에 대해서는 묘주가 살아있을 때 본인이 직접 설계하는 경우도 있었다. 이때 그가 존경하는 성인聖人, 역사적 인물, 고전에 나오는 열녀·효자·충신 등을 묘사하기도 했다. 이는 본인의 무덤이나 사당 등을 자기 신앙·지향 등을 표현하는 도구로 여겼던 풍조와도 관련 있다.[103]

후한대 이래 고분벽화를 통해 묘사되었던 여러 고사故事는 그 시대 유가의 가르침을 표현하는 경우가 많았다. 대표적으로 화림격이 벽화고분의 중실 서벽 우측에는 효자전도, 공자제자도, 열녀도 등이 벽화와 묵서를 통해 표현되었다. 이는 곧 묘주의 정신적·이념적 가치를 드러내는 것이며, 더 나아가 묘주 일족

---

103 우흥 지음, 김병준 옮김, 『순간과 영원』, 아카넷, 2001, 526~560쪽.

이 공유한 가치관(효행·효덕)을 주변에 과시하려는 의도라고 볼 수 있다.[104]

덕흥리벽화고분에서 묘주 진이 강조하고자 했던 정신적·신앙적 가치관은 무엇이었을까. 이와 관련해 진의 묘지에 "석가문불(석가모니불)의 제자 ▨▨씨 진"[105]이라고 하여 그가 신실한 불교 신자임을 강조한 글귀가 주목된다. 고분 현실의 동벽에는 좌측에 연화蓮花 두 송이가 크게 그려져 있으며, 우측에는 불교 행사인 칠보행사도가 그려져 있다(〈그림 22〉와 〈그림 23〉 참조). 여기에는 비록 묘주 진이 직접 등장하지는 않지만 가운데의 나무를 중심으로 '칠보'와 관련한 불교 행사가 진행되고 있다. 그리고 중리도독의 직함을 가지고 이 행사를 책임진 속관의 지휘하에 다양한 인물들이 등장하여 각자의 역할을 경건하게 수행하는 모습이 묘사되었다.

이러한 칠보행사의 정경은 현실 전체에서 가장 비중 있고 세밀하게 묘사되었다고 생각한다. 특히 좌측의 연화 그림이 있는 곳 아래에는 관대棺臺가 있는 것으로 보아 묘주의 관과 주검이 있었을 것으로 추정하는데, 이는 바로 우측에 그려진 칠보행사도의 중요도를 보여주는 것이기도 하다. 아마도 덕흥리벽화고분의 묘주인 진 혹은 고분의 제작자들은 현실에 많은 연꽃 도안과 함께 칠보행사를 개최하는 장면을 그려 넣음으로써 묘주가 평소 중시했던 불교 신앙을 그의 사적 공간(현실)에서 최대한 강조하려 했다고 생각된다. 이는 근본적으로 무덤을 자기 신앙·지향·가치관 등을 표현하는 도구로 이용하기도 했던 후한·위·진대의 벽화고분 제작 전통에서 비롯되었을 것이다.

칠보행사도는 2군 고지 내에서 이주민 집단의 강한 개성과 지향을 드러낸 또 하나의 사례이며, 5세기 초반 이 지역에 안치된 소규모 집단이 자신들의 문

---

104 정옌 지음, 소현숙 옮김, 『죽음을 넘어』, 知와 사랑, 2019, 398~404쪽.

105 "釋加文佛弟子▨▨氏鎭"(덕흥리벽화고분 전실 북벽의 묘지墓誌)

화적 특성을 유지하며 장기간 거주했던 양상을 보여주는 근거로서 이해할 필요
가 있다.

맺음말

    이 책에서 기존 연구의 시각과 접근 방식에 대해 가졌던 문제의식은 다음과 같다. 첫째, 4~5세기에 화북 동북부에서 요서-요동-고구려로 이어지는 공간은 인적 유동流動이 이루어지는 통로였을 뿐만 아니라, 여러 정치체들이 공동의 이해관계를 놓고 상호 경쟁 및 연합을 이루기도 하는 지역적 '연속성'을 갖고 있었다. 이 시기 동아시아의 정치적 격변과 혼란 속에서 중국 왕조의 변경에 있던 군현들이 차례로 소멸하는 과정, 그리고 1세기 가까이 지속된 거대한 유이민 파동과 이를 두고 화북의 주요 세력들이 이주민 확보를 위해 경쟁을 벌였던 현상 등은 동북부의 고구려에게도 일정한 정책적 대응을 요구하는 상황으로 이어졌다.

    4세기 초반 이래 낙랑·대방군 고지에 외래 이주민 관련 고분들이 다수 나타나게 된 배경은 당시의 이러한 동아시아의 역사상과 무관하지 않다. 이에 기존의 일국사적 관점에서 벗어나 외래 이주민에 대한 고구려의 장기적인 정책이 만들어진 배경과 과정을 자세히 논의할 필요가 있다. 구체적으로 기존에 군현계 토착 세력과 중국계 이주민 집단으로 분류된 이들이 2군 고지에서 자체의 장례 전통을 유지했던 배경은 어디까지나 고구려 정권의 의도 속에서 파악해야 하며, 이는 2군 고지와 화북 일대의 복잡한 역사적 상황 속에서 풀어가야 한다.

둘째, 4세기 초반에 고구려가 남쪽의 낙랑·대방군을 축출하고 차지한 2군 고지(현재의 황해도·평안도 일대)에서는 약 1세기에 걸쳐 고구려의 기존 장례 전통과 무관한 형태의 고분이 지속적으로 조영되었다. 국가의 발전상과 지배체제의 전개 과정을 밝히는 데 주력했던 기존 연구에서는 이러한 독특한 양상을 2군 고지에 대한 고구려의 점진적인 영향력 확대와 그 지배의 단계적 변화상을 파악하는 단서로 여기는 시각이 일반적이었다.

그러나 이러한 접근 방식으로는 외부에서 유입된 이주민 집단의 특성에 주의를 기울이기 어려웠으며, 당대인들이 고분 속에 남긴 벽화·문자 자료를 통해 드러난 다양한 사회·문화적 정보를 온전히 해석하는데도 일정한 한계를 지닐수밖에 없었다. 이에 본 연구에서는 중국계 망명인들이 자체적인 문화·전통하에서 조영했던 고분 속의 독특한 지명 표기나 중국식 관호 등을 중국계 이주민 집단의 특징과 그들이 처한 현실 속에서 파악해보고자 했다.

셋째, 기존 연구에서는 2군 고지의 전석혼축분이나 한계 석실봉토분에서 발굴된 문자 자료(명문전과 묵서)들은 적극적으로 다룬 반면, 이와 함께 고분 내에 표현된 벽화의 내용과 제작 의도에 대해서는 깊은 검토를 진행하지 않았다. 또한 고분 내 벽화·묵서의 내용에 나타난 몇 가지 비현실성을 근거로 이들 대부분을 현실과 관계없는 묘주의 판타지로 국한하여 바라보는 시각도 있었다.

그러나 2군 고지의 이주민 집단이 본래 거주했던 중국 본토의 장례 전통에 따르면 고분은 온전히 망자만을 위한 사적인 공간이 아니었으며, 내부에 벽화와 문자 자료 등을 구성하고 배치한 것 역시 외부 공개를 염두에 둔 것으로 보인다. 또한 고분 내에 기재된 묘지를 제외한 묵서들 대부분이 벽화의 내용을 설명하는 것으로서, 결국 양자는 긴밀한 연관성을 갖는다. 고분 속의 벽화·묵서를 통해 전시된 묘주의 생전 삶과 그가 지향했던 바에 대한 다양한 정보는 단지 묘주의 사적인 생각과 정체성을 표현하는 데 그치지 않고, 묘주 일족과 주변 이주민들이 공유했던 정서와 이념·지향을 담고 있다. 따라서 이를 통해 벽화·문자 자료에 대한 온전한 해석을 시도할 수 있고, 2군 고지에서 한계 석실봉토분을 조영하고 관람했을 이주민 집단의 처지와 사회상에 다각적으로 접근하는 단서로 삼을 수 있는 것이다.

이렇듯 2군 고지의 중국계 고분이 보여주는 정보를 통해, 본 연구는 4~5세기 당시 만주와 한반도에 걸친 넓은 영역과 그 내부의 다양한 종족들을 구성원으로 삼았던 고구려가 화북의 정치적 변동과 추이를 긴밀하게 파악하는 가운데 내부의 정책을 조율하고 적용했던 과정을 살필 수 있었다. 더 나아가 고구려의 다원적 국가상 역시 재조명해볼 수 있었다. 또한 여기서 얻은 결론을 통해 일국사적 관점과 국가의 성장, 지배체제 중심의 연구 시각에 갇혀 있던 고대의 다채로운 자료들을 새로운 시각으로 재해석할 수 있었다. 이상의 검토 내용을 장별로 요약하면 다음과 같다.

먼저, 1장에서는 고구려가 1세기대부터 낙랑·대방군의 주변부 지역을 장악해가는 과정, 그리고 2군의 소멸 이후 군현계 토착집단이 고구려에 귀속되는 과정을 살펴보았다. 고구려는 이미 1세기 전반부터 낙랑군의 영역을 공략했던 것으로 보이며, 1세기 중반에는 남서쪽의 청천강 방면으로 진출하여 낙랑군과 경계를 맞대었다. 이후 늦어도 대략 2세기 중반부터는 남쪽 혹은 남서쪽으로 진출하여 청천강 이남에서 대동강 이북에 이르는 범위의 낙랑군 지역을 차츰 병합했던 것으로 보인다. 이에 3세기 후반까지 2군의 여러 속현들과 그 영향권에 있던 토착 세력들이 고구려에 복속되었으며, 2군 세력권은 대동강 이남과 재령강 유역 일원으로 축소되었다고 생각된다.

4세기 초반에는 영가의 난 등으로 인해 서진 정권의 체제가 급속히 붕괴했는데, 이로 인해 중앙의 지원을 받을 수 없게 된 2군은 사실상 소멸 단계를 밟아갔다. 313년경에는 이미 군현 지배층의 거주 범위와 그들의 정치·사회적 영향력이 미치는 범위가 매우 제한된 상황이었으며, 고구려에 대한 잔존 세력의 저항 역시 이미 붕괴된 군현체제의 복원보다는 개별 집단들의 자위自衛가 목적이었던 것으로 추정된다.

낙랑·대방군이 차례로 소멸한 4세기 초반 이후에도 2군 고지의 일부 지역에는 여전히 자신들의 사회·문화적 전통을 유지한 주민집단이 계속 거주하기도 했다. 옛 군현 계통의 전축분 관련 유적·유물이 4세기 중반까지 지속적으로 나타나는 것이다. 다만 4세기 초반 이후 전축분의 조영 범위는 황해남도 신천군 일부 지역에서만 한정되어 나타나므로, 이를 근거로 2군 고지 전반에 군현계 토착 세력이 잔존해 있었다거나 그들의 전통·문화가 강하게 남아있었던 것처럼 판단해왔던 주장에는 동의하기 어렵다.

4세기 초반 이래 신천군 일대를 중심으로 한 전축분 조영 세력은 고구려의 침공과 이후의 지배 과정에서 타협적인 귀부의 길을 택했고, 그 결과 자신들의 장례 문화를 비롯한 자체의 사회적 전통을 어느 정도 유지할 수 있었던 것으로 추정된다. 4세기 중반에 이르면 신천군뿐만 아니라 안악·봉산 등의 지역에서도 외래의 중국계 망명인들과 관련된 고분과 명문전 자료들이 종종 나타나는데, 이들이 본래 2군 고지에서 자기 기반이 없었음을 감안할 때 고구려의 지배에서 벗어난 존재라고 보기는 어렵다. 즉, 4세기 중반까지 안악·봉산·신천군 일대에서 발견되는 전축분과 전석혼축분 관련 유적·유물들은 고구려의 일관된 통치 하에 있었던 군현계 토착집단과 외래 이주민 집단의 사회·문화상을 보여주는 것으로 해석할 필요가 있다.

2장에서는 4세기 중반 이래 2군 고지에서 나타난 중국계 망명인들의 고분에 주목하였다. 4세기 초반의 서진 정권 붕괴 이후에 화북 지역에서는 대규모 유이민이 발생했는데, 이 무렵 화북에 들어선 선비 모용부 세력뿐만 아니라 후조

·전량 등 여러 국가들은 한인 사족과 그들이 이끌고 온 이주민들을 적극적으로 수용했다. 고구려 또한 주변 경쟁 세력들의 성장에 주요 변수가 되었던 이주민들을 적극적으로 회유하고 수용했던 것으로 보인다.

고구려가 중국계 이주민을 확보하는 것과 관련해 4세기 중반에서 5세기 전반의 시기에 2군 고지 일대에서 새롭게 나타난 한계 석실봉토벽화분과 전석혼축분이 주목된다. 이 고분들은 남포시 강서구역과 안악군 일대에 집중적으로 조영되었고 순천군과 평양시 일대에서도 일부 발견되는데, 그 조영 전통은 요양 일대를 포함한 유주·기주 일대의 문화적 전통과 밀접한 관련이 있다.

4세기 초·중반 이래로 전연·전량·후조 등은 정권의 기반이 취약했던 동진에 비해 이주민 집단을 강하게 통제했다. 고구려의 경우에는 전연 등 화북에 있던 다른 국가들에 비해 관할해야 했던 이주민의 규모가 크지 않아서 이에 대한 관리 부담은 비교적 무겁지 않았을 것이다. 또한 당시 고구려 정권이 영역 내의 이주민 집단을 제대로 통제하지 못할 정도로 내부가 혼란스럽거나 정권 기반이 취약한 상태이지도 않았다. 고구려는 이주민 집단의 상당수를 2군 고지에 안치했던 것으로 보이는데, 이는 당시 그 지역이 고구려의 강한 통제를 받는 상황에서 이루어졌을 가능성이 높다.

한편, 동수·동리·장무이·진 등 2군 고지에 안치된 망명인들의 고분들은 구조, 벽화 내용, 묵서 등에서 중국 문화적 특징이 강하게 드러난다. 이는 기존의 사회·문화적 구성을 어느 정도 유지했던 중국계 이주민 집단이 함께 편성되었던 것과 관련이 깊다. 고분의 분포 범위를 통해 볼 때, 이들이 안치된 지역은 안악, 봉산, 평양시, 남포시 강서구역, 순천 등 비교적 여러 지역에 분산되어 있었으며, 이들 고분은 전축분이 거의 나타나지 않게 된 4세기 중반부터 5세기 전반의 시기에 다수 조영되었다.

2군 고지에 안치된 동수·진·장무이 등 망명인들은 신천군을 중심으로 나타나는 기존의 군현계 토착 세력과 시기적·지역적으로 큰 접점을 갖는다고 보기는 어렵다. 또한 고위 망명인들과 그 예하 이주민 집단의 거주 영역은 2군 고지 내에서 각각 분산되어 있었으며, 각 집단의 영향력이 미치는 범위는 상당히 제한되었을 가능성이 높다. 이러한 양상은 고구려가 중국계 망명인들을 2군 고지에 안치한 목적이 기존의 군현계 토착주민을 관할하게 하거나, 2군 고지에 대한 전반적인 통치를 위임하기 위함이라고 판단할 수 없음을 보여준다.

고구려가 중국계 망명인들을 2군 고지의 곳곳에 안치한 목적은 그 예하에 함께 편성되었을 다수의 이주 기층민의 존재를 감안하여 논의할 필요가 있다. 2군 고지에서 전석혼축분과 한계 석실봉토벽화분이 조영된 지역들은 대체로 하천과 멀리 떨어지지 않아서 교통이 편리하고 농경에 적합한 곳이었다. 4세기 초반에 2군이 소멸하는 과정에서 많은 토착주민들이 이탈하는 등 기존의 파괴된 생산 기반과 수취체제를 복구할 필요가 있었고, 이에 많은 노동력이 필요했을 것이다. 즉, 고구려 역시 당시의 주변 국가들처럼 수취 기반 확대 및 지역 개발 등을 위해 이주민들의 노동력을 적극 활용했던 것으로 보인다.

3장에서는 2군 고지의 중국계 망명인들 예하에 이주민 집단과 일부 토착주민 집단이 편성된 양상을 살펴보았다. 중국계 망명인들의 고분에는 묘주의 공적·사적 일상이 묵서와 벽화로 표현되어 있다. 특히 묘지에는 묘주의 본적과 역임했던 관호들이 기술되어 있다. 이러한 기록에는 망명인인 묘주 일족을 비롯해 예하 이주민 집단의 출신지 현황, 그리고 그들이 공유하고 있던 정서와 지향이 드러난다.

4세기 이래 원래 살던 지역을 떠난 화북의 이주민들은 타지에서도 자신들의 정치·사회적 지위와 관련된 지연地緣을 그대로 유지하려는 관성을 지니고 있었다. 이러한 행동 양식 속에서 종종 당대의 행정지명이 아닌 과거의 지명을 그대로 유지하려는 습성도 나타난다. 4~5세기에 중국계 이주민들이 본래의 출신

주·군·현명을 견지한 현상은 한반도로 넘어올 당시에도 이어졌으며, 그 지명들 가운데는 당대의 행정지명이 아닌 경우도 더러 발견된다. 2군 고지의 동수와 진의 고분에서 과거의 주·군·현 단위 본적 지명을 표기한 사례는 출신지 인식에 대한 이들의 보수적인 성향과 무관하지 않다.

또한 2군 고지에 묻힌 망명인들의 묘지에서는 중국 지명이 관칭된 태수·자사 호 등의 지방관호도 보인다. 이 가운데는 당대 행정지명이 아닌 과거 시기의 주·군 단위명을 활용한 사례도 나타나는데, 예하에 있던 이주민들의 출신지 현황이 반영된 것으로 추정된다. 다시 말해 동수·동리·장무이·진 등이 2군 고지의 관할지에서 칭했던 중국 지명의 자사·태수호는 출신 주·군을 단위로 결집해 있었던 주민집단을 대상으로 칭한 관호라고 보는 것이 타당하다.

한편 [서]읍태수 장군 및 장무이·동리·동수·진을 비롯한 중국계 망명인들은 대개 안치된 2군 고지에서 최종적으로 생을 마감하고 고분이 조영되었다. 이러한 정황은 동수·진 등의 안치가 관료로서의 '파견'이라기보다는 '이주'의 성격이 강했음을 드러낸다. 아마도 이들은 같은 시기에 각지에 분산되어 안치된 이주민 집단의 대표이자 그 일원으로서 제한된 지역 내에서만 자기 영향력을 발휘했을 가능성이 높다.

고구려는 2군 고지에 안치한 고위 망명인들 각각의 예하에 다양한 지역 출신의 이주민들을 편성했다. 동수·동리·진 등 망명인들의 개별 관할지 내에는 유주와 요동 등지에서 이주해온 이주민 외에도 그 주변에 원래 거주했던 한인 韓人과 예인穢人을 비롯해 낙랑·대방 출신을 표방하는 일부 토착주민이 함께 편성되기도 했다. 토착민까지 일부 포함된 이러한 다양한 주민 구성은 고구려에 의해 2군 고지에 안치되었던 개별 망명인들이 임의로 편성한 결과로 보기 어렵다. 오히려 고구려가 그들의 제어를 위해 적극적으로 개입한 결과라고 보는 것이 자연스럽다.

동수·진·동리·장무이 등의 망명인들은 예하에 편성된 이주민 집단의 대표자로서 중국 지명이 붙은 태수·자사호를 자칭하는 등 자신들의 사회·문화적 전통을 장기간 유지했던 것으로 보인다. 그러한 자체 전통의 유지는 고구려의 용인하에 이루어졌을 것이며, 이는 향후 화북 유이민의 추가 유입을 유도하기 위해 고구려 정권이 의도한 정치·사회적 '우대' 정책으로 볼 수 있다.

4장에서는 진·장무이 등의 고분 속에 구현된 대외용 서사와 구성 의도를 파악하여 2군 고지에 안치된 중국계 이주민 집단의 사회상과 더불어 그들의 정서와 이념·신앙적 지향을 살펴보고자 했다. 중국의 후한~위·진대 고분 안의 벽화와 문자기록들은 당시 지배층의 정치·사회적 목적에 따라 대외용으로 보이기 위해 만들어진 경우가 많았다. 이러한 사례는 4세기 중반에서 5세기 초반에 이주해온 망명인들의 고분벽화와 문자 자료들의 작성 배경을 파악하는 데도 중요한 시사점을 준다.

이에 그 비교 대상으로서 먼저 내몽골 지역의 화림격이신점자1호묘의 사례를 검토했다. 이 고분 안에 제작된 벽화와 방제(묵서)들은 각기 단절적으로 배치된 것이 아니라 연속되는 장면 배치를 통해 이야기가 전개되는 방식, 즉 일종의 서사가 이루어지고 있으며, 그것은 곧 외부 관람자의 시선을 고려한 안배 방식이었다. 흥미롭게도 중국으로부터 건너온 망명인들이 조영한 2군 고지의 덕흥리벽화고분에서도 외부 관람자를 뜻하는 '관자觀者' 관련 묵서가 내부에 기록되어 있으며, 무덤 내 묘지·방제들의 배치 역시 외부인의 시선을 고려하여 제작되었을 가능성이 높다.

이렇게 볼 때 고분의 벽화와 방제를 통해 표현된 내용은 묘주 일족과 관람자들이 함께 공유했던 정서나 그들이 지향했던 가치관을 반영해놓은 것이라는 차원에서 접근할 필요가 있다. 즉, 4세기 중반 이래 2군 고지에서 이주민 집단이 조영한 고분 속의 벽화와 방제들은 단순히 묘주의 사적인 취향이나 바람을 형상화하는 데 그치지 않고 묘주의 주변인들과 외부의 시선을 고려해 만들어졌을 것이다. 더 나아가 중국 문화에 기반을 둔 묘주 일족의 정서·지향을 같은 처지에 있던 휘하의 이주민 사회와 함께 공유함으로써 궁극적으로는 서로 간의 결속을 강화하려는 목적과 관련이 있다고 할 수 있다.

한편 덕흥리벽화고분의 현실 동벽에 그려진 칠보행사도는 중국 위·진대의 고분벽화들과 마찬가지로 묘주 자신의 신앙적 지향을 외부에 드러내려는 의도와 관련이 깊다고 생각한다. 이 그림에는 칠보행사를 전반적으로 주관한 진의 휘하 관원(중리도독)을 비롯해, 진의 저택 내에서 음식을 준비한 인물(대주작식인) 2명과 칠보수를 구현하는 작업에 종사했을 가동 등이 그려져 있다. 행사를 준비하고 진행한 인물들의 소속이나 지위 등을 감안할 때, 이 칠보행사는 고구려 중앙정부가 개입하여 치른 공적 행사라기보다는 재산을 어느 정도 갖추고 높은 지위를 지닌 인물의 일상적인 공간, 혹은 그와 멀지 않은 곳에서 열린 사적인 성격의 행사였을 것이다.

요컨대 칠보행사도는 강서구역 일대에 안치되었던 중국계 망명인인 진의 관할지에서 열렸던 일상 행사의 모습이며, 이를 고분벽화의 주제 중 하나로 택한 것은 외부 관람자들에게 강조하고자 했던 묘주의 신앙 및 가치관과 관련 있을 것이다. 묘주인 진, 혹은 고분의 제작자들은 현실玄室 내 많은 연꽃 도안과 칠보행사도를 통해 묘주가 평소 중시했던 불교 신앙을 그의 사적 공간에서 최대한 강조하려고 했던 것으로 보인다. 이는 근본적으로 무덤을 자기 신앙·지향 등을 표현하는 도구로 이용하기도 했던 중국의 벽화고분 제작 전통에서 비롯되었을 것이다. 칠보행사도는 2군 고지에서 이주민 집단의 강한 개성과 지향을 드러낸 또 하나의 사례이며, 5세기 초반 이 지역에 안치되었던 소규모 집단이 자신들의 문화적 특성을 유지하면서 장기간 거주했던 양상을 보여주는 근거로 바라볼 필요가 있다.

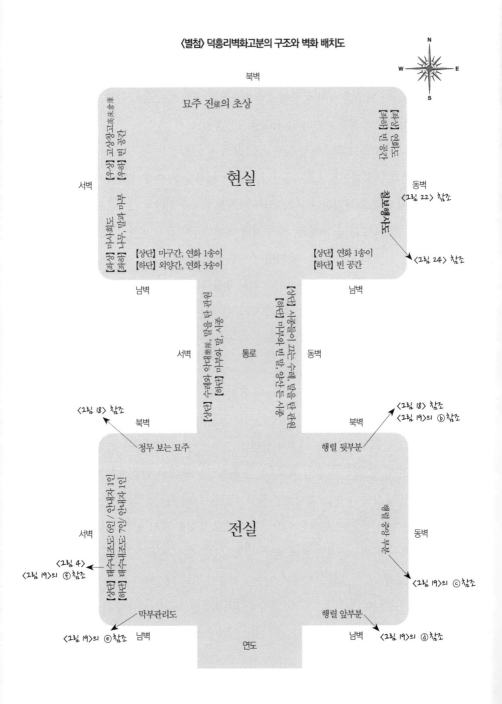

〈별첨〉 덕흥리벽화고분의 구조와 벽화 배치도

북벽
묘주 진鎭의 초상

[안상] 고상창고高床倉庫
[안하] 빈 공간

[좌상] 연화도
[좌하] 빈 공간

서벽

현실

동벽
〈그림 22〉 참조

[좌상] 마사희도
[좌하] 나무, 탈과 마구

칠보행사도

[상단] 마구간, 연화 1송이
[하단] 외양간, 연화 3송이

[상단] 연화 1송이
[하단] 빈 공간

〈그림 24〉 참조

남벽

남벽

서벽

통로

동벽

[상단] 수레꾼과 마대馬隊, 말을 탄 관원
[하단] 말, 시종

[상단] 시종들이 끄는 수레, 말을 탄 관원
[하단] 마부와 빈 말, 안신는 시종

〈그림 18〉 참조

북벽
정무 보는 묘주

북벽
행렬 뒷부분

〈그림 18〉 참조
〈그림 19〉의 ⓑ 참조

서벽

전실

행렬 중의 묘주

동벽

[상단] 배수排水제조도: 6인 / 안내자 1인
[하단] 배수排水제조도: 7인 / 안내자 1인

〈그림 4〉
〈그림 19〉의 ⓕ 참조

〈그림 19〉의 ⓒ 참조

막부관리도

행렬 앞부분

〈그림 19〉의 ⓔ 참조

남벽

연도

남벽

〈그림 19〉의 ⓓ 참조

보론

6세기 고구려의 북위北魏 말 유이민 수용과 '유인遊人'

1. '유인' 관련 기사의 검토

1) 부세 대상으로서 '유인'의 성격

5세기 전반 강남의 송宋 왕조와 화북의 북위北魏 왕조가 양립하면서 남북조 시대가 열렸는데, 이 시기 화북 일대의 북위 정권이 비교적 안정적으로 운영되면서 유이민의 발생도 잦아들었다. 그러나 북위 말인 6세기 전반부터 6진鎭의 난이 발발했고, 이후 반란이 전국적인 규모로 확산되면서 화북 일대가 다시 큰 혼란에 빠져들었다. 이런 와중에 520~550년 사이 화북의 유이민이 산발적으로 고구려에 이주해왔다. 이때 최소 5천여 호 이상이 영토 내에 수용되었다는 기록도 보인다.

이와 관련해 주목되는 자료가 『수서隋書』 동이열전東夷列傳 고려 조의 조세 규정에 기재되어 있는 '유인遊人' 기록이다. '유인'의 실체에 대해 종래 연구는 고구려 내 일반 농민층의 사회·경제적 분화로 발생한 존재라는 견해, 특수한 직역이나 특정 직종에 종사하는 사람 혹은 영역 내의 이종족異種族 주민을 가리킨다는 견해 등 다양한 논의가 있었다. 그러나 정작 '유인'의 발생 배경과 수취의 특징에 대한 종합적인 고찰은 미흡했다. 최근에는 '유인' 관련 연구 자체가 답보 상태이다. 이는 '유인' 기록이 갖는 특이성 및 이에 대응하는 계층(집단)을 현존 사료에서 쉽게 찾기 어렵다는 한계에서 기인했겠지만, 궁극적으로는 '유인'의 실체를 고립적이고 정적인 역사적 범주 내에서만 찾으려 했기 때문이라고 본다.

'유인'은 농업사회를 기반으로 했던 중원왕조의 조세 조항에서도 그 비교 사례를 찾기 어렵다. 그 실체는 고구려의 독특한 지정학적 위치와 함께 4~5세기 이래 중원왕조와 영토를 맞댄 상황하에 민간 차원에서도 활발한 인적 이동이 이루어졌던 고구려의 국제적 성격, 이종족에 대한 다양한 지배 방식의 문제 등을 모두 고려하여 다각적으로 검토할 필요가 있다. 이 글에서는 6세기 전반 이후 고구려에 대거 유입된 북위 말 유이민('위말유인魏末流人')의 존재와 관련하여 '유인' 관련 기사를 검토해보고자 한다.

'유인'에 대한 조세 규정을 검토하기 위해 다음의 두 기록을 먼저 살펴보자.

> 부세는 견絹·포布 및 속粟을 그 소유한 바에 따라 빈부의 차등을 헤아려 받아들인다.[1]

> 인세는 포 5필과 곡 5석이며, 유인遊人은 3년에 한 번을 내되 10인이 함께 세포 1필을 낸다. (호)조는 (상)호 1석, 그다음은 7두, 그다음은 5두이다.[2]

---

1 "賦稅則絹布及粟 隨其所有 量貧富差等輸之"(『周書』 卷49, 列傳41, 異域上, 高麗)

2 "人稅布五匹 穀五石 遊人則三年一稅 十人共細布一匹 租戶一石 次七斗 下五斗"(『隋書』 卷81, 列傳46, 東夷, 高麗)

위 기록은 고구려의 조세제도에 대한 단편적인 정보를 제공하고 있다. 우선 『주서』 고려전에서는 6~7세기경 고구려의 조세제도가 농경사회의 일반적인 생산물에 속하는 견·포·속 등을 주요 품목으로 하여 운영되었음을 보여준다. 『주서』와 『수서』는 동일한 시기[정관 10년(636)]에 편찬되었지만 다루는 시기는 약간의 격차가 있다. 『주서』는 북주北周 시기(557~581)의 역사를 기록하였는데, 고려전은 북주 무제武帝가 건덕 6년(577, 고구려 평원왕 19)에 고구려 평원왕을 책봉하는 기사까지가 하한이다. 이에 비해 『수서』는 제기帝紀의 경우 수대隋代 (581~618) 전 시기를 다루고 있지만 고려전은 수양제 10년(614)에 고구려 원정을 포기한 때까지가 하한이다.

다만 유의할 점은 두 사서에 나오는 고구려의 사회·풍속 및 제도에 관한 내용은 서로 비슷한 시기의 내용을 다루었을 가능성이 높다는 것이다. 특히 『주서』 고려전의 전거는 고구려와 교류가 적었던 북주대가 아닌, 북제北齊-북주 -수대에 걸쳐 수집된 정보에 기초했다고 보는 것이 일반적이며,[3] 비슷한 시기 (629~636)에 편찬된 『수서』 고려전처럼 수대에 작성된 '풍속기' 등을 주요 전거로 삼았다고 보고 있다. 이는 두 사서의 고려전 내용이 서술 순서도 비슷할 뿐만 아니라 사회·제도 등 같은 범주의 내용에는 서로 배타적 정보를 갖지 않는다는 사실을 통해서도 알 수 있다.[4] 따라서 위 두 기록의 고구려 조세제도 관련

---

3 『주서』는 당대唐代에 찬술되었다(629~635). 북주는 존속 기간이 25년에 불과했고, 고구려나 백제 간 외교교섭도 몇 차례 되지 않았다. 그럼에도 불구하고 전대前代인 북위나 남조 국가들의 사서보다 고구려의 지리, 관제官制, 생활상에 대해 상세한 내용을 담고 있다. 이러한 점 때문에 『주서』 고려전의 전거는 북주 당시나 그 이전에 확보되었다기보다는 북제-북주-수대에 이르는 시기에 수집된 정보에 기초했다고 보는 것이 일반적이다(林起煥, 「4~6세기 中國史書에 나타난 韓國古代史像」, 『韓國古代史研究』 14, 1998, 173쪽).

4 李康來, 「7세기 이후 中國 史書에 나타난 韓國古代史像」, 『韓國古代史研究』 14, 1998, 214~218쪽.

<표 9> 『수서』 고려전의 조세 내용

구분	단위 기간	수취량	
		인두세人頭稅	호조戶租
인人	년(매년)	1인: 곡 5석, 포 5필	상호: 곡 1석 중호: 곡 7두 하호: 곡 5두
유인遊人	3년	10인: 세포 1필	해당 없음

내용도 상호 보완적인 성격으로, 공히 대략 6세기 중반에서 7세기 전반의 범위에 있었던 상황을 기록했다고 볼 수 있다.[5]

'유인'은 두 사서 가운데 『수서』에만 언급되어 있다. 『수서』 고려전의 조세 규정은 '세稅'와 '조租'로 구분되어 있다. 세는 내용상 인두세를 가리킨다고 보이는데, 바로 뒤에 언급한 호조戶租에 비해 수취액이 현저하게 높다. 따라서 비중이 적은 호조는 어디까지나 인두세에 비해 보조적인 조항으로 생각되며, 이는 곧 토지보다 노동력의 중요도가 큰 고대 세제의 특징을 보여준다.[6]

『수서』에서 '유인'은 인두세가 부과되는 대상으로 기술되었다. 인두세의 '인'은 곡 5석과 포 5필을 모두 부담하였던 것 같은데, 그 높은 부담액이 어린아이

---

5 『주서』 고려전과 『수서』 고려전의 조세 조항이 서로 다른 계통의 사료에 근거했으며 특히 『수서』 고려전은 조세제도의 일정한 변화상을 반영해놓았을 가능성이 있다는 점이 제기되기도 했다(박남수, 「高句麗 租稅制와 民戶編制」, 『동북아역사논총』 14, 2006, 145~149쪽). 두 사서의 조세 조항이 각기 다른 자료를 전거로 작성되었을 가능성은 배제할 수 없겠지만, 그 서술 형태의 차이만으로는 고구려 조세제의 변화를 반영했다고 볼 수 있을지 의문스럽다. 원래 고구려의 조세제도는 두 사서에 서술된 것 이상으로 복잡하고 상세한 내용으로 구성되었을 것으로 생각된다. 기존 정보를 간략하게 요약해 기술하는 과정에서 각 사서 찬자들의 관심 여부와 견해에 따라 서로 다르게 반영되었을 가능성도 있다.

6 김기흥, 『삼국 및 통일신라 세제의 연구─사회변동과 관련하여』, 역사비평사, 1991, 56쪽.

와 노인 등 노동능력이 없는 자들에게까지 개별적으로 부과되었다고 보기는 어렵다. 따라서 인두세는 일반적으로 정남丁男, 혹은 그에 준하는 대상에 한정하여 부과되었다고 생각되며,[7] 이는 '유인' 조항의 납세 대상도 마찬가지였을 것이다.

초기 연구자들은 『수서』 고려전 조세 조항의 '인'을 고구려 피지배층의 다수를 점하는 일반 농민층으로 보았고, '유인'은 농민층의 사회·경제적 분화에 따라 발생한 빈민 혹은 용작인傭作人으로 파악하였다.[8] 이미 농업을 주요 산업 기반으로 하는 고구려가 농민의 경제적 능력에 따라 인두세를 차등 수취했다는 해석으로서, 이는 빈부에 따른 수취를 언급한 『주서』 고려전의 내용에도 어느 정도 부합한다.

그러나 일반적인 농민 사회에서 빈부에 따른 구분으로 보기에는 '인'과 '유인'이 부담하는 세액의 차이가 지나치게 크다는 점이 문제로 지적되었다. 기록대로라면 일반 농민 10인이 3년에 포 150필과 곡 150석을 내는 데 비하여 빈민 10인은 세포 1필을 내는 꼴이 된다. 세포의 가치가 평포에 비해 얼마나 높은지

---

7 김기홍, 위의 책, 52쪽.

8 白南雲, 『朝鮮社會經濟史』, 東京: 改造社, 1933; 백남운, 『백남운전집(1) 朝鮮社會經濟史』, 이론과 실천, 1994, 173~174쪽; 李丙燾, 『韓國史 —古代編』, 乙酉文化社, 1959, 564쪽; 강진철, 『韓國土地制度史(上)』, 1965(『韓國文化史大系(4) —政治·經濟史(下)』, 高麗大學校民族文化研究所에 수록), 1186쪽; 리지린·강인숙, 『고구려사 연구』, 사회과학출판사, 1976, 108~109쪽; 사회과학원연구소, 『조선전사(3): 중세편』, 과학백과사전출판사, 1979, 188쪽; 李基白·李基東, 『韓國史講座(고대편)』, 일조각, 1982, 241~242쪽; 鬼頭清明, 「高句麗の國家形成と東アジア」, 『朝鮮史研究會論文集』 21, 1984, 35쪽; 盧泰敦, 「三國의 政治構造와 社會·經濟」, 『한국사 2』, 국사편찬위원회, 1984, 237쪽; 이인재, 「신라 통일 전후기 조세제도의 변동」, 『역사와 현실』 4, 1990, 96~98쪽; 강봉룡, 「민의 존재형태」, 『한국사 4』, 한길사, 1994, 117쪽; 전덕재, 「통일신라기 호등 산정 기준」, 『역사와 현실』 23, 1997, 36쪽.

는 분명하게 단정하기 어렵지만,[9] 고대사회의 일반 농민이 빈민보다 그렇게 월등한 담세력을 가졌다고 볼 수 있을지는 의문이 들 수밖에 없다.[10]

또 '유인'을 10인씩 묶어서 3년 단위로 인두세를 징수하기 위해서는 국가가 이들을 3년 이상 긴박해둔 상태라야 가능한데, 빈민·용작인의 경우에는 거주지에 대한 고착성이 약할 수밖에 없다는 점이 문제이다. 궁극적으로 고대국가가 빈민의 장기적인 빈민화를 전제로 한 조세 규정을 두었다는 것 자체가 비현실적이라는 점도 지적되었다.[11]

이러한 기존의 문제점들을 보완하려는 시도에서 일부 수정된 해석이 나오기도 했다. 이에 따르면 고구려에는 국가의 기본적인 수취 대상으로 파악되지 않던 몰락 농민이나 유랑민이 존재했는데, 이들이 국가의 귀농 정책 등에 따라 다시 정착해 농업 생산을 시작하면서 한시적으로 '유인', 즉 '일반호로 편입되기 이전의 일시적인 편제 단위'로 설정되었다는 것이다. 이에 '3년 1세'란 경제적으로 안정적이지 못한 '유인'에 대해 일종의 부세 유예기간을 주었음을 의미하

---

9 이와 관련해 『삼국유사』 권1 태종춘추공太宗春秋公조의 기록을 근거로 세포 1필을 포 1필의 최고가인 50석으로 환산하기도 한다(朴南守, 「삼국의 經濟와 交易活動」, 『新羅文化』 24, 2004, 8~9쪽). 그러나 여기에 나오는 '조租'가 『수서』 고려전의 그것과 동일한 가치를 지닌다고 단정하기는 어렵다. 신라 문무왕 10년(670) 가을 8월 1일에 문무왕이 사찬 수미산須彌山을 보내 안승을 고구려 왕으로 봉하였는데, 이때의 하사품들 가운데 직물은 능綾(무늬비단) → 견絹(명주)·세포細布 → 면綿(목화솜)의 순서로 기재되어 있다["粳米二千石 甲具馬一匹 綾五匹 絹·細布各十匹 綿十五稱"(『三國史記』 卷6 新羅本紀 6 文武王(上) 10年)]. 직물의 경우 일정한 규격 기준(匹)이 있었으므로 고급 직물에서 가치가 낮은 순서로 나열했을 것인데, 특히 세포는 견과 동일한 양인 10필이 하사되었다는 점이 눈에 띈다. 이를 고려한다면 7세기 중·후반 신라에서 세포의 상대적 가치는 능보다 낮으며 견과 비슷하거나 조금 못한 정도로 추정할 수 있다.

10 김기흥, 앞의 책, 1991, 29~30쪽.

11 김기흥, 위의 책, 30~33쪽.

며, 미숙하나마 개별 가호 단위로 파악되었을 '유인'에게 호조를 부과했다고 보았다.[12]

이후 위와 같은 해석을 근거로, '유인'은 6세기 중반 이후에 벌어진 전쟁이나 대규모 이주 등으로 인해 일시적으로 발생한 부랑민,[13] 중국인 포로[14] 등의 집단을 가리키며, 고구려가 이들을 정착시키는 시책의 일환으로 조세 규정에 '유인' 조항을 둔 것으로 보기도 했다. 이 역시 '유인' 조항 자체를 한시적인 규정으로 보고 비편호민을 국가의 조세체계에 편입시키는 중간 단계로서 해당 조항을 두었다고 파악한 것이다.

그러나 당시 조세 조항에서 과세의 중심은 인두세였다. 만약 '유인'이 일반민에 비해 인두세를 온전히 부담하기 어려울 만큼 경제적 능력이 현격하게 떨어졌고, 이에 국가가 일반민과 같은 인두세 부과를 포기해야 할 정도였다면, 굳이 비중이 훨씬 적은 호조를 거두기 위해 '유인'호에 대해 다시 호별 과세를 한다는 것이 과연 합리적이고 효율적인 시책이었을지 의아하다.

---

12 임기환, 「광개토왕비의 국연國烟과 간연看烟—4·5세기 고구려 대민편제의 일례」, 『역사와 현실』 13, 1994, 211~214쪽; 林起煥, 「地方統治體制의 構造와 運營, 高句麗 集權體制 成立過程研究」, 慶熙大 博士學位論文, 1995, 199~201쪽. 이에 따르면 고구려에서 3년에 한 번 작성되는 호적 갱신의 시기를 통해 '유인'이 일반민으로 전환되었을 가능성도 있다는 것이다.

13 6세기 중반 이래로 고구려가 주변 세력과 치른 전쟁으로 인해 주로 변방 지역에서 본적지로부터 이탈한 다수의 전쟁 부랑민이 발생했는데, 이들을 중앙정부의 통제하에 긴박해두려는 목적으로 '유인' 조항이 만들어졌다는 것이다(曺祥鉉, 앞의 논문, 2003, 279~284쪽).

14 『신당서』에서 당의 직방낭중職方郎中 진대덕陳大德이 고구려에 갔을 때 수 말의 전쟁포로였던 '화인유객자華人流客者'를 만났다는 기사를 근거로, 고구려 내에 다수의 중국인 포로들("隋末從軍沒留者")이 존재했으며 이들의 정착을 위한 고구려의 정책적 노력이 『수서』 고려전의 '유인' 조항으로 나타났다고 보는 견해가 있다(金樂起, 「高句麗의 '遊人'에 대하여」, 『白山學報』 56, 2000, 181~188쪽).

또한 '유인'이 『주서』에는 나타나지 않다가 『수서』에 나온다는 이유만으로 6세기 중반 이후의 대규모 전쟁으로 인해 돌발적으로 등장했다고 보는 설은 그 자체로 근거가 빈약하다.[15] 게다가 전쟁 부랑민과 중국인 포로들이 간헐적인 구제 조치가 아닌 별도의 조세 규정을 통해 관리되어야 할 정도로 국가·사회적 비중이 큰 존재였는지에 대해서도 분명한 정황적 근거가 제시되지 않았다. 따라서 '유인' 조항을 고구려에서 발생한 몰락 농민이나 유랑민, 중국인 포로 등에 대응한다고 보기는 어렵다.

요컨대 『수서』 고려전의 호조는 인두세를 정상적으로 부담하는 일반민에 해당하는 조항이며, '유인'은 인두세로서 3년에 한 번 10인이 세포 1필만 부담했다고 보는 것이 자연스럽다. 또한 10인 단위의 '유인'은 호조가 부과되었던 고구려의 일반민과는 다른 방식으로 파악되었고, 특수한 과세 대상으로 분류되었을 가능성이 높다.

2) '유인'의 존재 형태와 편제

'유인'을 그 특성상 보편적인 수취의 대상으로 상정하기 어렵다는 점을 고려하여 고구려 내의 비농경인, 특히 그 가운데서도 유부遊部, 악인樂人, 놀이하는 사람, 매음녀 등 특수한 직역이나 특정 직종에 종사하는 사람으로 보는 견해도

---

15 『주서』 고려전과 『수서』 고려전 모두 고구려의 조세 조항에 대해 아주 단편적인 정보만을 담고 있는 가운데, 『수서』에 '유인' 조항이 새로 추가되었다는 점만 가지고는 이를 6세기 이후 새롭게 등장한 계층으로 단정할 수 없다고 본다. 『수서』 고려전은 당시 이미 여러 풍속기가 집적되어 활용되었을 수 있고, 또 고구려와 직접적인 대면에 따른 정보의 획득이 많았던 수·당 시기의 조사 내용이 포함되었을 수 있으며, 그 결과 이전에는 미처 알지 못했던 고구려의 사회·제도에 관한 내용이 찬자에 의해 다양하게 추가되었을 여지도 있었다.

있다.[16] 그러나 이들 연구 역시 '유인'의 어원과 세제상의 특혜 등에 주목하여 검토했을 뿐, 해당 집단들이 국가에 의해 10인 단위로 설정되어 3년 기준의 수취가 이루어질 만큼 긴박된 대상이었는지, 왜 개인 단위가 아닌 10인 단위로 묶어서 과세를 해야 했는지, 고구려가 비농경민인 이들에게 세제상의 특혜를 베풀 만한 이유가 무엇인지를 설득력 있게 해명하지 못했다.[17]

'유인'의 실체를 검토하기 위해서는 고구려라는 국가가 갖는 지정학적 특성과 사회 구성상의 다양성을 고려해야 한다. 구체적으로 그 사회 내에 존재할 수 있는 다양한 종족 및 그들에 대한 특수한 지배 양상을 상정할 수 있기 때문이다. 고구려 내의 이종족이자 집단적으로 부용되어 있던 주민을 '유인'으로 본 견해는[18] 바로 이러한 시각에서 나왔을 것이다. 여기서는 7세기를 전후하여 고구려가 돌궐, 수, 신라 등 주변 국가들과 군사적으로 대치하고 있던 어려운 상황 속에서 예하에 집단적으로 부용되어 있던 주민에 주목하였다. 부용민附庸民이 고구려에 군사적 조력을 제공했던 것이 곧 세제상의 우대가 있었던 배경으로 추정하고, 그 전형적인 부류로서 별도의 사회집단을 유지하며 고구려에 복속해 있었던 말갈을 지목하기도 했다.

---

16 盧重國, 「高句麗律令에 관한 一試論」, 『東方學志』 21, 1979, 160쪽; 權五榮, 「고대 한국의 喪葬儀禮」, 『韓國古代史研究』 20, 2000, 19~22쪽; 권주현, 「高句麗 '遊人'考」, 『慶北史學』 23, 2000, 7~21쪽에서는 '유인'을 '놀이하는 사람' 또는 '악인樂人'이라고 보았으며, 柳永博, 「高句麗의 稅制와 游女問題」, 『斗溪李丙燾博士九旬紀念韓國史學論叢』, 1987, 108~116쪽에서는 '매음녀賣淫女(유녀遊女)'라고 보았다.

17 자세한 지적은 金樂起, 앞의 논문, 2000, 178~181쪽; 曹祥鉉, 앞의 논문, 2003, 264~266쪽; 조법종, 앞의 논문, 2003, 340~341쪽을 참고.

18 김기흥, 앞의 책, 1991, 38~50쪽; 金賢淑, 「高句麗의 靺鞨支配에 관한 試論的 考察」, 『韓國古代史研究』 6, 1992, 247~250쪽.

고구려 말기에 책성柵城의 지방관이 말갈 부락을 관할한 사례가 있으므로,[19] 영토 내의 말갈인들에 대한 수취가 조세 조항에 등장하는 것은 전혀 불가능하다고 할 수 없다. 특히 여기서 '유인'이 3년에 한 번, 10인 단위로 조세를 부담한 것에 대해 일반민과는 다른 형태의 지배 방식이 적용된 결과로 이해한 것은 주목할 필요가 있다. 사실 중앙정부가 인민을 가호家戶 단위도 아닌 10명 단위로 관리하고 직접 수취하는 것은 현실적으로 대단히 번거로운 일이다. 이에 부용집단을 직접 거느리던 우두머리가 3년 단위로 호구 수를 정기적으로 파악하여 중앙에 보고하고, 이로부터 파악된 총 인원수(정남)에 근거하여 세포를 중앙에 일괄 납부했을 가능성도 생각해볼 수 있다. 즉, 국가가 집단적으로 편제된 주민에게서 그 우두머리를 통해 간접적으로 수취를 했다는 것이다.[20]

이러한 중요한 지적에도 불구하고 '유인'을 집단 부용민으로 보는 견해에 대해서는 몇 가지 문제가 지적되었다. 우선 '부용민'의 범위를 너무 넓게 잡고 있다는 점이다. 이는 『수서』 고려전에서 '유인'이 일반민 다음에 기록되었다는 점을 의식하여 그 구성원을 다수로 책정해야 한다는 생각에서 비롯된 듯하다. 그러나 말갈·거란·동예, 혹은 고구려에 귀부한 선비족이나 한인漢人들은 고구려에 병합된 시기와 생활 방식도 각기 다르며, 그에 대한 대우도 동질적이라고 보기 어렵다는 문제가 제기되었다.[21]

이에 '유인'은 곧 고구려 내의 말갈족과 일부 거란족, 그중에서도 군역이라

---

19 안정준, 「李他仁墓誌銘에 나타난 李他仁의 生涯와 族源—高句麗에서 활동했던 柵城지역 靺鞨人의 사례」, 『木簡과 文字』 11, 2013, 214~215쪽. 관련 원문은 "于時 授公柵州都督 兼總兵馬 管一十二州高麗 統三十七部靺鞨"(「李他仁墓誌銘」)이다.

20 김기홍, 앞의 책, 1991, 45쪽.

21 金樂起, 앞의 논문, 2000, 174~175쪽.

는 특수 직역을 가진 집단민으로 범위를 좁혀 파악하기도 했다. 그리고 '유인'에게서 세포를 거둬들이는 것은 곧 이들의 유동성을 고려한 형식적인 수취라고 보았다.[22] 그렇지만 '유인'의 부담액이 적다고 하여 '형식적인' 수취라고 단정할 수는 없으며, 또 고구려의 관할하에서 군사적 역할을 담당했던 말갈인을 굳이 '유인'이라는 낯선 용어로 표현했을까에 대해 문제 제기가 나왔다.[23] 이로써 헤아려보면 '유인'은 고구려 영토 내에서 일반민과 구분되어 집단적으로 관할되는 특수한 관리 대상이자, '유인'이라는 용어로 대표될 수 있는 대상 가운데서 논의되어야 할 것이다. 이와 관련해 다음의 표현을 주목해볼 필요가 있다.

> 황무지가 없고 유민遊民이 없으면 절제 있게 먹고 제때 일을 하여 백성이 모두 그 거처를 편안하게 여긴다.[24]

> 대저 유망하는 사람도 타향에 기거함을 좋아하지 않으며 부모의 땅을 잊지 않는다. (그러나) 거두는 것이 무겁고 부역이 지나치면 가산이 이미 비게 되고 이웃이 연좌되어 마침내 유인游人이 된다.[25]

> 황제가 중인中人 강도은을 보내 서주 지역을 위무하게 하였다. …(중략)… 강도은이 돌아와 진실로 절도節度를 구하여 곧 어대魚臺, 금향金鄕, 탕산碭山,

---

22 金賢淑, 앞의 논문, 1992, 250쪽.

23 金樂起, 앞의 논문, 2000, 178쪽.

24 "無曠土 無遊民 食節事時 民鹹安其居"(『禮記』 王制).

25 "夫流亡之人 非愛羈旅忘桑梓也 斂重役亟 家產已空 鄰伍牽連 遂爲游人"(『新唐書』 卷112, 列傳37, 韓思彦, 琬).

단보單父 등 10여 현을 없애고 관리를 참수하였으며, 금과 비단을 내어 병사를 모으니 유민游民이 많이 따랐다.[26]

천보에서 지덕 연간(742~757)에 소금이 1두당 10전이었다. 건원 원년(758)에 염철주전사鹽鐵鑄錢使인 제오기가 처음 염법을 바꾸어서 산과 바다의 정조井竈(정염井鹽을 만드는 곳)에 나아가 편리하고 이로운 땅에 감원監院을 두었고, 제염을 업으로 하는 유민游民은 정호亭戶(염호鹽戶)로 삼았다. 잡요雜徭를 면제하였다.[27]

위 기록은 중국 사서에 보이는 유인游人과 유민游民의 용례이다.[28] 맨 위의 『예기』에서는 '유민'을 '빈둥거리고 노동에 종사하지 않는 자', '떠돌아다니는 자'의 의미로 썼지만, 그 밖에 '토지나 가옥 등의 재산이 없는 유랑자', 더 나아가 '편적지에서 이탈한 자'를 가리키는 표현으로도 사용되었다. 두 번째 기록부터는 '유인', '유민'이 자기 본거지에서 유리된, 토지나 가옥 등의 재산이 없는 부랑자의 의미로 사용된 것들이다. 이는 곧 유이민을 의미하기도 한다.

---

26 "帝遺中人康道隱宣慰徐州 …(중략)… 道隱還, 固求節度 即殘魚臺·金鄕·碭山·單父十餘縣 斬官吏 出金帛募兵 游民多從之"(『新唐書』 卷148, 列傳73, 康日知, 志睦, 承訓).

27 "天寶至德間 鹽每斗十錢 乾元元年 鹽鐵鑄錢使第五琦初變鹽法 就山海井竈 近利之地置 監院 游民業鹽者爲亭戶 免雜徭"(『新唐書』 卷54, 志44, 食貨4).

28 『수서』는 당 태종대에 편찬된 사서로서 태종의 휘諱(세민世民)를 사용하는 것을 피했으므로, 기록의 '유인游人'은 본래 '유민游民'일 수 있다. 실제 '유인'과 '유민'이 등장하는 사례들을 개별 검토해보아도 양자를 구분하는 것은 별 의미가 없다고 생각된다. 또한 『수서』 고려전의 내용을 저본으로 삼아 쓴 『북사北史』 고려 조의 '유인' 조항에는 '유인游人'으로 기록했는데, 이 역시 『북사』의 찬자가 별도의 저본을 갖고 있었기 때문이라기보다는 당대唐代에 '游'와 '遊'를 서로 통용되는 글자로 보았기 때문일 것이다.

기존 연구에서 '유인'을 경제적으로 빈곤한 부랑민으로 본 다수의 견해는 주로 위와 같은 의미의 용례에 근거한 것이며, 실제로 편적지에서 이탈한 유이민의 발생 원인은 곧 경제적인 문제와 직결되는 경우가 대부분이었다. 그러나 『수서』 고려전의 '유인'이 고구려 영토 내에서 자체적으로 발생한 부랑자 혹은 유이민일 가능성은 앞서 논의한 바대로 제외되어야 할 것이다.

　　이를 의식하고 생각해보면 4~5세기 이래로 중원왕조와 영토를 맞대고 민간 차원에서도 활발한 인적 이동이 이루어졌던 고구려의 국제적 성격을 고려하는 가운데, 국가에 의해 특수하게 편성될 만한 주민의 발생 배경을 찾을 필요가 있다. 또한 6세기 중반을 전후한 시기에 고구려 사회 내에 존재했던 주민, 그중에서도 특히 집단적으로 편제되어 수취 대상이 된 주민이며 중국인 찬자의 시각에서 '유인'으로 통칭할 수 있을 만한 대상이 상정되어야 할 것이다. 이와 관련해 이 글에서는 6세기 이래로 고구려에 다수 유입되었던 중국계 유이민들을 주목한다.

　　고구려가 중국계 유이민들을 수용하고 이들을 영토 내에 안치한 전례는 이미 후한 말인 2세기 말에서 3세기 초부터 나타난다.[29] 4~5세기에 이르면 유주·기주 일대에서 파상적으로 이동해온 유이민들의 일부가 고구려의 영토 내에 안치된 정황이 보이는데, 이를 근거로 당시 고구려가 중국계 유이민 집단을 임기응변의 차원이 아닌 '정책'적 차원에서 수용했으며 그 일부를 자신의 판단과 필요에 따라 특정 지역에 정착시켰다는 견해가 제기된 바 있다.[30] 정착한 이후 일

29　"中國大亂 漢人避亂來投者甚多 是漢獻帝建安二年也"(『三國史記』 高句麗本紀, 故國川王 19年); "秋八月 漢平州人夏瑤 以百姓一千餘家來投 王納之 安置柵城"(『三國史記』 高句麗本紀4, 山上王 21年).

30　안정준, 「4~5세기 高句麗의 中國系 流移民 수용과 그 지배방식」, 『한국문화』 68, 서울대학교 규장각한국학연구원, 2014, 129쪽.

정 기간 동안 유이민 집단의 본래 사회적 구성 및 자체적인 제도·관습이 일부 유지된 정황으로 미루어 볼 때,[31] 고구려가 한시적으로나마 이들을 일반민과 구분하여 특수하게 지배했을 가능성도 생각해볼 수 있다.

그렇다면 4세기 서진 정권의 붕괴를 기점으로 이루어졌던 고구려의 중국계 유이민 안치와 지배 정책이 이후 또다시 화북 지방에 대규모 유이민 파동이 발생한 6세기 초·중반 이래로도 시행되었고,[32] 바로 이러한 정책 시행이 '유인' 조항과 연관된다고 볼 여지는 없을까. 다만 『수서』 고려전의 '유인'을 중국계 유이민과 연관된다고 보기 위해서는 다음의 문제들이 해명되어야 할 것이다.

우선 '유인' 조항이 마련된 시기로 추정되는 6~7세기에 중국계 유이민이 고구려로 다수 유입된 정황이 있는가 하는 점이다. 만약 유입되었다면 고구려가 이주해온 고위 망명인과 이주민들을 어떻게 대우했으며, 어떤 형태로 편성 혹은 파악하여 다스렸는지, 또 이들에게 일정 기간 세제상의 우대를 베풀 만한 사유가 있었는지의 여부를 검토하고, 그런 다음에 앞서 언급한 '유인'의 특성과도 연관해 볼 수 있을 것이다. 다음으로, 고구려 내에서 중국계 유이민의 비중이 전체 부세賦稅 대상 중에서 대단히 적은 규모였음에도 불구하고 『수서』 찬자가 이들의 존재에 주목하고 관련 내용을 특별히 기록한 배경도 함께 살펴보아야 할 것이다.

---

31 안정준, 「高句麗의 樂浪·帶方 故地 영역화 과정과 지배방식」, 『韓國古代史硏究』 69, 2013, 156~158쪽; 안정준, 앞의 논문, 2014, 135~136쪽.

32 6세기대 고구려의 유이민 정책이 4세기대의 그것과 동일한 형태로 지속되었다고 단정할 수는 없다. 이는 시기별로 중국계 유이민의 유입 양상과 규모, 그리고 고구려와 주변국의 관계에 따라 달라질 수 있기 때문이다. 다만 유이민의 적극적인 확보를 위한 주민 편성 및 수취상의 우대라는 큰 틀을 유지했을 가능성을 제기하고자 하는 것이다.

2. 북위 말 유이민의 안치와 지배

1) '위말유인'의 유입과 확보 정책

6세기 중반에 고구려로 유입된 중국계 유이민의 사례 가운데 가장 주목되는 것은 북위 말에 들어왔다고 전하는 5천여 호의 '위말유인魏末流人'에 관한 기사이다.

> 천보 3년(552) 문선제는 영주營州에 이르러 박릉인 최유崔柳로 하여금 고구려에 사신으로 가서 위 말의 유인流人들을 요구하게 하면서 칙하여 가로되 "만약 따르지 않으면 상황에 맞게 대응하라."고 하였다. 고구려에 이르러 허락을 받지 못하자 최유가 눈을 부릅뜨고 나무라면서 성成(양원왕)을 주먹으로 쳐서 상 아래로 떨어뜨렸다. 성의 신하들은 숨죽이며 감히 꼼짝도 못하였고 이에 사죄하고 복종하였다. 최유가 5천 호를 돌려받아 복명하였다.[33]

> [무정 2년(544)] 겨울 10월 정사에 태보 손등孫騰과 대사마 고융지高隆之가 각기 괄호대사括戶大使가 되어 도호逃戶 60여 만을 붙잡았다.[34]

북위 말인 523년에는 옥야진沃野鎭에서 일어난 반란을 시작으로 6진의 난

---

33 "天保三年 文宣至營州 使博陵崔柳使于高麗 求魏末流人 敕柳曰 若不從者 以便宜從事 及至 不見許 柳張目叱之 拳擊成墜於床下 成左右雀息不敢動 乃謝服 柳以五千戶反命"(『北史』卷94, 列傳82, 高句麗).

34 "冬十月丁巳 太保孫騰 大司馬高隆之各爲括戶大使 凡獲逃戶六十餘萬"(『北史』卷5, 魏本紀5, 東魏孝靜帝, 元善見 紀第12 武定2年).

이 발발하여 동쪽으로 요서 일대에서 서쪽으로 감숙성 남북부, 섬서성 일대에 이르는 지역이 사실상 중앙정부의 통제에서 벗어났다. 북위의 주요 군사력인 진병鎭兵들이 일으킨 이 반란은 화북 각지로 확산되었다.[35] 특히 정광正光 5년 (524) 영주營州 지역의 유안정劉安定과 취덕흥就德興이 일으킨 반란은 영주 서남 쪽의 평주平州 지역까지 확산되었는데,[36] 이때 영주를 비롯하여 평주·안주安州 등지에서 의지할 곳이 없어진 주민이 인접한 고구려에 다수 넘어왔을 것으로 추정된다.

이후 30여 년이 지난 552년에 북제의 고양高洋(문선제)이 동북방으로 친정하는 과정에서 고구려에 최유를 보내 '위말유인'을 돌려보낼 것을 요구했다. 그런데 정황상 이 유이민은 520년대 중반의 한정된 시기에만 들어온 것이 아니라, 동위 시대를 거쳐 북제가 북중국의 혼란을 어느 정도 수습하는 550년대 이전까지 지속적으로 유입되었을 가능성이 높다. 이는 5천여 호 이상의 대규모 유이민이 단기간에 고구려로 이주했다고 보기 어려운 점 때문이기도 하지만, 두 번째 기록에서 동위 말인 무정武定 2년(544)의 60여 만에 달하는 도호逃戶는[37] 523년 이래로 화북 지역의 유이민 파동이 장기간 지속되었음을 보여주기 때문이다.[38] 실제로 북중국 왕조가 내란 이전의 통치력을 회복하는 데는 오랜 기간이 소요되었을 것이다.[39]

---

35 이성제, 『高句麗의 西方政策 研究』, 국학자료원, 2005, 148쪽.

36 『魏書』 卷9, 肅宗孝明帝, 詔, 正光 5年; "就德興陷魏平州 殺刺史王買奴"(『資治通鑑』 卷 151).

37 도호逃戶는 부역을 도피하고 외지로 유망하여 호적이 없는 사람을 가리킨다(『魏書』 卷 110, 食貨志6, 第15).

38 徐炳國, 「中國人의 高句麗流亡과 遼東開墾」, 『白山學報』 34, 1987, 12쪽.

39 이성제, 앞의 책, 2005, 159쪽.

또한 주목되는 것은 유이민의 규모이다. 위 첫 번째 기록에서 북제로 돌아간 유이민은 5천 호라고 언급되어 있다. 고구려가 북제와의 관계 악화를 감수하면서까지 유인들을 돌려보내려 하지 않았다는 점, 그리고 후술하겠지만 이미 이전 동위대에도 고구려로 넘어간 망명인들의 송환을 공식적으로 요구하고 돌려받은 적이 있다는 점 등을 고려한다면,[40] 북제 건국 이전까지 고구려로 넘어간 중국계 유이민 수는 5천여 호에만 그치지 않았을 것이다. 즉, 520~550년 동안 고구려에 산발적으로 화북의 유이민이 이주해왔으며, 최소 5천여 호 이상이 영토 내에 수용되어 있었음을 알 수 있다.

이 '위말유인'들은 화북 지역의 혼란을 피해서 안정적인 거처를 찾아 이주해 간 것으로 보이는데, 이 시기 유이민들이 장기간에 걸쳐 고구려에 유입된 것은 고구려가 그들에 대한 정책적 배려를 상당 기간 지속했을 가능성을 알려준다. 이와 관련해 다음의 사례를 살펴볼 필요가 있다.

건의建義 원년(528) 7월 (강문요江文遙가) 병에 걸려 안주에서 죽으니 향년 55세였다. 장사長史인 허사조許思祖 등이 문요가 백성들을 아꼈기에 다시 그의 아들 강과江果를 추천하여 주의 일을 행하게 하였다. (강과가) 이미 주의 일을 통섭하여 이에 사신을 보내 표를 올렸다. (북위) 장제莊帝가 이를 가상히 여겨 강과에게 통직산기시랑 가절 용양장군 행안주사 당주도독에 제수하였다. 이미 반란군의 세력이 점점 번성하였고 대臺의 원군이 닿지 않았으니 강과는 강대한 적들에 가로막혀서 내지에서 이동할 만한 길이 없었다. 이에 여러 동생들과 성민城民을 이끌고 동쪽 고려로 달아났다. 천평天平 연간(534~537)에 (동위에서) 고려에 조서를 내려 강과 등을 송환할 것을 요구하니

---

40 『魏書』卷92, 列傳59, 江悅之, 子文遙, 文遙子果.

원상元象 연간(538~539)에 본조로 돌아올 수 있었다.[41]

위 기록은 6진의 난이 지속되던 520년대 말, 안주부성安州府城이 반란군에 둘러싸여 고립되었던 사실을 알려준다.[42] 당시 강과는 안주자사였던 부친 강문요의 뒤를 이어 안주 지역의 정사를 맡고 있었는데 반란에 직면하여 북위 내지로 가는 길이 가로막히자 528년을 전후한 시기에 종족 및 성민城民을 이끌고 고구려에 귀부했다.

여기서 '성민'은 북위 태무제太武帝(423~452) 이래 설치되기 시작한 병호兵戶의 일종으로서 여러 주·진에 속해 진수鎭戍와 방어를 담당했던 특수 직역호를 가리킨다.[43] 이들은 주·군의 일반민과 달리 군적軍籍에 등재되어 병역을 세습했는데, 효문제孝文帝 시기(471~499) 이후로는 그 신분적 지위가 점차 하락하면서 소속 장령에게 사적으로 예속되는 경우가 많았다. 이에 따라 북위 말에는 진장鎭將과 수장戍將을 겸임한 자사 혹은 태수가 임지를 이동할 때 성민이 그 예하에 들어가 함께 이동하기도 했으며, 급기야 진장의 사적인 예속민(부곡部曲)과 같은 형태로 바뀌기도 했다.[44]

---

41 "建義元年七月遘疾 卒於州 年五十五 長史許思祖等以文遙遺愛在民 復推其子果行州事 既攝州任 乃遣使奉表 莊帝嘉之 除果通直散騎侍郎 假節 龍驤將軍 行安州事 當州都督 既而賊勢轉盛 臺援不接 果以阻隔強寇 內徙無由 乃攜諸弟幷率城民東奔高麗 天平中 高麗送果等 元象中 乃得還朝"(『魏書』卷92, 列傳59, 江悅之, 子文遙, 文遙子果).

42 당시 안주는 지금의 하북성(북경시北京市 서북면) 일대에 있었다.

43 성민城民 중에는 선비鮮卑 계통의 부락민뿐만 아니라 한인漢人도 포함되어 있었다. 성민을 비롯한 북위대의 병호에 대해서는 辛聖坤, 「南北朝時期 官私隸屬民에 관한 研究」, 서울대 박사학위논문, 1995, 87~92쪽을 주로 참고하였다.

44 辛聖坤, 「北朝 兵戶制의 變遷과 丁兵制의 性格」, 『慶尙史學』 11, 1995, 4~21쪽.

북위 중앙정부의 통치가 미치지 않게 된 안주 지역에서 주의 일을 총괄하던 강과가 성민을 거느리고 다른 지역으로 이동할 수 있었던 것은 바로 이러한 배경에서 가능했을 것이며, 그들이 고구려로 들어갈 당시에도 성민은 강과에게 사적으로 강하게 예속된 상태였을 가능성이 높다. 강과 집단의 경우는 성민들과 함께 고구려로 들어갔다는 점에서 독특한 사례이다. 또한 그들의 이주 시기 및 배경, 이주해간 형태 등을 살펴볼 때 고구려로 유입된 '위말유인'의 한 사례라고도 할 수 있다. 당시 화북에서 발생한 유이민은 전통적으로 개별 가족 단위로 이동하는 경우도 있었지만, 대부분 강과와 같은 유민수流民帥를 중심으로 하여 종족·향당이 최소 단위로 결합된 집단적 형태로 이동했다.

이들은 적게는 수백에서 많게는 수천을 이루는 대집단을 이루기도 했다. 이는 본적지에서 형성된 향토 정의情誼와 종족 관념으로부터 생겨난 자연스러운 현상이었으며,[45] 한편으로는 오랜 이동의 과정에서 식량 수급과 신변 안전을 보장받기 위한 방책이기도 했다.[46] 앞서 살펴본 5천여 호의 '위말유인'도 강과 집단처럼 유민수를 위시한 집단을 이룬 채 산발적으로 이동해오는 경우가 많았을 것이다.

한편 위 기록에서는 고구려가 북위의 멸망 이후 동위가 새로 들어섰음에도 유민을 돌려보내지 않고 있다가, 천평 연간(534~537)에 동위 측의 조서를 받은 이후에야 일부 송환했음을 전하고 있다. 앞서 북제가 5천여 호의 '위말유인'을 고구려로부터 돌려받는 과정이 순탄치 않았다는 사실을 통해서도 알 수 있

---

45 葛劍雄, 『中國移民史(2) ― 先秦至魏晉南北朝時期』, 福州: 福建人民出版社, 1997, 316~317 쪽.

46 全相杰, 「北方流民의 軍事集團化와 東晋(317~420)의 對策」, 『分裂과 統合 ― 中國 中世의 諸相』, 지식산업사, 1998, 55~64쪽.

듯이, 고구려는 단순히 곤궁한 처지의 이주민을 임시적으로 '수용'했던 것이 아니라 적극적으로 '확보'하려는 의도가 있었음을 알 수 있다.[47] 이처럼 고구려가 '위말유인'을 적극적으로 수용한 배경과 관련해서는 일찍이 중국계 이주민의 노동력을 통해 수취 기반을 확대하려 했을 가능성에 주목하기도 했다.[48] 이미 3세기 초반에 한인漢人 하요夏瑤를 비롯한 이주민 1천여 가를 책성 지역에 집단으로 안치한 사례라든가, 4세기 후반에 유주·기주 이주민을 수용하여 영토 내에 안치한 사례를 통해서도 이들을 이용한 지역 개발 혹은 수취 기반 확대 등의 의도가 있었음을 추정해볼 수 있다.[49]

6~7세기 당시 인두세의 비중이 높은 고구려의 사회·경제적 발전 단계를 고려할 때도 노동력이 상당히 중요시되었을 것으로 생각된다. 수나라와의 전쟁 과정에서 발생했던 '수말종군몰류자隋末從軍沒留者' 수만 명을 고구려가 유녀遊 女와 강제로 혼인시켜 영토 내에 정착하게 했다는 점도 이와 무관하지 않을 것이다.[50] 또 강과처럼 예하의 군민을 다수 이끌고 온 경우에는 군사적인 목적으로 활용되었을 가능성도 있다.

그렇다면 반대로 6세기 당시 '위말유인' 다수가 고구려의 유이민 확보 정책에 응하여 들어왔던 배경은 무엇일까. 위 기록에서 당시 강과 집단이 떠나온 안주 지역은 지리적으로 고구려와 바로 인접한 지역이 아니었다. 게다가 반란군

---

47 이성제, 앞의 책, 2005, 153~154쪽에서도 고구려의 적극적인 유이민 확보 가능성을 제기하였다.

48 이에 따르면 고구려가 생산인구로서 '위말유인'의 가치에 주목하여 이들을 요동 지역의 개간에 투입하려 했다는 것이다(徐炳國, 앞의 논문, 1987, 10~14쪽).

49 이 책의 2장 내용을 참조.

50 고구려가 노동력 확보 및 사회문제 해결 등을 위해 수隋 말의 포로들을 유녀와 혼인케 하여 정착시켰다는 설과 관련해서는 金樂起, 앞의 논문, 2000, 184~186쪽을 참조.

이 장악한 영주 일대를 지나는 위험까지 감수해야만 했다. 그럼에도 불구하고 강과가 외이外夷인 고구려행을 결정한 이유는, 그것이 집단의 안전과 본인의 지위 보전을 위한 최선의 길이라고 생각했기 때문일 것이다.

실제로 이후 고구려에서 중국으로 돌아간 강과의 가문이 동위와 북제에서도 여전히 높은 정치적 지위를 유지했다는 기사는[51] 강과의 정치적 지위 및 세력이 고구려에서도 어느 정도 유지되었음을 유추하게 하는 대목이다. 그런데 안주 지역을 떠나 고구려로 향했을 당시 그의 주된 세력 기반은 사실상 그에게 사적으로 강하게 예속되어 있던 종족과 성민이 전부였을 것이다. 만약 고구려가 유민수와 그의 예하 주민 간 관계를 바로 단절시키고 양자를 이격했다면 강과가 정치적 지위를 유지하기도 쉽지 않았을 것이며, 추후에 그와 같은 이주민 집단이 지속적으로 유입되기를 기대하기도 어려웠을 것이다.

이와 같이 생각한다면 고구려가 당시 장기간 혼란 상황에 있던 화북 지역의 상황을 주시하는 가운데 이 지역에서 다수 발생하는 유이민의 유입을 유도하기 위해 고위 망명인을 정치·사회적으로 우대하고, 그 일환으로 그와 예하 주민의 유대 관계도 상당 기간 단절시키지 않았을 가능성을 고려해볼 수 있다. 이와 관련하여 다음의 기록도 주목된다.

> 군의 이름는 선부善畢요 자는 휘暉이며, 그 선조는 부풍扶風 평릉인平陵人이다. 18세조인 (두)통統은 (후)한의 안문태수였는데 족부族父인 (두)무武의 난을 피해 북방의 황무지(흉노 지역)로 유망하였고, (그곳에서) 자손들이 대대로 거주하였다. 후위(북위)가 남천함에 이르러 흘두릉씨紇豆陵氏를 사여받았다.

---

51 "果弟昴 武定三年襲爵 齊受禪 例降 文遠, 善騎射, 勇於攻戰 以軍動致效 自給事中稍遷中散大夫 龍驤將軍"(『魏書』卷92, 列傳59, 江悅之, 子文遙, 文遙子果).

6세조 보번步蕃은 서위의 장수로 하곡에 주둔하였다가 북제의 신무神武에게 격파당해서 결국 요해遼海로 달아났는데 후예들이 인하여 집안를 이루고 두씨豆氏가 되었다. 우리 황제께서 요遼(고구려)의 무례함을 정벌하심에 군사가 현도玄兎의 들판에 이르렀다. 군의 부친인 (두)부夫는 끝내 먼 조상인 (두)융融이 하외河外에서 (후한 광무제에게) 항복했던 일을 사모하여 마침내 구이九夷(고구려) 변경 요새의 장수를 참하고 정문旌門에 이마를 조아려 절하였으며, 읍락의 도탄에 빠진 사람들을 부축하여 당군에 귀순하였다. 천서天書가 크게 내려졌고 황제의 은혜가 일문에 미쳤다. 형제 5인은 높은 관작과 지위를 제수받았다. (두부는) 이犂·목木 2주▨▨군사를 수여받고 자금어대紫金魚袋를 사여받았다. 군은 악목岳牧(봉강封疆의 대리大吏에 대한 범칭)의 후예로써 해▨검교▨▨▨군사를 제수받았다.[52]

위 기록은 당대唐代에 작성된 두선부豆善富 묘지명의 일부인데, 6세기 중반 고구려로 망명한 이래 여러 대에 걸쳐 머무르다가 당군에 항복했던 두선부 일가의 내용을 담고 있다. 이에 따르면 두선부 가문이 고구려에 들어온 것은 서위西魏(535~556)의 장수로 하곡에 주둔하였던 흘두릉보번紇豆陵步蕃 때의 일이다. 6세조로 기록된 흘두릉보번은 북위 말 하서 지역(오르도스)에서 활동하다가 북

---

52 "君諱善富 字暉 其先扶風平陵人也. 十八世祖統 漢鴈門太守 避族父武之難 亡于朔野 子孫世居焉. 至後魏南遷 賜紇豆陵氏. 六世祖步蕃 西魏將 鎭河曲 爲北齊神武所破 遂出奔遼海 後裔因家焉 爲豆氏我皇唐征有遼之不庭 兵戈次玄兎之野. 君考夫卒慕遠祖融河外納款 遂斬九夷列城之將 稽顙旌門. 扶邑落塗炭之人 歸誠▨闕. 天書大降 榮寵一門. 昆季五人 衣朱拖紫. ▨犂木二州▨▨諸軍事 賜紫金魚袋. 君以岳牧子 解▨檢校▨▨▨軍事"(「豆善富 墓誌銘」). 판독문은 안정준, 「豆善富 墓誌銘과 그 一家에 대한 몇 가지 검토」, 『인문학연구』 27, 2015를 참고하였다.

제의 신무제神武帝(고환高歡)와[53] 이주조爾朱兆에게 패하여 죽은 것이 문헌에 나
타난다.[54]

문헌에 의하면 보번이 죽은 후 그 무리가 흩어져 도망했다고 하는데, 두선부
의 선조는 바로 이 과정에서 고구려에 들어왔을 것이다.[55] 두선부 가문의 경우
는 북위 말에서 북제 건국에 이르는 시기의 분열과 혼란으로 발생한 화북의 군
민 집단이 고구려에 귀부한 사례이며, 앞서 검토한 강과 집단처럼 고구려로 망
명할 때 지휘부 이하의 일정 규모를 이룬 집단이었을 가능성이 높다.

고구려에 들어온 두선부의 선대는 고구려에서 어떤 정치·사회적 대우를 받
았을까. 두씨 일가는 530년대에 고구려에 망명한 이래 두선부의 부친(두부豆夫)
이 당군에 항복한 660년대까지 130여 년 이상을 머물러 있었던 것으로 보인
다.[56] 그런데 이들이 당으로 귀부하는 과정 및 그 이후의 행적을 살펴보면, 고구

---

53 고환(496~547)은 북제北齊의 기초를 쌓아 올린 인물이다. 자신은 제위에 오르지 않았지
만, 그의 아들인 고양高洋(문선제)이 북제를 건국한 후에 아버지 고환의 묘호를 고조高祖,
시호를 신무제로 추증하였다.

54 "初 榮既死 莊帝詔河西人紇豆陵步蕃等令襲秀容 兆入洛後 步蕃兵勢甚盛 南逼晉陽 兆所
以不暇留洛回師饗之 兆雖驍果 本無策略 頻爲步蕃所敗 於是部勒士馬 謀出山東 令人頻
徵獻武王於晉州 乃分三州六鎮之人 令王統領 既分兵別營 乃引兵南出 以避步蕃之銳 步
蕃至於樂平郡 王與兆還討破之 斬步蕃於秀容之石鼓山 其衆退走"(『魏書』卷75, 列傳63,
爾朱兆).

55 두선부의 선조는 흘두릉보번의 후손이거나 그의 예하에 있던 선비 계통의 지휘부였던 것
으로 추정된다(이하 관련 내용은 안정준, 앞의 논문, 2015의 내용을 주로 참조).

56 6세기 이래 두씨 일가가 고구려에서 실제 활동했는지 여부는 문헌 기록상으로는 확인되
지 않는다. 다만 『자치통감』에 따르면 658년(보장왕 17) 6월, 당나라의 영주도독 겸 동이
도호營州都督兼東夷都護 정명진程名振과 우령군중랑장右領軍中郎將 설인귀薛仁貴가 군대를
이끌고 고구려의 적봉진赤烽鎭을 공격해왔을 때 고구려의 대장大將 두방루豆方婁가 군대
3만을 이끌고 맞서 싸웠다(『資治通鑑』卷200 唐紀16 高宗天皇大聖大弘孝皇帝 顯慶3年
(658) 6月]. 이때 두방루라는 인물이 고구려의 고위 무관직을 역임했음을 알 수 있지만

려에 있을 당시에도 어느 정도의 정치·군사적 지위와 실력을 갖추고 있었으리라는 점을 알 수 있다. 위 기록에서 당의 고구려 침공 당시 두부豆夫가 변경 요새의 고구려 장수 목을 벤 뒤 도탄에 빠진 읍락의 주민을 이끌고 갔다는 서술은 그 무렵 그가 지니고 있던 정치·사회적 지위의 한 면모를 보여주는 것이다. 이러한 추정은 두부가 당에서 역임한 관직들을 통해서도 일부 뒷받침된다. 두부는 당에 귀부하면서 이·목 2주▨▨▨군사에 제수되었고 자금어대紫金魚袋를[57] 사여받았다고 기록되어 있다.

이주犂州는 안서도호부 산하의 대한도독부大汗都督府 소속 15주 가운데 하나이며,[58] 목주木州는 문헌에는 보이지 않으나 안서도호부 내에서 이주와 인접한 기미주 가운데 하나로 추정된다. 그리고 자금어대는 당에서 보통 관직 4품 이상의 고관에게 내려졌다.[59] 이러한 사실로 미루어 두부는 당의 서역 지역에서 기미주 통치와 관련된 직무를 수행했던 고관이었을 것이라고 짐작할 수 있다. 이러한 정치적 지위는 두부가 당으로 귀부할 당시, 혹은 입당入唐 이후에 세운 공적이 일부 참작된 결과일 수도 있다. 만약 그가 고구려에서 본래 한미한 지위였거나 일정 지위 이상의 정식 군관이 아니었다면 당에 망명한 이후 위와 같은 직위에 오르는 일은 사실상 불가능했을 것이다.

그가 두선부의 가문과 직접 관련되었는지는 여전히 불분명하다.

[57] 어대魚袋는 당대唐代 이래 공복公服에 패용하여 관의 등위를 구분짓는 물고기 모양의 장식물이다. 당 현종대에 이르러 어대제魚袋制가 제도화되어 자금어대·비은어대緋銀魚袋 등 공복과 어대가 합쳐진 용어가 사료에 나온다. 관직명 뒤의 어대 표기는 의무화되기도 했는데, 대체로 현종 말년에서 당 말기에 이르는 시기에 자금어대는 관계官階 4품 이하, 관직官職 4품 이상인 자가 관직명 뒤에 병기했다.

[58] 『新唐書』 卷43下, 志33下, 地理7下, 羈縻州, 隴右道, 河西內屬諸胡, 安西都護府.

[59] 『唐會要』 卷31, 輿服上章服品第;『通志二十四略』 器服略;『宋史』 卷152, 輿服5, 公服.

이처럼 본래 고구려에 아무런 기반이 없었던 두쎄 일족이 530년대에 고구려로 망명한 이후 130여 년간 일정한 정치적 기반을 유지할 수 있었던 배경은, 이들이 망명하기 이전부터 어느 정도의 정치·사회적 명망을 갖추고 있었을 뿐만 아니라 망명 당시 이끌고 왔던 세력으로부터 힘을 얻었기 때문일 것이다. 즉, 망명 이후로도 예하 세력과 유대를 존속하면서 영향력을 일정 기간 유지했을 것이며, 고구려는 그에 상응하는(또는 그를 인정하는) 정도의 정치적 지위를 그들에게 부여했을 것이다.

강과와 두선부 집단의 사례를 살펴보건대, 530년대에 그들이 고구려행을 택한 것은 '막연한 기대'만 가지고 결행되었다고 보기 어렵다. 이는 적어도 고구려 측에서 유민수를 비롯한 지배층이 기존에 지녔던 정치·사회적 지위를 인정해주고, 그 일환으로 그들과 예하 주민의 유대를 단절시키지 않으며 그 영향력도 일부 유지해주는 등의 정책을 지속해왔던 것이 하나의 배경으로 작용했을 것이다.

2) 유이민 집단의 안치와 관할

고구려의 유민수 우대 정책이 향후 '위말유인'의 지속적인 유입을 유도하려는 의도였다면, 일부 지배층에 대한 혜택만으로는 다수의 유이민이 계속 유입되기를 기대하기는 어려웠을 것이다. 그러므로 이들에 대한 우대 정책은 단순히 지휘부에만 국한되는 것이 아닌, 그 예하의 기층을 이루는 주민에 대해서도 어떤 방식으로든 적용되었을 것으로 보인다. 강과 및 두쎄 일가가 고구려로 망명했을 당시, 이들이 이끌고 왔던 주민집단이 그 영향력하에 있었던 구체적인 정황 및 관련 기록은 찾아보기 어렵다. 다만 이와 관련하여 다음의 기록을 주목할 필요가 있다.

천하가 어지럽고 이반하여 융적戎狄이 강역을 엿보았는데, 효창孝昌 연간 (525~527)에 (이적의) 제어에 실패하니 고려의 침구侵寇를 받아 (공은) 요동에 연행(攤)되었다. (고려는) 비록 이적이었지만 크게 서로 이끌어 접대하였다. (공의) 명성을 흠모하고 덕을 우러러보아서 항품恒品과 달리 우대하여 아직 평양의 교외를 밟지 않았음에도 태사太奢의 직을 내렸다. (공은) 그것을 좋아 하지 않음이 본심에서 나와 병을 핑계로 사양하고 끝내 굽히지 않았다. 변 함없이 절의를 지킨다는 것은 이런 경우를 이름이 아니겠는가! 화하의 인민 이 안정되고 새로운 왕조가 서니, 동류同類 500여 호를 이끌고 조정에 귀의 하여 나라를 받들었다. 충절을 가상히 여겨 작爵으로 그 공을 보상하고 용성 현령에 제수하였다.[60]

위 기록은 1977년 요녕성 조양시朝陽市 북교北郊 낭산狼山에서 출토된 대도 독한부군지묘지명大都督韓府君之墓誌銘(이하 '한기 묘지명')의 내용 중 일부이다. 한기韓曁는 창려군 용성현 출신으로[61] 북제를 거쳐 수에서 벼슬했던 인물이며, 개황開皇 10년(590)에 53세로 사망하였다. 위 내용은 묘주의 부친인 한상韓詳의

---

60 "天下亂離 戎狄窺彊 孝昌失馭 高麗爲寇 被攤遼東 雖奔服爲夷 大相引接 欽名仰德 禮異恒 品 未履平壤之郊 拜太奢之職 非其好也 出自本心 辭之以病 竟無屈矣 執節無變 斯之謂乎 華夏人安 宗祧更立 率領同類五百餘戶 歸朝奉國 誠節可嘉 爵以酬功 授龍城縣令"(「大都 督韓府君之墓誌」). 한기韓曁 묘지명에 대해서는 朱子方·孫國平,「隋'韓曁墓誌'跋」,『北方 文物』1986-1, 1986에서 기초적인 개관이 이루어진 바 있다. 본문의 판독문은 井上直樹, 「韓曁墓誌を通してみた高句麗の對北魏外交の一側面―六世紀前半を中心に」,『朝鮮學 報』178, 2001, 5~8쪽을 주로 참조하였다.

61 묘지명에서는 묘주의 가문에 대해 "주周와 동성同姓으로 제곡帝嚳의 종宗에서 나뉘었으 며, 진조晉朝의 봉작을 받아 비로소 한후韓侯의 족속으로 이어졌다"고 언급하였다("與周 同姓 分基帝嚳之宗 紹封晉朝 始嗣韓侯之族"). 이는 곧 멀리 주周 왕실에서 진晉으로 이어 지는 정통 한족漢族 가문임을 표방한 것으로 이해된다.

행적에 관한 서술이다. 기록에 따르면 북위 효창 연간(525~527)에 영주 지역이 고구려의 침입을 받았는데, 그 과정에서 한상이 고구려군에 의해 '요동'(고구려)으로 끌려갔다. 이후 한상은 화북에 새 왕조가 들어서자 '동류' 500여 호를 이끌고 돌아갔다.

위 기록에서는 효창 연간에 고구려가 영주 지역을 '침구'했음을 언급하고 있다. 이러한 사실은 문헌에서는 확인되지 않는다. 그럼에도 불구하고 몇 가지 정황을 들어 고구려가 실제로 영주 지역을 침공했을 가능성이 제기되었다. 첫째, 효문제 이후 거의 매해 북위에 입조하던 고구려가 520~531년 사이에 더 이상 입조하지 않고, 그 대신 효창 연간에 남조 양梁에 조공사를 2회 파견하는 등 고구려와 북위의 관계가 악화일로를 걸었다는 점,[62] 둘째, 북위가 영토 내에 남영주南營州를 교치한 것은 고구려에 의해 영주 지역을 빼앗겼기 때문으로 추정된다는 것이다.[63]

그러나 다른 기록에 관련 기사가 없는 이상, 한기 묘지명의 기록만으로는 고구려가 실제로 영주 일대를 영역화했는지, 혹은 그 지역에서 군사 활동을 했는지를 단정하기 어렵다. 우선 고구려가 효창 연간 직전인 523년(안장왕 5년)에도 북위에 사신을 보내서 양마良馬 10필을 진상하는 등 양국 간에 친선이 유지되었던 양상이 나타난다.[64] 또한 북위가 영주 지역의 유민을 타 지역에 교치한 것은 6진의 난 이래 영주 일대에 대한 지배력을 상실했고 이로 인해 일부 유민이

---

62 朱子方·孫國平, 앞의 논문, 1986, 39~40쪽; 井上直樹, 앞의 논문, 2001, 21~27쪽.

63 이성규, 「4세기 이후의 낙랑교군과 낙랑유민」, 『중국과 한국』, 서해문집, 2005, 240쪽.

64 "十一月 遣使朝魏 進良馬十匹"(『三國史記』 卷19, 高句麗本紀7, 安藏王 5年). 이 기사는 『삼국사기』 고구려본기에만 독자적으로 전승되고 있지만, 구체적인 교섭 내용이 기재되어 있어 실재했던 사건으로 볼 수 있다(임기환, 「고구려본기 전거 자료의 계통과 성격」, 『韓國古代史研究』 42, 2006, 36쪽).

북위의 통제하에 이주해왔음을 의미할 뿐, 그것이 곧 고구려가 영주 지역에서 군사 활동을 했다거나 그 지역을 영역화했음을 뒷받침하는 확실한 근거는 되지 못한다. 실제로 동위·북제가 건국 이후 영주 일대에 대한 영향력을 회복하기 이전까지 고구려가 이 일대에서 활동했다거나 퇴각했다는 기록은 전혀 남아있지 않다.

오히려 위 기록이 정사가 아닌 개인 묘지이며, 묘주인 한기가 출사했던 수나라가 (묘지가 작성된) 613년 바로 그즈음에 고구려와 한창 전쟁 중이었다는 점을 곱씹을 필요가 있다.[65] 부친 한상이 과거에 주민과 함께 고구려에 자발적으로 넘어간 전력이 있다고 하더라도, 고구려-수 전쟁이 벌어지는 와중에 그 사실을 있는 그대로 기술하기는 쉽지 않았을 것이다. 이 때문에, 한상이 고구려의 제의에 비타협적으로 응대했다는 부분, 그리고 이를 본조에 대한 절의와 충절로 묘사하고 있는 부분, 더욱이 한상이 고구려군에 강제로 연행된 것처럼 기술한 대목은 그 신빙성을 충분히 의심해볼 수 있다.

앞서 언급한 대로 523년 6진의 난 이래로 영주와 평주 일대에서 의지할 곳이 없어진 다수의 '위말유인'이 고구려에 자발적으로 이주했으며, 강과 집단 및 두씨 일족이 예하의 군민을 이끌고 고구려에 귀부한 시기는 각각 528년경과 530년경이다. 이 시기는 안주, 영주 등 동북방의 유이민 다수가 고구려로 유입되던 효창 연간이었다. 영주와 평주 일대에 토착 기반을 두고 있던 한상 역시 이 시기의 환란을 피해서 그의 종족·향당 등 주민을 거느리고 고구려로 귀부했을 가능성이 높다. 설사 520년대에 영주 일대에서 고구려군이 실제로 일시 활동했고 그로 인해 한상이 고구려에 끌려왔다고 하더라도, 이후 그가 고구려에서 받은

---

65 612년에 수양제의 113만을 동원한 1차 고구려 원정이 있었으며, 이듬해인 613년 4월에 다시 양제의 2차 원정이 이어졌다(『三國史記』 高句麗本紀8, 嬰陽王 23, 24年).

대우는 단순히 노획된 신분으로서가 아닌 '자발적' 귀부의 결과로 보는 것이 자연스럽다.

위 기록에서는 "(공의) 명성을 흠모하고 덕을 우러러보아서 항품恒品과 달리 우대하여 태사太奢(대사자)의 직을 내렸다"고 했다. 그러나 한상이 일개 망명인 신분이며 고구려로 들어오기 전 평주의 속리에 불과했다는 점을 떠올려보면, 고구려가 그의 옛 관직 등급이나 인품을 우대해서 태사라는 고위 관등을 수여했다고 보기는 힘들다. 따라서 한상이 영주 일대에서 지녔던 토착적 기반과 그 예하의 주민집단에 더 주목할 필요가 있다.

기존 연구에서는 한상의 아들 한기가 수대에 거란 등 주변 제족을 상대하는 외교 관련 임무에 종사하여 공을 세웠다는 기록을[66] 토대로 그 집안이 오랫동안 영주 일대에 기반을 두었으며 이 지역에 미치는 영향력이 결코 작지 않았을 것으로 보기도 했다.[67] 또한 한상의 집안과 그의 부인 집안이 모두 과거 낙랑군의 유력세력이었던 한씨韓氏와 왕씨王氏에 각각 기원을 두고 있는데, 두 집안의 혼인을 통해 한상이 영주 일대에서 막강한 영향력을 가질 수 있었다고 추정했다.[68] 실상 한상이 중국으로 돌아갈 때 '동류'라고 칭해진 중국인 500여 호를 거느리고 돌아갔다는 사실 자체로도 그가 본래 중국인 사회에서 어느 정도 사회

---

66 "開皇四年 總管陽洛公以東北一隅 九夷八狄 綏懷撫慰 不易其人 自非雄略英謀 罕當斯冀.
    遂上表特奏 君與北平總管府參軍事劉季略往契丹國奬導諸部. 未幾 敕授都督 宣揚皇化
    夷狄傾心 屈膝稽顙咸希朝賀. 七年 領大將軍契丹國大莫弗入朝 在禮泉宮引客奉見 詔問
    東夷北狄安撫之宜 招懷利害. 對答天旨文皇嘆尙 撫手咨嗟. 又除⊠都督 賜繪二百段. 十
    年 以君久在外蕃 頻有勞績 特敕追入朝 授大都督 恩詔慰喩 朝野榮之. 黥有憪心 隨何之
    力 尉陀供命 陸賈爲功. 持古況今 可得而喩"(「韓暨 墓誌銘」).

67 이성제, 앞의 책, 2005, 156~157쪽.

68 이성규, 「4세기 이후의 낙랑교군과 낙랑유민」, 『동아시아 역사 속의 중국과 한국』, 서해
    문집, 2005, 240~242쪽.

적 명망과 지위를 갖추고 있었던 인물임을 알 수 있다.[69]

이러한 토착적 기반을 통해 한상은 고구려에 귀부할 때부터 이미 종족·향당을 비롯한 많은 주민을 예하에 거느렸을 가능성이 높다. 고구려가 귀부해온 한상에게 기존의 관례(항품)보다 우대한 대사자 관등을 수여했던 이유도 그가 영주 지역의 토착 실력자이자 상당히 큰 규모의 집단을 거느리고 귀부해왔기 때문일 것이다.[70] 이는 강과 및 두씨 일가가 그들의 세력을 기반으로 고구려에서 일정한 정치적 지위를 부여받았던 사례와도 무관하지 않다고 생각된다. 결론적으로 위 기록에서 한상이 이끌고 중국 왕조에 귀의했다는 '동류' 500여 호란 그가 고구려에 귀부하기 전부터 이미 연계되어 있던, 즉 거느리고 왔던 주민들일 것이다.

또한 한상이 고구려에 귀부할 당시 영도했던 주민을 10~20년이 지난 뒤에 다시 중국으로 데리고 갈 수 있었던 것은,[71] 그 많은 주민이 망명 이후 여러 지역으로 뿔뿔이 흩어져 살지 않고 본래적 구성을 유지한 채 상당 기간 그의 영향력하에 있었을 가능성을 보여준다. 이는 곧 고구려가 망명해온 유민수와 예하 주민의 유대를 상당 기간 단절시키지 않고 같은 지역에 안치했을 가능성을 알려주는 것이다.

이러한 상황이라면 고구려가 정착 초기의 유이민을 편성하고 수취한 방식

---

69 井上直樹, 앞의 논문, 2001, 30쪽.

70 이성규, 앞의 책, 2005, 240쪽.

71 기록에 따르면 한상은 효창 연간(525~527)에 고구려에 들어왔다. 이후 중국 왕조로 돌아간 것은 538~539년에 동위東魏로부터 정식 송환 요구가 있었을 때(이성제, 앞의 책, 2005, 151쪽), 혹은 북제가 최유를 보내 5천여 호를 쇄환했던 양원왕 8년(552)의 일로 보기도 한다(井上直樹, 앞의 논문, 2001, 32쪽 주20). 한상이 본조로 귀환한 시기는 단정할 수 없지만 최소 10여 년 이상 고구려에 머물러 있었던 것으로 추정한다.

도 함께 연관지어 생각해볼 수 있다. 먼저 고구려는 이주해온 유이민의 집단적 편제를 한시적으로나마 유지했을 가능성이 있다. 원래 '위말유인'은 한인이 다수를 차지했을 것이며 두선부의 선조처럼 선비 계통도 존재했다. 또한 그 구성원들은 일반 농민뿐만 아니라 강과와 두씨 집단과 같이 성민·군민 집단으로 이루어진 경우도 있었다. 따라서 그 주민은 유입 당시 고구려 내의 과호課戶 편성 기준과는 다른 다양한 형태로 존재했을 것이며, 고구려도 형편상 이를 단기간에 인위적으로 재편성(과호)하기가 쉽지 않았을 것이다.

그러므로 고구려는 주민 관할을 비롯한 수취상의 편의를 위해서도 한시적으로나마 이전의 집단적 편성을 해체하지 않고, 유민수의 기존 관할권도 어느 정도 인정하는 범위에서 유지했을 가능성이 있다. 이때 유이민 집단에 대한 수취는 과호 편성이 아직 이루어지지 않은 상태일 것이기에 먼저 기본적으로 파악되었을 '인' 단위만을 기준(인두세)으로 부과했던 것이 아닌가 생각된다. 또한 고구려는 이주민의 안정적인 정착을 위해 이들에게 일정 기간 세제상의 우대 혜택을 주었을 것으로 보인다.[72] 이는 새로운 지역에서 정착 기반과 경제적 배

---

72 비록 후대의 기록이기는 하나 당대唐代에도 '자발적'으로 이주하여 귀화한 외번인투화자外蕃人投化者에 대해서는 10년간 요역 면제 등 세제에서 우대 조처가 있었다[仁井田陞, 『唐令拾遺』第23, 賦役令, 682쪽; 『唐律疏議』卷4 名例律, '會赦應改正徵收'條의 疏議, 97쪽. 이에 대해서는 호리 도시카즈堀敏一 지음, 정병준·이원석·채지혜 옮김, 『중국과 고대 동아시아 세계』, 동국대학교출판부, 2012, 329~331쪽을 참조]. 일본에서도 7세기 후반 고구려, 백제, 신라에서 귀화한 자('삼한제인三韓諸人')와 함께 온 자손들에게 10년간의 과역 면제 조처가 있었으며[天武天皇 10년(681) 8월 丁卯朔], 지토천황持統天皇대에 들어서면 한반도계 도래인들을 기내畿內에서 멀리 떨어진 동국東國(지금의 도쿄東京, 지바千葉 일대)에 본격적으로 이주시켜 미개척지를 개발하는 데 활용하기도 했다(김현구·박현숙·우재병·이재석, 『일본서기 한국관계기사 연구(III)』, 일지사, 2004, 316~317쪽과 344~348쪽을 참조). 영토 내로 들어온 외래 주민의 편제와 지배에 대한 구체적인 규정은 국가별로 조금씩 다르게 나타나기는 하지만 대체로 그들 모국의 습속이 유지되었고, 거주지 내

려가 필요했던 주민의 요구와 맞아떨어졌을 것이며, 앞서 언급한 대로 향후 화북 유이민의 지속적인 내투來投를 유도하기 위한 정책의 일환이기도 했다. 따라서 정착 단계에 있는 유이민의 인두세 부담은 한시적이나마 일반민보다 훨씬 적었을 것이다.

이들에게서 거둬들이는 수취 품목에서도 고구려 일반민(견·포·속)과 차등을 두었을 것이다. 정착 초기의 유이민에게 높은 생산성을 기대하기도 어렵지만, '위말유인'은 농경민 외에도 군사적 성격이 강한 군민 집단도 존재했으며 선비족 등 비한인非漢人 계통도 상당수 있었을 것이다. 이들에게 정착 단계부터 포·속 등의 품목을 일률적으로 징수하기는 어려웠을 것이다. 아마도 이때 고구려가 '유인'에게 부과한 세포는 일반 포처럼 개별 민호에서 제작되는 것이 아닌, 전문 직공 등 수공업자들이 만든 것일 수 있다. 요컨대 고구려는 수취 품목을 개별 유민수의 주도하에 수공업자들을 동원해 생산할 수 있는 품목으로 한정함으로써 정착 초기의 주민집단에 대한 수취 과정을 간소화하고 그 부담도 줄이고자 했을 것이다.

'유인'에 대한 인두세 징수는 국가에서 부과한 총액을 우두머리(유민수)가 1차로 징수한 뒤 그것을 지방관에게 납부하는 방식으로 이루어졌을 것으로 추정한다. 매년이 아닌 3년 단위의 징수가 이루어진 것은 고구려의 호구조사가 이루어지는 3년마다[73] 유민수를 통해 인두 수를 보고받았던 것과 관련 있을 것이다. 또한 3년 간격으로 수취함으로써 정착 초기에 유민수의 관할권에 대한 간

의 자치적인 운영도 일부 허용되었다(박이순, 「高麗·唐·日本에 있어서의 歸化(人) 관련의 법 연구」, 『한국민족문화』 43, 2012, 90~101쪽). 이러한 각국의 정책은 한편으로는 이후 외래인의 지속적인 내투를 유도하려는 방편이기도 했을 것이다.

73 林起煥, 앞의 논문, 1995, 200쪽.

섭을 최소화했던 것이 아닌가 생각된다. 물론 '유인'에 대한 특수한 편성과 인두세에 우대를 적용했다고 해서 요역 등 다른 종류의 부담도 아예 없었을 것이라고 연동하여 생각할 수는 없다. 이들 집단의 특성을 고려한 군사적 동원이나 대규모 노동력이 투입되는 비정기적 역사役事에 별도로 동원되었을 가능성도 배제할 수 없다. 다만 그것은 일반민과는 별도로 적용되는 형태였을 것이다.

개별 유이민 집단에게 '유인' 조항이 적용되는 기간은 정확하게 파악하기 힘들지만 대략적인 추정은 해볼 수 있다. 이 조항이 이주민의 안정적인 정착이라는 의도에서 마련되었다는 점, 7~8세기 당이나 일본의 경우에도 귀화인의 정착을 위한 과역 면제 기간이 일반적으로 10년 정도로 나타난다는 점 등을 고려한다면,[74] 고구려의 '유인' 조항도 10년을 크게 넘지 않는 범위 내에서 적용되었을 것이다.

그러나 고구려는 말기까지 욕살 등 상위 지방관이 예하에 말갈·거란 등의 이종족을 관할한 경우가 있었고, 이 가운데는 원래의 부락 형태와 거수渠帥의 지위를 상당 기간 유지시킨 것으로 보이는 사례도 나타난다.[75] 고구려의 이 같은 이종족 지배 양상을 고려할 때, 농경에 익숙하지 않거나 군사적 활용도가 높은 집단, 혹은 기존의 습속이 독특하거나 사회적·지연적 결합이 강고하게 나타나는 집단 등에 한해서는, 더 이상 '유인' 조항 전반을 적용하지 않더라도 필요에 따라 그 집단적 편성 및 지도부의 일부 관할권 등을 장기간 유지시켰을 가능성도 배제할 수 없다.

마지막으로 '유인' 조항이 『수서』 고려전에 기록된 배경을 간략히 살펴보자. 520년대에 시작된 화북 유이민 파동과 이들의 고구려 유입은 최소 30여 년 이

---

74 이 책 308쪽의 주 72 참조.

75 안정준, 앞의 논문, 2013, 214~215쪽.

상 지속된 것으로 보이며, 이에 따라 고구려의 유이민 확보 정책도 상당 기간 유지되었을 것으로 보인다. 『수서』 고려전에 '유인' 조항이 기술된 이유도 이와 같은 정책이 오래 지속된 것과 관련 있다고 생각된다. 물론 고구려 사회에서 중국계 유이민의 비중을 일반민 다음으로 볼 수는 없다. 다만 이들의 존재와 고구려의 대우 내용은 북위 말 이래 주변국의 상황을 채록하여 보고하는 중국인 관리나 이를 선별해 집필하는 찬자의 특별한 관심 대상이었을 가능성이 높다.

특히 6세기 초·중반 이래로 장기간에 걸친 고구려의 유이민 수용 정책은 화북 일대의 혼란을 수습하고 새로 들어선 동위, 북제 등의 국가들을 자극했을 것이다. 동위가 고구려에 강과를 비롯한 유이민들을 돌려줄 것을 요구한 것은 효정제가 나라를 세운 직후인 천평天平 연간(534~537)의 일이었으며, 이후 북제의 유이민 송환 요구도 문선제가 북제를 세운 지 불과 2년 뒤인 천보天保 3년(552)의 일이다. 즉, 화북의 왕조들은 고구려로 들어간 '위말유인'의 송환을 건국 직후부터 요구했던 것이다.

이 화북 왕조들은 기본적으로 유교적인 덕치 이념을 근간으로 왕조를 창업한 이상, 북위 말의 대혼란 이후 세워진 자기 정권의 정당성을 내세우는 상징적인 차원 외에도 실질적으로 유이민 파동을 진정시키기 위한 노력을 기울이지 않을 수 없었다. 또한 화북 유이민이 지속적으로 발생하여 외국으로 빠져나가는 문제는 남북조의 혼란을 종식한 수대隋代에도 역시 주요 관심사였을 것이다. 『북사』와 『수서』에 기재된 수양제의 조서에서는 고구려가 '망반亡叛(유망인)'을 '꾀어냈음'을 정벌의 한 명분으로 기록했는데,[76] 이는 고구려의 중국계 유이민 확보 정책이 수 조정에서도 여전히 주목되고 있었음을 알려준다. 특히 수대에

---

76 "誘納亡叛 不知紀極"(『北史』 卷12, 隋本紀下12, 煬帝, 楊廣; 『隋書』 卷4, 帝紀4, 煬帝, 楊廣下, 大業 8年).

는 사신 파견과 전쟁 등을 통해 고구려 사회에 대한 여러 정보가 다수 수집되었을 것이다.[77] 이 시기 중국 사신의 이동 경로로 살펴보건대, 요동에서 평양에 이르는 지역에 안치된 다수의 중국계 주민에 대한 실상과 관련 정책에 대한 정보는 이들에 의해 채록되었을 가능성이 높다. 이러한 점들을 종합해보면 『수서』 고려전의 '유인' 조항은 곧 6세기 초·중반 이래로 수대까지 중원왕조의 관심이 지속된 고구려의 유이민 정책과 관련해 채록된 기사 가운데 하나였다고 볼 수 있다.

다만 '유인' 조항이 『수서』 고려전의 편찬 이전부터 고구려의 조세 조항 형태로 남아있었는지, 혹은 '풍속기' 등 사회·풍속과 관련한 제반 기사들과 함께 있던 것이 나중에 찬자에 의해 별도로 선별, 편집된 것인지는 현재로선 알기 어렵다. 다양한 가능성을 고려하는 가운데 좀 더 구체적으로 이를 뒷받침할 기록이 있는지를 향후 검토할 필요가 있다.

---

77 李康來, 앞의 논문, 1998, 213~215쪽.

참고문헌

1. 단행본

1) 한국어

가와카쓰 요시오(川勝義雄) 지음, 임대희 옮김, 『중국의 역사: 위진남북조』, 혜안, 2004.

강종원, 『백제 국가권력의 확산과 지방』, 서경문화사, 2012.

강현숙, 『고구려와 비교해 본 중국 한, 위·진의 벽화분』, 지식산업사, 2005.

고구려연구재단 편, 『(南北共同遺蹟調査報告書) 평양일대 고구려유적』, 고구려연구재단,
    2005,

孔錫龜, 『高句麗 領域擴張史 硏究』, 書景文化社, 1998.

국립중앙박물관 편, 『樂浪』, 솔, 2001.

權五榮, 『한국사 6—삼국의 정치와 사회Ⅱ(백제)』, 국사편찬위원회, 1995.

권오중, 『요동왕국과 동아시아』, 영남대학교출판부, 2012.

權五重, 『樂浪郡硏究』, 一潮閣, 1992.

金基雄, 『韓國의 壁畵古墳』, 同和出版公社, 1982.

김기흥, 『삼국 및 통일신라 세제의 연구—사회변동과 관련하여』, 역사비평사, 1991.

金錫亨, 『朝鮮封建時代 農民의 階級構成』, 신서원, 1993.

김용준, 『고구려고분벽화연구』, 과학원출판사, 1958.

김정배 編著, 『한국고대사입문 2—삼국시대와 동아시아』, 신서원, 2006.

김현구·박현숙·우재병·이재석, 『일본서기 한국관계기사 연구(Ⅲ)』, 일지사, 2004.

김현숙, 『고구려의 영역지배방식 연구』, 모시는사람들, 2005.

盧重國, 『百濟政治史硏究』, 一潮閣, 1988.

노중국, 『백제의 대외 교섭과 교류』, 지식산업사, 2012.

도미야 이타루(富谷至) 지음, 임병덕 옮김, 『목간과 죽간으로 본 중국 고대 문화사』, 사계절, 2005.

동북아역사재단 編, 『고구려의 문화와 사상』, 동북아역사재단, 2007.

리송(李松) 지음, 이재연 옮김, 『중국미술사 1』, 다른생각, 2011.

리순진, 『락랑구역일대의 고분발굴보고』, 백산자료원, 2003.

리지린·강인숙, 『고구려사 연구』, 사회과학출판사, 1976.

리철영, 『고국원왕릉』, 사회과학출판사, 2010.

문안식, 『백제의 흥망과 전쟁』, 혜안, 2006.

미사키 요시아키(三崎良章) 지음, 김영환 옮김, 『五胡十六國』, 景仁文化社, 2007.

미야자키 이치사다(宮崎市定) 지음, 임대희 옮김, 『구품관인법의 연구』, 소나무, 2002.

박대재, 『고대한국 초기 국가의 왕과 전쟁』, 경인문화사, 2006.

朴性鳳 編, 『高句麗 南進 經營史의 硏究』, 白山資料院, 2000.

박시형, 『광개토왕릉비』, 사회과학원출판사, 1966.

박진석, 『高句麗 好太王碑 硏究』, 아세아문화사, 1996.

朴漢濟, 『中國中世胡漢體制硏究』, 一潮閣, 1988.

白南雲, 『朝鮮社會經濟史』, 改造社, 1933.

사회과학원, 『덕흥리고구려벽화무덤』, 조선화보사, 1981.

社會科學院, 『德興里高句麗壁畵古墳』, 朝鮮畵報社, 1986.

사회과학원연구소, 『조선전사—중세편(3)』, 과학백과사전출판사, 1979.

손영종, 『고구려사(1)』, 과학백과사전종합출판사, 1990.

손영종, 『고구려사(3)』, 과학백과사전종합출판사, 1999.

손영종, 『高句麗史의 諸問題』, 신서원, 2000.

손영종, 『광개토왕비문 연구』, 중심, 2001.

손영종, 『조선단대사 (고구려사 2)』, 과학백과사전출판사, 2007.

양상인, 『조선 고대 및 중세초기사연구』, 백산자료원, 1999.

여호규, 『고구려 초기 정치사 연구』, 신서원, 2014.

오영찬, 『낙랑군 연구』, 사계절, 2006.

왕젠췬(王健群) 지음, 임동석(林東錫) 옮김, 『廣開土王碑 研究(原題 : 好太王碑 研究)』, 역민
　　사, 1985.

우훙(巫鴻) 지음, 김병준 옮김, 『순간과 영원』, 아카넷, 2001.

李康來, 『三國史記 典據論』, 民族社, 1997.

李基白·李基東, 『韓國史講座―고대편』, 一潮閣, 1982.

이나경·장은정·함순섭, 『平壤 石巖里 9號墳』, 국립중앙박물관, 2018.

이도학, 『고구려 광개토왕릉비문 연구』, 서경문화사, 2006.

이동훈, 『고구려 중·후기 지배체제 연구』, 서경문화사, 2019.

李丙燾, 『韓國古代史研究』, 博英社, 1976.

李丙燾, 『韓國史―古代編』, 乙酉文化社, 1959.

이성제, 『高句麗의 西方政策 研究』, 국학자료원, 2005.

李榮勳·金吉植·吳永贊·黃銀順, 『鳳山 養洞里 塼室墳』, 國立中央博物館, 2001.

李鐘學·李道學·鄭壽岩·朴燦圭·池炳穆·金賢淑, 『廣開土王碑文의 新研究』, 徐羅伐軍事研究
　　所, 1999.

임기환, 『고구려 정치사 연구』, 한나래, 2004.

장창은, 『고구려 남방 진출사』, 景仁文化社, 2014.

정동준, 『동아시아 속의 백제 정치제도』, 일지사, 2007.

정옌(鄭岩) 지음, 소현숙 옮김, 『죽음을 넘어』, 知와 사랑, 2019.

정완진, 『고구려 고분벽화 복식의 지역적 특성과 변천』, 서울대학교 박사학위논문, 2003.

정호섭, 『고구려 고분의 조영과 제의』, 서경문화사, 2011.

조법종, 『고조선·고구려사 연구』, 신서원, 2006.

주보돈, 『금석문과 신라사』, 지식산업사, 2002.

千寬宇, 『古朝鮮史·三韓史研究』, 一潮閣, 1989.

韓國古代社會硏究所 編, 『譯註韓國古代金石文(1)』, 駕洛國史蹟開發研究院, 1992.

한인덕, 『평양일대의 벽돌칸무덤에 관한 연구』, 사회과학출판사, 2002.

한인덕·김인철·송태호, 『평양일대의 벽돌칸무덤 삼국시기 마구에 관한 연구』, 백산자료원,
　　2003.

호리 도시카즈(堀敏一) 외 지음, 임대희 옮김, 『(세미나) 위진남북조史』, 서경문화사, 2005.

호리 도시카즈(堀敏一) 지음, 정병준·이원석·채지혜 옮김, 『중국과 고대 동아시아 세계』, 동

국대학교출판부, 2012.

2) 일본어

盖山林,『和林格爾漢墓壁畫』, 呼和浩特: 內蒙古人民出版社, 1978.

那珂通世,『那珂通世遺書』, 大日本圖書館株式會社, 1915.

藤田友治,『好太王碑論爭の解明』, 新泉社, 1986.

梅原末治,『書道全集(3)』, 平凡社, 1931.

門田誠一,『高句麗壁畫古墳と東アジア』, 思文閣出版, 2011.

榧本龜次郎·野守健,『昭和七年度古蹟調査報告』, 1932.

寺田隆信·井上秀雄 編,『好太王碑探訪記』, 東京: 三秀舍, 1975.

三上次男,『古代東北アジア史研究』, 吉川弘文館, 1977.

王建群,『好太王碑の研究』, 東京: 雄渾社, 1984.

李成市,『古代東アジアの民族と國家』, 東京: 岩波書店, 1998.

井內古文化研究室 編,『朝鮮瓦塼圖譜(1)』(樂浪·帶方), 1976.

井上秀雄,『古代朝鮮』, 日本放送出版協會, 1972.

井上秀雄,『東アジア民族史(1)』, 平凡社, 1974.

井上秀雄,『新羅史基礎研究』, 東出版, 1974.

町田章,『東アジアの裝飾墓』, 同朋舍出版, 1987.

齊藤忠,『壁畫古墳の系譜』, 學生社, 1989.

地內宏,『滿鮮史研究』上世 第1冊, 吉川弘文館, 1951.

靑山公亮,『帶方郡攷』,『朝鮮學報』48, 1968.

靑山公亮,『漢·魏時代の朝鮮』, 明治大學文學部史學地理學科, 1973.

坂元義種,『古代東アジアの日本と朝鮮』, 吉川弘文館, 1978.

3) 중국어

葛劍雄,『中國移民史(2)—先秦至魏晉南北朝時期』, 福州: 福建人民出版社, 1997.

姜維公,『高句丽历史研究论文提要』, 吉林文史出版社, 2008.

耿铁华,『高句丽好太王碑』, 吉林大学出版社, 2012.

内蒙古自治區文物考古研究所 編,『和林格爾漢墓壁畫』, 北京: 文物出版社, 2007.

譚其驤 主編,『中國歷史地圖集(3)— 三國・西晉時期』, 中國地圖出版社出版, 1996.

巫鴻 著, 施杰 譯,『黃泉下的美术: 宏观中国古代墓葬』, 生活・讀書・新知三聯書店, 2010.

陝西省古籍整理辦公室 編,『全唐文補遺(4)』, 三秦出版社, 1997.

孫仁杰・遲勇,『集安高句麗墓葬』, 香港亚洲出版社, 2007.

孫進己・馮永謙,『(北方史地理叢書) 東北歷史地理(2)』, 黑龍江人民出版社, 1989.

嚴耕望,『中國地方行政制度史 — 秦漢地方行政制度』, 上海古籍出版社, 2007.

姚薇元,『北朝胡姓考』, 臺北 華世出版社, 1977.

陳茂同,『中國歷代衣冠服飾制』, 百花文藝出版社, 2005.

陳永志・黑田彰・傅寧 主編,『和林格爾漢墓壁畫孝子傳圖摹寫圖輯錄』, 北京: 文物出版社, 2015.

2. 연구 논문

1) 한국어

葛繼勇,「신출토 入唐 고구려인「高乙德墓誌」와 고구려 말기의 내정 및 외교」,『韓國古代史研究』79, 2015.

강봉룡,「민의 존재형태」,『한국사 4』, 한길사, 1994.

강인숙,「고구려의 부수도 남평양」,『아시아학회 장춘연구대회 발표요지』, 1991.

姜鍾勳,「百濟 大陸進出說의 諸問題」,『韓國古代史論叢』4, 1992.

강종훈,「백제의 성장과 對中國郡縣 관계의 추이」,『韓國古代史研究』34, 2004.

강진철,「韓國土地制度史(上)」,『한국문화사대계II — 政治・經濟史(下)』, 高麗大學校民族文化研究所, 1965.

姜賢淑,「古墳을 통해 본 4・5세기대 高句麗의 集權體制」,『韓國古代史研究』24, 2001.

강현숙,「북한의 고구려 고고학 조사・연구의 성과와 과제」,『문화재』53-1, 2020.

孔錫龜,「安岳 3號墳의 墨書銘에 대한 考察」,『歷史學報』121, 1989.

孔錫龜,「廣開土王陵碑의 東夫餘에 대한 考察」,『韓國史研究』70, 1990.

孔錫龜,「德興里 壁畫古墳의 主人公과 그 性格」,『百濟研究』21, 1990.

공석구, 「고구려의 영역확장에 대한 연구―4세기를 중심으로」, 『韓國上古史學報』 6, 1991.

孔錫龜, 「安岳3號墳 主人公의 冠帽에 대하여」, 『高句麗研究』 5, 1998.

孔錫龜, 「平安·黃海道地方出土 紀年銘塼에 대한 研究」, 『震檀學報』 65, 1988.

孔錫龜, 「高句麗의 南進과 壁畵古墳」, 『韓國古代史研究』 20, 2000.

孔錫龜, 「안악3호분 主人公의 節에 대하여」, 『고구려발해연구』 11, 2001.

공석구, 「高句麗와 慕容'燕'의 갈등 그리고 교류」, 『강좌 한국고대사(4)』, 駕洛國史蹟開發研究院, 2003.

孔錫龜, 「4~5세기 고구려에 유입된 중국계 인물의 동향」, 『韓國古代史研究』 32, 2003.

孔錫龜, 「안악3호분의 幢에 대하여」, 『고구려발해연구』 19, 2005.

權五榮, 「고대 한국의 喪葬儀禮」, 『韓國古代史研究』 20, 2000.

권주현, 「高句麗 '遊人'考」, 『慶北史學』 23, 2000.

금경숙, 「高句麗의 '那'에 관한 研究」, 『江原史學』 5, 1989.

금창인, 「중국 내몽고 화림격이 벽화고분 연구」, 숙명여대 석사학위 논문, 2020.

금창인, 「중국 내몽고 화림격이 벽화고분의 벽화 주제와 구성 연구」, 『東洋美術史學』 12, 2021.

김근식, 「德興里 壁畵古墳의 墨書와 圖像 검토를 통해 본 鎭의 國籍」, 『東國史學』 52, 2012.

김근식, 「덕흥리벽화고분의 '觀者'묵서와 '觀覽者'」, 『韓國古代史研究』 101, 2021.

김기웅, 「武器와 馬具」, 『韓國史論』 15, 국사편찬위원회, 1985.

김기흥, 「고구려의 성장과 대외교역」, 『韓國史論』 16, 1987.

金基興, 「6·7세기 高句麗의 租稅制度―『隋書』 高句麗傳의 租稅條項 分析」, 『韓國史論』 17, 1987.

김대영, 「대평동벽돌무덤 발굴보고」, 『조선고고연구』 2012-1, 2012.

김락기, 「高句麗 守墓人의 구분과 立役方式」, 『韓國古代史研究』 41, 2006.

金樂起, 「京畿 남부 지역 소재 高句麗 郡縣의 의미」, 『高句麗研究』 20, 高句麗研究會, 2005.

金樂起, 「高句麗의 '遊人'에 대하여」, 『白山學報』 56, 2000.

金樂起, 「6~7세기 靺鞨 諸部의 내부 구성과 거주지」, 『高句麗渤海研究』 36, 2010.

김미경, 「高句麗의 樂浪·帶方地域 進出과 그 支配形態」, 『學林』 17, 1996.

김미경, 「高句麗 前期의 對外關係 研究」, 연세대 박사학위논문, 2007.

金秉駿, 「漢代 聚落 分布의 변화」, 『中國古中世史研究』 15, 2006.

김병준, 「秦漢帝國의 이민족 지배」, 『歷史學報』 217, 2013.

김수태, 「3세기 중후반 백제의 발전과 馬韓」, 『馬韓史硏究』, 忠南大學校 出版部, 1998.

김영환, 「5胡16國時期 羯族 정권 後趙의 文化變容 硏究」, 『중국학연구』 30, 2004.

김용남, 「새로 알려진 덕흥리고구려벽화무덤에 대하여」, 『력사과학』 1979-3, 1979.

金元龍, 「高句麗 古墳壁畵의 起源에 대한 硏究—韓國 古代美術에 對한 中國의 影響」, 『震檀
學報』 21, 1960.

金元龍, 「高句麗壁畵古墳의 新資料」, 『歷史學報』 81, 1979.

김인철, 「태성리3호벽화무덤의 축조년대와 주인공문제에 대하여」, 『조선고고연구』 2002-1,
2002.

김일규, 「안악3호분 벽화의 중원 색채와 그 의의」, 『한국고고학보』 2024-1, 2024.

김재용·고영남, 「최근에 발굴된 돌천정벽돌무덤」, 『조선고고연구』 2002-3, 2002.

金貞培, 「豆莫婁國硏究」, 『國史館論叢』 29, 國史編纂委員會, 1991.

金貞培, 「北韓出土 延熙二年銘 土器」, 『泰東古典硏究』 10, 1993.

김종복, 「高句麗 멸망 전후의 靺鞨 동향」, 『북방사논총』 5, 2005.

金鍾太, 「樂浪時代의 銘文考」, 『考古美術』 135, 1977.

金智姬, 「高句麗 故國原王의 平壤 移居와 南遷」, 서울대 석사학위논문, 2016.

金昌錫, 「古代 嶺西地域의 種族과 文化變遷」, 『韓國古代史硏究』 51, 2008.

金賢淑, 「廣開土王碑를 통해 본 高句麗守墓人의 社會的 性格」, 『韓國史硏究』 65, 韓國史硏究
會, 1989.

金賢淑, 「高句麗의 靺鞨支配에 관한 試論的 考察」, 『韓國古代史硏究』 6, 1992.

김현숙, 「高句麗 中·後期 地方統治體制의 發展過程」, 『韓國古代史硏究』 11, 1997.

金賢淑, 「延邊地域의 長城을 통해 본 高句麗의 東夫餘支配」, 『國史館論叢』 88, 2000.

김현숙, 「書評 : 임기환, 『고구려 정치사 연구』」, 『韓國史硏究』 125, 2004.

盧重國, 「高句麗律令에 관한 一試論」, 『東方學志』 21, 1979.

盧重國, 「4~5세기 百濟의 성장·발전과 삼국의 각축」, 『향토서울』 66, 2005.

盧泰敦, 「三國時代의 部에 관한 硏究」, 『韓國史論』 2, 1975.

盧泰敦, 「『삼국사기』 신라본기의 고구려관계 기사 검토」, 『慶州史學』 16, 1997.

盧泰敦, 「渤海 建國의 背景」, 『大邱史學』 19, 1981.

盧泰敦, 「三國의 政治構造와 社會·經濟」, 『한국사 2』, 국사편찬위원회, 1984.

盧泰敦, 「朱蒙의 出自傳承과 桂婁部의 起源」, 『韓國古代史論叢』 5, 한국고대사회연구소,
1993.

문명대, 「덕흥리 고구려 고분벽화(德興里 高句麗 古墳壁畵)와 그 불교의식도(淨土往生七寶儀式圖)의 도상의미와 특징에 대한 새로운 해석」, 『강좌미술사』 41, 2013.

문안식, 「『三國史記』新羅本紀에 보이는 樂浪·靺鞨史料에 관한 檢討」, 『傳統文化硏究』 5, 1997.

문안식, 「옥저의 기원과 대외관계의 변화」, 『고구려의 등장과 그 주변』, 동북아역사재단, 2009.

閔庚三, 「中國 西北지역 출토 古韓人 金石文연구」, 『中國語文論叢』 26, 2004.

閔庚三, 「신출토 北魏 高句麗 遺民 碑誌 4座 소개」, 『新羅史學報』 6, 2006.

閔德植, 「故國原王代 平壤城의 位置에 관한 試考」, 『車文燮敎授華甲紀念 史學論叢』, 1989.

朴南守, 「삼국의 經濟와 交易活動」, 『新羅文化』 24, 2004.

박남수, 「高句麗 租稅制와 民戶編制」, 『동북아역사논총』 14, 2006.

朴性鳳, 「廣開土好太王期 高句麗 南進의 性格」, 『韓國史硏究』 27, 韓國史硏究會, 1979.

박수정, 「東晉 僑州郡縣制의 성립」, 『中央史論』 12·13, 1999.

박아림, 「중국 위·진 고분벽화의 연원 연구」, 『東洋美術史學』 1, 2012.

박아림, 「고구려 고분벽화와 북방문화」, 『高句麗渤海硏究』 50, 2014.

박윤원, 「안악 제3호분은 고구려 미천왕릉이다」, 『고고민속』 1963-2, 1963.

박이순, 「高麗·唐·日本에 있어서의 歸化(人) 관련의 법 연구」, 『한국민족문화』 43, 2012,

박준형, 「古朝鮮의 海上交易路와 萊夷」, 『북방사논총』 10, 2006.

박진욱, 「덕흥리벽화무덤에 반영된 유주에 대하여」, 『덕흥리고구려벽화무덤』, 과학·백과사전출판사, 1981.

박진욱, 「안악3호무덤의 주인공에 대하여」, 『조선고고연구』 1990-2, 1990.

박진욱, 「덕흥리벽화무덤의 주인공과 유주의 소속문제에 대하여」, 『조선고고연구』 1992-2, 1992.

朴漢濟, 「東晉·南朝史와 僑民」, 『東洋史學硏究』 53, 1996.

박현주, 「德興里壁畵古墳硏究」, 『미술사학연구』 5-44, 2006.

백길남, 「4~5세기 百濟의 中國系 流移民의 수용과 太守號」, 『東方學志』 172, 2015.

白承玉, 「광개토왕릉비의 성격과 장군총의 주인공」, 『韓國古代史硏究』 41, 2006.

사회과학원 고고학연구소편, 「발굴소식; 새날리에서 발견된 벽돌무덤」, 『조선고고연구』 2003-3, 2003.

徐永大, 「高句麗 平壤遷都의 動機」, 『韓國文化』 2, 1981.

徐毅植,「新羅 中古期 六部의 部役動員과 地方支配」,『韓國史論』23, 1990.

孫秉憲,「樂浪古墳의 被葬者」,『韓國考古學報』16·17合, 1985.

손수호,「유적들을 통하여 본 고구려의 평양 일대에로의 초기진출과정」,『조선고고연구』 2014-2, 2014.

손영종,「덕흥리 벽화무덤의 주인공의 국적문제에 대하여」,『력사과학』1987-1, 1987.

손영종,「덕흥리벽화무덤의 피장자 망명인설에 대한 비판(1)」,『력사과학』1991-1, 1991.

孫永鍾,「고구려 벽화무덤의 묵서명과 피장자」,『高句麗硏究』4, 1997.

손은철,「덕흥리벽화무덤과 관련한 그릇된 견해에 대한 비판」,『조선고고연구』2006-4, 2006.

손환일,「대방군 벽돌 신자료」, 한국고대사학회 제103회 정기발표회(2008. 6. 14) 발표문, 2008.

송순탁,「태성리3호무덤 및 안악3호무덤의 주인공에 대한 재검토」,『조선고고연구』2005-3, 2005.

스즈키 야스타미(鈴木靖民),「왜와 백제의 부관제」,『古代 東亞細亞와 百濟』, 서경, 2003.

辛聖坤,「南北朝時期 官私隸屬民에 관한 硏究」, 서울대 박사학위논문, 1995a.

辛聖坤,「北朝 兵戶制의 變遷과 丁兵制의 性格」,『慶尙史學』11, 1995b.

안병찬·홍원표,「새로 드러난 추릉리 벽돌무덤」,『조선고고연구』1990-1, 1990.

안병찬,「안악군 로암리 전실묘에 대하여」,『조선고고연구』2003-3, 사회과학원고고학연구소, 2003.

안정준,「高句麗의 樂浪·帶方 故地 영역화 과정과 지배방식」,『韓國古代史硏究』69, 2013a.

안정준,「'李他仁墓誌銘'에 나타난 李他仁의 生涯와 族源―高句麗에서 활동했던 柵城지역 靺鞨人의 사례」,『木簡과 文字』11, 2013b.

안정준,「'豆善富 墓誌銘'과 그 一家에 대한 몇 가지 검토」,『인문학연구』27, 경희대학교 인문학연구원, 2015a.

안정준,「6세기 高句麗의 北魏末 流移民 수용과 '遊人'」,『東方學志』170, 2015b.

안정준,「4~5세기 高句麗의 中國系 流移民 수용과 그 지배방식」,『한국문화』68, 서울대학교 규장각한국학연구원, 2014.

안정준,「高句麗의 樂浪·帶方郡 故地 지배 연구」, 연세대 박사학위논문, 2016a.

안정준,「3~4세기 백제의 북방 진출과 고구려」,『근초고왕과 석촌동고분군』, 한성백제박물관, 2016b.

안정준,「4~5세기 樂浪·帶方郡 故地의 中國地名 官號 출현 배경」,『韓國古代史硏究』86,

2017.

안정준, 「역사적 공간으로서의 '遼東'과 고구려의 國際秩序 인식」, 『韓國古代史研究』 95, 2019.

안정준, 「樂浪·帶方郡 故地의 고분 속에 구현된 對外用 敍事와 구성 의도―德興里壁畵古墳의 벽화와 傍題 분석을 중심으로」, 『韓國古代史研究』 103, 2021.

안정준, 「장무이묘(張撫夷墓) 출토 명문전(銘文塼)의 내용과 작성 의도」, 『박물관과 연구』 1, 2024.

안춘성, 「승리동 86호 벽돌무덤발굴보고」, 『조선고고연구』 2006-4, 2006.

안춘성, 「승리동 95호 벽돌무덤 발굴보고」, 『조선고고연구』 2007-4, 2007.

梁起錫, 「五世紀 百濟의 王·侯·太守制에 대하여」, 『史學研究』 38, 1984.

余昊奎, 「3세기 후반~4세기 전반 고구려의 교통로와 지방 통치 조직―南道와 北道를 중심으로」, 『韓國史研究』 91, 1995.

余昊奎, 「1~4세기 고구려의 政治體制 연구」, 서울대 박사학위논문, 1997.

余昊奎, 「遼河 中上流 東岸地域의 高句麗 城과 地方支配」, 『역사문화연구』 17, 2002.

여호규, 「書評: 임기환, 『고구려 정치사 연구』―치밀한 논리로 고구려 정치사의 난제를 부드럽게 녹여낸 역저」, 『역사와 현실』 54, 한국역사연구회, 2004.

余昊奎, 「集安地域 고구려 超大型積石墓의 전개과정과 被葬者 문제」, 『韓國古代史研究』 41, 2006.

余昊奎, 「4세기 高句麗의 樂浪·帶方 경영과 中國系 亡命人의 정체성 인식」, 『韓國古代史研究』 53, 2009.

여호규, 「4세기~5세기 초 高句麗와 慕容'燕'의 영역확장과 지배방식 비교」, 『한국고대사연구』 67, 2012.

여호규, 「新發見 〈高乙德墓誌銘〉을 통해 본 高句麗 末期의 中裏制와 中央官制」, 『百濟文化』 54, 2016.

吳永贊, 「樂浪郡의 土着勢力 再編과 支配構造」, 『韓國史論』 35, 서울대학교 국사학과, 1996.

오영찬, 「帶方郡의 郡縣支配」, 『강좌 한국고대사(10)』, 가락국사적개발연구원, 2003.

오영찬, 「4세기 서북한지역 명문자료의 다중적 메시지」, 『韓國古代史研究』 106, 2022.

柳永博, 「高句麗의 稅制와 游女問題」, 『斗溪李丙燾博士九旬紀念韓國史學論叢』, 知識産業社, 1987.

윤송학, 「황해남도 신천군 새날리 벽돌무덤 발굴보고」, 『조선고고연구』 2004-4, 2004.

윤용구, 「고대중국의 동이관(東夷觀)과 고구려—동이교위(東夷校尉)를 중심으로」, 『역사와 현실』 55, 한국역사연구회, 2005.

尹龍九, 「새로 발견된 樂浪木簡」, 『韓國古代史研究』 46, 2007a.

윤용구, 「중국계 관료와 그 활동」, 『百濟文化史大系 硏究叢書(9)—백제의 대외교섭』, 충청남도 역사문화연구원, 2007b.

윤용구, 「낙랑군 초기의 군현지배와 호구파악」, 『낙랑군 호구부 연구』, 동북아역사재단, 2010.

윤용구, 「3세기 이전 마한 백제의 성장과 중국」, 『백제의 성장과 중국』, 한성백제박물관, 2015.

윤용구, 「낙랑군 호구부의 발견」, 『내일을 여는 역사』 63, 2016.

李康來, 「『三國史記』에 보이는 靺鞨의 軍事活動」, 『領土問題硏究』 1, 高麗大學校 民族文化硏究所, 1985.

李康來, 「7세기 이후 中國 史書에 나타난 韓國古代史像」, 『韓國古代史研究』 14, 1998.

이경희, 「평양지역 고구려 고분벽화에 보이는 묘주복식의 성격」, 『韓國古代史研究』 56, 2009.

李基東, 「廣開土王陵碑文에 보이는 百濟關係記事의 檢討」, 『百濟研究』 17, 忠南大學校百濟研究所, 1986.

李基東, 「高句麗史 발전의 劃期로서의 4世紀」, 『東國史學』 30, 1996.

이나경, 「장무이묘 출토 명문전(銘文塼)의 고고학적 검토」, 『박물관과 연구』 1, 2024.

李道學, 「광개토왕릉비문의 國烟과 看烟의 性格에 대한 再檢討—被征服民 施策과 관련하여」, 『韓國古代史研究』 28, 한국고대사연구, 2002.

이동훈, 「高句麗遺民「高德墓誌銘」」, 『한국사학보』 31, 2008.

이동훈, 「高句麗·百濟遺民 誌文構成과 撰書者」, 『韓國古代史研究』 76, 2014.

李東勳, 「고구려 중·후기 지배체제 연구」, 고려대 박사학위논문, 2015.

李藤龍, 「廣開土大王碑文에 쓰인 '烟'字의 語彙的 意味」, 『碧史李佑成敎授定年退職紀念論叢 民族史의 展開와 그 文化』 上, 同論文集刊行委員會, 1990.

李文基, 「高句麗 德興里古墳壁畵의 '七寶行事圖'와 墨書銘」, 『歷史敎育論集』 25, 1999.

李文基, 「高句麗 中裏制의 構造와 그 變化」, 『大邱史學』 71, 2003.

李丙燾, 「高句麗東黃城考」, 『東國史學』 4, 1956.

李成珪, 「中國帝國의 分裂과 統一—後漢體制 이후 隋唐統一의 形成過程을 중심으로」, 『歷

史上의 分裂과 再統一(上)」, 一朝閣, 1992.

이성규, 「4세기 이후의 낙랑교군과 낙랑유민」, 『동아시아 역사 속의 중국과 한국』, 서해문집, 2005.

이성규, 「중국 군현으로서의 낙랑」, 『낙랑 문화 연구』, 동북아역사재단, 2006.

李成市, 「廣開土王碑의 立碑目的과 高句麗의 守墓役制」, 『廣開土好太王碑文 研究 100年』, 高句麗研究會, 1996.

이성제, 「낙랑의 군현 재편과 예(穢)」, 『낙랑군 호구부 연구』, 동북아역사재단, 2010.

李永植, 「五世紀 倭國王의 爵號에 보이는 韓南部諸國名의 意味」, 『史叢』 34, 1988.

李宇泰, 「新羅의 村과 村主―三國時代를 중심으로」, 『韓國史論』 7, 서울大學校 人文大學 國史學科, 1981.

이인재, 「신라통일 전후기 조세제도의 변동」, 『역사와 현실』 4, 1990.

李仁哲, 「4·5세기 高句麗의 守墓制―廣開土王碑의 守墓人烟戶條를 중심으로」, 『淸溪史學』 13(白山朴成壽教授停年紀念特輯號), 韓國精神文化研究院 淸溪史學會, 1997.

李仁哲, 「德興里壁畵古墳의 墨書銘을 통해 본 고구려의 幽州經營」, 『歷史學報』 158, 1998.

李仁哲, 「고구려의 낙랑·대방 정복과 지배」, 『고구려의 대외정복 연구』, 백산자료원, 2000.

李鍾旭, 「高句麗 初期의 地方統治制度」, 『歷史學報』 94·95, 1982.

이주현, 「4~5세기 평안남도·황해도 지역의 중국인 집단」, 충남대 백제연구소 공개강좌 (2000. 2. 25) 발표문, 2000.

이춘호, 「五胡時期 慕容前燕의 건국과 그 성격」, 『동양사학연구』 113, 2010.

林起煥, 「高句麗 初期의 地方通治體制」, 『慶喜史學』 14(朴性鳳教授回甲紀念論叢), 1987.

林起煥, 「낙랑 및 중국계 금석문」, 『譯註韓國古代金石文(1)』, 가락국사적개발연구원, 1992.

임기환, 「광개토왕비의 국연(國烟)과 간연(看烟)―4·5세기 고구려 대민편제의 일례」, 『역사와 현실』 13, 1994.

林起煥, 「高句麗 集權體制 成立過程 研究」, 慶熙大 博士學位論文, 1995a.

林起煥, 「4세기 고구려의 樂浪·帶方地域 경영」, 『歷史學報』 147, 1995b.

林起煥, 「廣開土王陵碑文에 보이는 '民'의 성격」, 『廣開土王陵碑文 研究 100年』, 高句麗研究會, 1996.

林起煥, 「4~6세기 中國史書에 나타난 韓國古代史像」, 『韓國古代史研究』 14, 1998.

임기환, 「3세기~4세기 초 위(魏)·진(晉)의 동방 정책」, 『역사와 현실』 36, 2000.

임기환, 「고구려와 낙랑군의 관계」, 『韓國古代史研究』 34, 2004.

임기환, 「고구려본기 전거 자료의 계통과 성격」, 『한국고대사연구』 42, 2006.

임기환, 「고구려 평양 도성의 정치적 성격」, 『韓國史硏究』 137, 2007.

장병진, 「서북한 지역 전축분(塼築墳) 연대의 하한 재검토―기년명전(紀年銘塼)을 중심으로」, 『박물관과 연구』 1, 2024.

장창은, 「4세기대 고구려의 국제관계와 이주민 동향」, 『고구려발해연구』 77, 2023.

장철만, 「새로 알려진 금봉리 벽돌무덤」, 『조선고고연구』 1994-4, 1994.

張傚晶, 「『三國史記』高句麗本紀 東川王 21年條 記事 檢討―平壤城의 位置 比定을 중심으로」, 『高句麗硏究』 13, 2002.

전덕재, 「통일신라기 호등 산정 기준」, 『역사와 현실』 23, 1997.

全相杰, 「北方流民의 軍事集團化와 東晋(317~420)의 對策」, 『分裂과 統合―中國 中世의 諸相』, 지식산업사, 1998.

전주농, 「다시 한번 안악의 왕릉을 론함」, 『고고민속』 1963-2, 1963.

전주농, 「신천에서 대방군 장잠장 왕경의 무덤 발견」, 『문화유산』 3, 1962.

전호태, 「5세기 高句麗 古墳壁畵에 나타난 佛敎的 來世觀」, 『韓國史論』 21, 1989.

전호태, 「고구려 고분벽화의 이해를 위해서」, 『역사비평』 26, 1994.

전호태, 「회화」, 『한국사 8: 삼국의 문화』, 국사편찬위원회, 1998.

全虎兌, 「고구려 고분 문화의 起源」, 『강좌한국고대사(9)』, 가락국사적개발연구원, 2002.

全虎兌, 「고구려 안악 3호분 재론」, 『韓國古代史硏究』 44, 2006.

전호태, 「고구려 안악2호분 벽화 연구」, 『韓國古代史硏究』 54, 2009.

전호태, 「고구려 덕흥리벽화분 연구」, 『역사와 경계』 95, 2015.

정상민, 「4~5세기 濊族의 동향과 고구려의 지배방식」, 연세대학교 석사학위논문, 2006.

정옌, 「魏晉南北朝 古墳壁畵 발견과 연구」, 『美術史論壇』 23, 2006.

정완진, 「袁台子墓 벽화 주인공 복식에 관한 연구」, 『服飾』 51-5, 韓國服飾學會, 2001.

鄭雲龍, 「5世紀 高句麗 勢力圈의 南限」, 『史叢』 35, 1989.

정인성, 「대방태수 張撫夷墓의 재검토」, 『韓國上古史學報』 69, 2010.

정재윤, 「중국계 백제 관료에 대한 고찰」, 『史叢』 77, 2012.

鄭載潤, 「熊津·泗沘時代 百濟의 地方統治體制」, 『韓國上古史學報』 10, 1992.

정호섭, 「高句麗 壁畵古墳의 銘文과 被葬者에 관한 諸問題」, 『高句麗渤海硏究』 36, 2010.

鄭華升, 「4~5세기 樂浪·帶方郡 故地 내 중국계 집단의 문화·전통 지속과 그 배경」, 서울시립대 석사학위논문, 2024.

趙法鍾, 「廣開土王陵碑文에 나타난 守墓制研究—守墓人의 編制와 性格을 중심으로」, 『韓國古代史研究』 8(韓國史의 時代區分—古代·中世), 한국고대사학회, 1995.

曺祥鉉, 「고구려 '遊人'의 성격 검토」, 『韓國古代史研究』 32, 2003.

趙仁成, 「廣開土王陵碑를 통해본 高句麗의 守墓制」, 『韓國史市民講座』 3, 一潮閣, 1988.

朱甫暾, 「新羅 國號의 確定과 民意識의 成長」, 『九谷黃鐘東教授停年紀念史學論叢』, 간행위원회, 1994.

주영헌, 「덕흥리벽화무덤의 주인공에 대하여」, 『덕흥리고구려벽화무덤』, 평양: 과학·백과사전출판사, 1981.

주영헌, 「안악 제3호무덤의 피장자에 대하여」, 『고고민속』 1963-2, 1963.

주홍규, 「무덤자료를 통해 본 4~5세기 한반도 서북부지역의 양태—한 군현 멸망에서 고구려 평양천도 이전 시기까지를 중심으로」, 『고조선단군학회』 47, 2022.

池培善, 「高瞻」, 『金文經教授 停年退任紀念: 동아시아사 연구논총』, 혜안, 1996.

지승철, 「고구려 서해안 성방어체계」, 『력사과학』 4, 2001.

지화산·차달만, 「리천리3호 벽돌무덤 발굴보고」, 『조선고고연구』 2011-3, 2011.

차달만, 「리천리1호, 2호 벽돌무덤에 대하여」, 『조선고고연구』 2003-3, 2003.

차달만, 「승리동 99호 돌칸무덤 발굴보고」, 『조선고고연구』 2007-2, 2007.

千寬宇, 「灤河下流의 朝鮮」, 『古朝鮮史·三韓史研究』, 一潮閣, 1989.

최승택, 「유적유물을 통하여 본 4세기 고구려 남평양」, 『조선고고연구』 2006-3, 2006.

최승택, 「장수산성의 축조 연대에 대하여」, 『조선고고연구』 1991-3, 1991.

최진열, 「16국시대 遼西의 인구 증감과 前燕·後燕·北燕의 대응」, 『쟁점백제사 집중토론 학술회의(Ⅶ)—백제와 요서 지역』, 한성백제박물관, 2015.

최진열, 「唐代 高句麗 표기 기피현상—隋唐 墓誌銘의 國名 표기 분석을 중심으로」, 『동북아역사논총』 38, 2012.

최진열, 「十六國前期 諸國의 流民 대책」, 『中國古中世史研究』 56, 2020.

최진열, 「前燕 昌黎時代(289~350)의 遼西·遼東 통치」, 『東洋史學研究』 155, 2021.

최진열, 「後漢末 黃巾賊 봉기와 流民」, 『동양사학회 학술대회 발표논문집』 2021-1, 동양사학회, 2021.

한인덕, 「로암리돌천정벽돌무덤에 대하여」, 『조선고고연구』 2003-3, 2003.

洪承賢, 「漢代 墓記·墓碑·墓誌의 출현과 상호 관련성」, 『中國古中世史研究』 42, 2016.

홍승현, 「효성과 명성, 그리고 가족법의 기념비」, 『돌의 문화사』, 신서원, 2018.

후카쓰 유키노리(深津行德), 「고구려 고분벽화를 통해서 본 종교와 사상의 연구」, 『高句麗硏究』4, 1997.

2) 일본어

岡崎敬, 「安岳三號墳(冬壽墓)の硏究」, 『史淵』93, 1964.

耿鐵華 著, 老田裕美 譯, 「高句麗好太王碑及び高句麗王朝と好太王について」, 『市民の古代』7, 靑弓社, 1985.

鬼頭淸明, 「高句麗の國家形成と東アジア」, 『朝鮮史硏究會論文集』21, 1984.

谷豊信, 「中國古代の紀年塼―唐末までの銘文と出土地の考察」, 『東京國立博物館紀要』34, 1999.

關尾史郎, 「前燕政權(337~370)成立の前提」, 『歷史學硏究』488, 1981.

關野貞, 「朝鮮における樂浪帶方時代の遺蹟」, 『人類學雜誌』29-10號, 1914.

鬼頭淸明, 「高句麗の國家形成と東アジア」, 『朝鮮史硏究會論文集』21, 1984.

今西龍, 「高句麗五族五部考」, 『史林』6-3, 1921.

德永道雄, 「自然法爾の系譜(1)」, 『京都女子學園佛敎文化硏究所』9, 1979.

德永道雄, 「自然法爾の系譜(2)」, 『京都女子學園佛敎文化硏究所』10, 1980.

末木文美士, 「第四章自然」, 『佛敎―語葉の思想史』, 岩波書店, 1996.

末松保和, 「高句麗攻守の形勢」, 『靑丘學叢』5, 1931.

武田幸男, 「廣開土王碑からみた高句麗の領域支配」, 『東洋文化硏究所紀要』78, 1979.

武田幸男, 「六世紀における朝鮮三國の國家體制」, 『日本古代史講座(4)』, 1980a.

武田幸男, 「朝鮮三國の國家形成」, 『朝鮮史硏究會論文集』17, 1980b.

武田幸男, 「德興里壁畵古墳被葬者の出資と經歷」, 『朝鮮學報』130, 1989.

門田誠一, 「瓦からみた高句麗の守墓制と領域支配」, 『文化史學』4, 文化史學會, 1995.

門田誠一, 「高句麗壁畵古墳に描かれた佛敎關聯の行事について」, 『朝鮮古代硏究』1, 朝鮮古代硏究刊行會, 1999.

門田誠一, 「銘文の檢討による高句麗初期傳來の實相―德興里古墳墨書中の傳, 2001.

榧本龜次郎·野守健, 「樂浪·帶方時代紀年銘塼集錄」, 『昭和七年度古蹟調査報告』, 1933.

浜田耕策, 「好太王碑文の一·二の問題」, 『歷史公論』4, 雄山閣, 1982.

浜田耕策, 「高句麗廣開土王陵墓比定論の再檢討」, 『朝鮮學報』119·120合, 朝鮮學會, 1986.

三崎良章,「東夷校尉考」,『西嶋定生博士追悼論文集』, 山川出版社, 2000.

三上次男,「樂浪郡社會の支配構造」,『朝鮮學報』30, 1964.

森三樹三郎,「無量壽經の漢吳魏三譯に見える"自然"の語について」,『佛教文化論孜』, 1984.

三品彰英,「高句麗の五族について」,『朝鮮學報』6, 1954.

小田省吾,「平壤出土永和九年玄菟太守に關する一考察」,『靑丘學叢』9, 1932.

窪添慶文,「樂浪郡と帶方郡の推移」,『東アジア世界における日本古代史講座』3, 學生社, 1981.

王元林,「考古発見の中国古紙本絵画に関する一考察」,『美術史論集』7, 神戸大学美術史研究 会, 2007.

園田俊介,「北魏時代の樂浪郡と樂浪王氏」,『中央大學アヅア史研究』31, 2007.

越智重明,「東晉貴族制と南北の「地緣」性」,『史學雜誌』67-9, 東京大學文學部史學會, 1958.

李成市,「東アジアの帝國と人口移動」,『アジアからみた古代日本─新版・古代日本 2』, 角川 書店, 1992.

李成市,「表象としての廣開土王碑文」,『思想』842, 岩波書店, 1994.

李海葉,「慕容氏遼東政權的"僑土"關係」,『内蒙古大学学报: 人文・社会科学版』2005-3, 2005.

田村實造,「ボヨウ王國の成立と性格」,『東洋史研究』11-2, 1951.

田村實造,「東アジアの民族移動」,『京都大學文學部紀要』12, 1968.

井內功,「朝鮮瓦塼略考」,『朝鮮瓦塼圖譜』7, 1979

井上直樹,「「韓曁墓誌」を通してみた高句麗の對北魏外交の一側面─六世紀前半を中心に」, 『朝鮮學報』178, 2001.

鄭燦永,「德興里壁畵古墳の文字について」,『德興里高句麗壁畵古墳』, 朝鮮畵報社, 1986.

條原啓方,「墓誌文化の傳播と變容」,『東アジア文化交渉研究』2, 2009.

酒井改藏,「好太王碑文の地名について」,『朝鮮學報』8, 朝鮮學會, 1955.

池內宏,「高句麗の五部及五族」,『東洋學報』16-1, 1926.

坂元義種,「金石文(Ⅱ)─朝鮮」,『考古學ゼミナール』, 山川出版社, 1976.

坂元義種,「朝鮮古代金石文小考」,『百濟史の研究』, 東京: 塙書房刊, 1978.

3) 중국어

姜雨风,「平壤地区高句丽封土石室墓研究」, 吉林大学 碩士學位論文, 2009.

耿鐵華,「高句麗好太王碑及び高句麗王朝と好太王について」,『文物天地』, 中國文物報社, 1984.

內蒙古文物工作隊·內蒙古博物館,「和林格爾發現一座重要的東漢壁畫墓」,『文物』1974-1, 1974.

刘军,「朝鲜德兴里壁画墓墨书铭记再探讨」,『烟台大学学报』32-1, 2019.

薛海波,「试论北燕与高句丽的政治关系」,『东北史地』2010-6, 2010.

孙进己·孙泓,「公元3~7世纪集安与平壤地区 壁画墓的族属与分期」,『北方文物』2004-2, 2004.

孙泓,「幽州刺史墓墓主身份再考证」,『社会科学战线』2015-1, 2015.

杨军,「安岳3号墓和德兴里壁画墓铭文新说」,『民族史研究』2021-5, 2021.

李凭,「北魏两位高氏皇后族屬考」,『中國史研究』20, 2002.

郑春颖,「高句丽服饰研究的回顾与展望」,『中国史研究动态』2012-1, 2012.

郑春颖,「高句丽壁画墓所绘冠帽研究」,『社会科学战线』2014-2, 2014.

郑春颖·刘玉寒,「高句丽壁画服饰的构成、族属与变迁」,『史志学刊』2015-5, 2015.

郑春颖·冯雅兰,「服饰学视角下的德兴里古墓壁画研究」,『北方文物』2019-2, 2019.

郑春颖·盛宇平,「高句丽古墓壁画所见出行图研究」,『南方文物』2020-2, 2020.

赵俊杰,「大同江下游高句丽封土石室墓的等级」,『邊疆考古研究』, 2009.

赵俊杰,「4~7世纪大同江、载宁江流域封土石室墓调查与研究成果综述」,『东北史地』2010-1, 2010.

赵俊杰,「乐浪、带方二郡的兴亡与带方郡故地汉人聚居区的形成」,『史學集刊』2012-3, 2012.

赵俊杰·马健,「平壤及周边地区高句丽中期壁画墓的演变」,『考古』2013-4, 2013.

朱子方·孫國平,「隋'韓暨墓誌'跋」,『北方文物』1986-1, 1986.

崔雪冬,『图像与空间(和林格尔东汉墓壁画与建筑关系研究)』, 辽宁美术出版社, 2017.

祝立业,「流入高句丽的汉人群体的分期、分类考察」,『东北史地』2011-3, 2011.

湯池,「漢魏南北朝的墓室壁畫」,『中國美術全集』繪畫編12(墓室壁畫), 文物出版社, 1989.

河北省文物研究所,「安平 逯家庄 東漢 壁畫墓 发掘简报」,『文物春秋』1989-Z1, 1989.

洪晴玉,「关于冬寿墓的发现和研究」,『考古』1959-1, 1959.

찾아보기